História e memória:
diálogos e tensões

2ª edição

História e memória: diálogos e tensões

Fábio Augusto Scarpim
Mariana Bonat Trevisan

Rua Clara Vendramin, 58 . Mossunguê . CEP 81200-170 . Curitiba . PR . Brasil
Fone: (41) 2106-4170 . www.intersaberes.com . editora@intersaberes.com

Conselho editorial
  Dr. Alexandre Coutinho Pagliarini
  Dr.ª Elena Godoy
  Dr. Neri dos Santos
  M.ª Maria Lúcia Prado Sabatella
Editora-chefe
  Lindsay Azambuja
Gerente editorial
  Ariadne Nunes Wenger
Assistente editorial
  Daniela Viroli Pereira Pinto
Edição de texto
  Monique Francis Fagundes Gonçalves

Capa
  Charles L. da Silva (*design*)
  autsawin uttisin, Here, Photo Win,
  Sergej Razvodovskij e Tomas Klema/
  Shuttersttock, Acervo da Casa da
  Memória/Diretoria do Patrimônio
  Cultural/Fundação Cultural de
  Curitiba. Fundo Casa da Memória
  (imagens)
Projeto gráfico
  Bruno de Oliveira
Diagramação
  André Feijó
Equipe de design
  Sílvio Gabriel Spannenberg
Iconografia
  Regina Claudia Cruz Prestes

Dados Internacionais de Catalogação na Publicação (CIP)
(Câmara Brasileira do Livro, SP, Brasil)

Scarpim, Fábio Augusto
  História e memória : diálogos e tensões / Fábio Augusto Scarpim, Mariana Bonat Trevisan. -- 2. ed. -- Curitiba, PR : Editora InterSaberes, 2023.

  Bibliografia.
  ISBN 978-85-227-0684-6

  1. História – Método comparativo 2. História – Pesquisa 3. Historiadores 4. Historiografia 5. Memória I. Trevisan, Mariana Bonat. II. Título.

23-155638   CDD-901

Índices para catálogo sistemático:
1. História e memória   901

Eliane de Freitas Leite – Bibliotecária – CRB 8/8415

1ª edição, 2018.
2ª edição, 2023.
Foi feito o depósito legal.
Informamos que é de inteira responsabilidade dos autores a emissão de conceitos.
Nenhuma parte desta publicação poderá ser reproduzida por qualquer meio ou forma sem a prévia autorização da Editora InterSaberes.
A violação dos direitos autorais é crime estabelecido na Lei n. 9.610/1998 e punido pelo art. 184 do Código Penal.

Sumário

11 *Prefácio*

17 *Apresentação*

23 *Organização didático-pedagógica*

Capítulo 1
27 **Memória e história: relações e diferenciações**

(1.1)
29 Memória e história

(1.2)
36 Tempo e memória: o historiador e a duração

(1.3)
45 Memória individual

(1.4)
51 Memória coletiva

(1.5)
58 Memória histórica

Capítulo 2
73 **Relações entre história e memória ao longo do tempo**

(2.1)
75 Memória mítica

(2.2)
81 História e memória no mundo antigo

(2.3)
88 História e memória no mundo medieval

(2.4)
94 História e memória entre a modernidade e a contemporaneidade

(2.5)
102 Memória e história: debates historiográficos

Capítulo 3
115 **Dinâmicas da memória**

(3.1)
117 A memória, suas criações e ressignificações

(3.2)
121 Entre a memória oficial e a memória não oficial

(3.3)
130 A memória, seus silêncios e esquecimentos

(3.4)
143 Lugares de memória

(3.5)
150 Políticas de memória

Capítulo 4
173 **História oral**

(4.1)
175 História oral: usos e definições

(4.2)
179 Breve percurso da história oral

(4.3)
185 Constituição da fonte oral

(4.4)
189 Abordagens em história oral

(4.5)
194 Ética em história oral

Capítulo 5
209 **História oral, memória e identidade**

(5.1)
211 Memória e identidade

(5.2)
216 Como lembramos o passado

(5.3)
221 O tempo na história oral

(5.4)
225 Rituais de recordação

(5.5)
228 Dimensões da memória

Capítulo 6
241 **A memória e suas abordagens em sala de aula**

(6.1)
243 Dimensão histórica do ensino de História e de suas relações com a memória

(6.2)
249 Tendências contemporâneas nos debates entre história e memória em sala de aula

(6.3)
254 A memória, seus usos e o ensino de História

(6.4)
262 História oral em sala de aula

(6.5)
269 A memória, o cinema e o ensino de História

295 *Considerações finais*
299 *Referências*
315 *Bibliografia comentada*
317 *Respostas*
323 *Sobre os autores*

Prefácio

A memória, onde cresce a história, que por sua vez a alimenta, procura salvar o passado para servir o presente e o futuro. Devemos trabalhar de forma que a memória coletiva sirva para a libertação e não para a servidão dos homens.

(Le Goff, 2003, p. 477)

Com a obra *História e memória: diálogos e tensões*, Fábio Augusto Scarpim e Mariana Bonat Trevisan nos conduzem pelos caminhos e diálogos que marcaram esses dois conceitos (história e memória), os quais, separados ou unidos, perpassam os séculos e se mantêm presentes nas reflexões de historiadores e demais estudiosos das ciências humanas.

A leitura deste livro nos impõe algumas questões: Por que nos dedicamos tanto a preservar o passado e seguidamente temos prazer em rememorá-lo? Por que guardamos com tanto carinho aqueles objetos, aquelas fotos que aguçam nossas lembranças e nos trazem à memória algo que o tempo teima em nos fazer esquecer? Lembrar, aqui, significa manter vivo o que nos parece importante ou tirar do silêncio aquilo que, por não interessar a alguém, buscou-se ocultar. Esquecimento, silenciamento, ocultação e permanência são temas que acompanham a história e a memória e que vivem a fustigar as teorias e metodologias dos cientistas sociais. E, se a história organiza o passado, a memória quer manter em relevância o conteúdo de um presente que passou e que foi objeto das vivências e das sociabilidades humanas. Lembrar e relembrar mantém vivo o diálogo da memória com a história, para que a sociedade do presente conviva com outras realidades e dialogue com a vida e as experiências construídas pela humanidade.

Scarpim e Trevisan não se atêm apenas a explorar teoricamente a história e a memória e a refletir sobre ambos. Os autores também mostram a historicidade e a presença desses conceitos em reflexões e escritos de filósofos e historiadores desde a Antiguidade, reforçando como, na atualidade, tais saberes podem ser utilizados nas práticas didáticas e no ensino de História. Trata-se de um percurso amplo e muito bem fundamentado, com orientações bibliográficas claras, atualizadas e com aplicabilidade conceitual e histórica. Com isso, os autores apontam caminhos que vão do campo da teoria para a prática e ajudam a superar os arquétipos do ofício do historiador – representado por atividades muitas vezes vistas como inúteis ou irrelevantes –, substituindo-os por modelos que levam ao estudo da realidade social e dos percursos históricos de forma prazerosa e relevante.

Da Grécia Antiga ao Brasil Contemporâneo, na companhia de Heródoto, Cícero, Voltaire, Le Goff, Braudel, Halbwachs, Koselleck, Nora, Jelin, Burke, Smolka, Hartog, Candau, Joutard, Funari, Pesavento e de muitos outros (perdoem-me por aqueles que não citei; o leitor saberá entender o destaque conferido a cada um desses autores), Scarpim e Trevisan trazem uma contribuição inestimável para que o leitor possa compreender não somente a importância de conceitos como memória, história, identidade e outros. Os autores também oferecem pistas e ensinam a usar metodologias que facilitarão o trabalho em sala de aula.

Por isso, a meu ver, esta não é apenas uma obra que contribui para a formação intelectual do leitor; é também um trabalho didático, um exercício de reflexão e de prática profissional. Diria mais: com o DNA de Mnemosyne e Zeus, até hoje, Clio anda a perturbar as mentes humanas sobre como organizar e compreender o passado, considerando o que deve ser preservado e o que não pode ser silenciado – para que não seja esquecido. E, em que pesem os constantes e seculares atritos, os encontros e os desencontros dos que discutem os significados e os papéis da história e da memória, o fato é que uma não pode viver sem a outra, e ambas continuam promovendo entre os teóricos um debate na busca por especificidades e pelo que seja comum aos dois conceitos, tendo em vista suas relações e seus afastamentos, suas aproximações e seus intercâmbios. História e memória nos obrigam a refletir sobre os pertencimentos, os sentimentos e os segredos de uma identidade que lhes é própria.

Coletiva ou individualmente, sociedades ou indivíduos buscam registrar momentos de suas experiências e, ao mesmo tempo, recuperar as experiências dos que se foram, seja há muito tempo, seja recentemente, numa luta para não permitir que o silêncio se ponha definitivamente sobre os mistérios de uma vida ou de uma sociedade que já não existe. E, numa atitude quase sacralizadora e/ou misteriosa, preservacionista ou psicossocial, põem-se a encher arquivos, construir museus, organizar espaços de memória, colecionar objetos e fotos, preservar papéis/documentos, comemorar datas, erguer monumentos e historicizar cidades, em um embate frenético para preservar origens, lembranças e momentos que a história um dia há de organizar, para lhes conferir um sentido, seja individual, seja social. Um esforço para recuperar, manter e mostrar os perfis identitários das sociabilidades, para se dizer quem se é, fixar origens e definir tradições. Ou seja, somos isso, e não aquilo!

Fábio Augusto Scarpim | *Mariana Bonat Trevisan*

Para dar conta dessa complexidade, Scarpim e Trevisan, como professores e pesquisadores, além de facilitarem a tarefa de compreender os conceitos, também apontam caminhos e mostram que resgatar essa memória significa mais do que recuperar e arquivar documentos escritos ou imagéticos, desvendar monumentos ou preservar objetos de uso familiar ou pessoal, colecionar jornais ou revistas, enfim, ser o guardião de tudo o que pode lembrar o passado. Um desses caminhos é o que leva o pesquisador a ouvir as vozes dos vivos, dar-lhes espaço para o relato de suas lembranças e registrar suas experiências. É o percurso de uma história oral que, munida de um aparato metodológico e com o auxílio de modernas técnicas de gravação, permite que vivências não sejam silenciadas, e que a "morte dos velhos" não apague para sempre aquilo que somente eles conheciam. Lembranças, memórias e histórias permitem ao historiador ordenar e reorganizar um passado mais recente e garantir múltiplas possibilidades de entender como ocorreram as sociabilidades de um tempo ainda muito próximo e que a velocidade tecnológica do presente teima em destruir e apagar. E, se nos arquivos e museus geralmente ecoam as vozes dos poderosos – que supostamente seriam as vozes com direito ao espaço da fala –, na oralidade o foco está não apenas em dar voz, mas, especialmente, em saber ouvir os anônimos. Ouvir aqueles a quem, em geral, a história oficial ou a adjetivada *história científica* custou a dar voz, tratando-os como se nada tivessem a dizer.

Assim, em *História e memória: diálogos e tensões*, quando os autores ressaltam as potencialidades da história oral como uma das importantes práticas no ensino de História – para além de uma metodologia ou técnica de trabalho –, eles sugerem aos professores a pertinência dessa atividade, cujo resultado será uma história atrativa, sobretudo porque será organizada por eles e pelos alunos, a partir de vozes vivas, das falas de conterrâneos, vizinhos e parentes, bem como daqueles que ainda podem dizer algo a respeito do passado. No entanto, Scarpim e Trevisan advertem que, se os sentimentos de pertença a uma determinada comunidade podem ser resgatados com a contribuição da oralidade, não se pode prescindir dos documentos, sejam verbais, sejam não verbais, cuja integração com os resultados da história oral compõem um todo que preserva e reorganiza o passado.

São memórias individuais e coletivas, cujos fundamentos podem passar pelo documento escrito, visível e palpável ou, ainda, podem se respaldar numa história do vivido e do não registrado, daquilo que, em nome da objetividade, pode gerar tensões. Contudo, ao se interpenetrarem e se mesclarem, essas memórias, certamente, reconciliarão a memória e a história, pois ambas se constituem em construções sociais e elaborações discursivas que refletem a historicidade das sociabilidades, do que pode ser lembrado e do que não deve ser silenciado ou esquecido.

Por tudo isso, Scarpim e Trevisan me instigam a pensar que, ao trabalhar com a história e com a memória, é importante que eu, como historiador, minimize a "objetividade do relato histórico" e as "certezas da organização do passado". Ao mesmo tempo, os autores me levam a, ao elaborar um texto, trabalhar com o outro, a ouvi-lo e a me perguntar: "De quem é a história que eu faço? A quem serve o relato que eu organizo? Qual é o alcance dos silêncios e das interdições que eu estabeleço?"

Boa Leitura!

Março de 2018

Eucldes Marchi
Professor aposentado do Departamento de História
da Universidade Federal do Paraná (UFPR)

Apresentação

História e *memória*. Duas palavras muito presentes em nosso vocabulário, usadas para múltiplos significados e que guardam entre si uma relação sensível e complementar. Longe de serem campos opostos, história e memória estão em constante interação, sendo comumente uma apropriada pela outra. Não é por acaso que na mitologia grega ambas têm estreita relação de parentesco, ou melhor, uma relação familiar. A história que explica ambos os conceitos é representada pela musa Clio, filha de Zeus, o rei dos deuses, e por Mnemosyne, que simboliza a memória. Em muitos momentos, história e memória se confundem – até podem ser pensadas como sinônimos; já em outros, são colocadas em campos opostos, com definições diversas.

Neste livro, procuramos levar você, leitor, a refletir sobre como as relações entre história e memória foram sendo construídas ao longo do tempo, considerando seus usos, suas associações com outros conceitos, os debates contemporâneos na literatura acadêmica, bem como suas articulações no ensino de História. Para tal, buscamos discutir, com base em diferentes exemplos, as relações e diferenciações entre história e memória, suas associações com o tempo (o tempo da história e o da memória), as conexões entre a memória individual e a coletiva, a função dos mitos, os lugares de memória, a importância da oralidade, as relações com as identidades e os significados do silêncio e do esquecimento.

Na sociedade contemporânea, há uma grande demanda pela memória e pela história. Exemplo disso é o grande número de comemorações e homenagens que garantem atos constantes de relembrar ou esquecer o passado. Aniversários de guerras e revoluções, de revoltas e greves, de protestos e campanhas, ou mesmo de cidades, instituições, grupos ou associações, bem como de morte de importantes personagens históricos, provocam diferentes reações sobre o passado, com novos olhares e novas interpretações, mas também mobilizam sentimentos, paixões, nostalgia e desejos. Podem ser usados como bandeiras de lutas ou reivindicações, elementos de construção/solidificação de identidades, ocasiões para discursos de paz e tolerância ou de crítica social. Muitas são as produções acadêmicas, jornalísticas, literárias, televisivas ou cinematográficas que se inspiram em tais comemorações. Congressos acadêmicos, eventos, festas religiosas ou cívicas, passeatas, discursos… Enfim, há uma proliferação de atos para relembrar o passado. Essas ações de revisitar o passado respondem à necessidade de compreender o mundo em que vivemos, assim como de formular nossas expectativas de futuro.

Vivemos sob o império da memória, que nos leva constantemente a refletir sobre o passado, a reinterpretá-lo, a questioná-lo ou até mesmo a reivindicar um lugar na história para as ações de pessoas ou grupos que, por algum motivo, foram legados ao esquecimento. Vítimas de perseguições, de traumas políticos ou de processos de exclusão social buscam, muitas vezes, não só direitos que lhes foram negados no passado, mas também o reconhecimento de suas trajetórias de luta e de resistência. Aliás, o esquecimento é o contraponto da memória que também constitui um importante campo de análise para o historiador. Por que determinados eventos, personagens e atos são lembrados, enquanto outros são esquecidos?

Estudar a dinâmica das relações entre história e memória, refletindo sobre os processos de construção da memória social com base em seus silêncios e esquecimentos, também é um exercício de cidadania política e cultural. Ao conhecermos as relações de força e poder, as lutas simbólicas e discursivas, as resistências e acomodações que envolvem os processos de construção da história e da memória, podemos enxergar com outros olhos o mundo que está ao nosso redor, de modo a reconhecer e valorizar as ações dos diferentes sujeitos históricos. No ensino, na pesquisa ou mesmo em nossas ações cotidianas, podemos contribuir para uma valorização das diferentes formas de patrimônio, da diversidade cultural e étnica de nosso país, bem como para o reconhecimento e a importância dos diferentes sujeitos nos processos históricos, independentemente de raça, classe ou gênero.

Tendo em vista essas considerações, organizamos este livro em seis capítulos. No Capítulo 1, buscamos introduzir você, leitor, em uma discussão inicial a respeito das aproximações e das especificidades da história e da memória, assim como sobre suas articulações com o tempo e a forma como o historiador trabalha com essas categorias. Na sequência, tratamos das memórias individual e coletiva, de suas intersecções e, por fim, da memória histórica.

No Capítulo 2, apresentamos as relações entre história e memória ao longo do tempo, iniciando com a relação primordial entre história e mito. Em seguida, traçamos um panorama desde a Antiguidade até o mundo contemporâneo, com vistas a demonstrar como se deram as relações entre o oral e o escrito, bem como suas influências na construção e compreensão da história e da memória no tempo. Na sequência, analisamos o processo de profissionalização da história e de separação desta da memória no século XIX e, por fim, o retorno desta última nas discussões da historiografia contemporânea, especialmente com o advento de novas vertentes historiográficas na segunda metade do século XX.

No Capítulo 3, problematizamos os processos de construção, seleção e esquecimento da memória e seus usos políticos e sociais. Assim, merecem destaque a discussão sobre o silêncio e o esquecimento, bem como a definição e as funções dos lugares de memória, considerando-se como determinados espaços se constituem em tais lugares, sua simbologia, seus usos e discursos. Na mesma direção, desbravamos as políticas de memória, levando em conta como são (ou não) elaboradas, os objetivos da seleção do que deve ser lembrado e esquecido e seus usos políticos e sociais.

Reservamos o Capítulo 4 para uma discussão sobre a história oral. Buscamos examinar os processos de constituição das fontes orais e sua aplicabilidade na pesquisa e no ensino. Inicialmente, traçamos um breve percurso relativo ao processo de construção das fontes orais, ao estatuto destas na pesquisa histórica, à questão da ética na história oral e a alguns procedimentos teórico-metodológicos da produção de entrevistas. Também apresentamos a definição dos tipos de história oral e seus usos nas pesquisas acadêmicas.

No Capítulo 5, discutimos as relações entre memória e identidade, vinculando-as principalmente à história oral. Procuramos refletir sobre as diferentes formas a partir das quais as memórias são ativadas, levando em consideração questões de gênero, classe, raça e geração. Em seguida, analisamos as diferentes dimensões do tempo no ato de rememorar o passado, alguns elementos suscitadores das lembranças, os ritos de recordação e os diferentes níveis da memória.

No Capítulo 6, dedicamo-nos a problematizar as potencialidades do uso da memória em aulas de História no ensino fundamental e no ensino médio. Assim, apresentamos uma breve discussão a respeito do lugar da memória em aulas de História, as funções do ensino de História no passado e no presente, a influência da historiografia recente nos debates sobre o ensino e na elaboração dos documentos que orientam a docência e, por fim, algumas sugestões metodológicas para o uso da memória em sala de aula.

Esperamos que este livro proporcione uma importante contribuição para sua formação acadêmica e que suscite boas reflexões sobre as complexas relações entre história e memória.

Fábio Augusto Scarpim | Mariana Bonat Trevisan

Organização didático-pedagógica

Esta seção tem a finalidade de apresentar os recursos de aprendizagem utilizados no decorrer da obra, de modo a evidenciar os aspectos didático-pedagógicos que nortearam o planejamento do material e como o aluno/leitor pode tirar o melhor proveito dos conteúdos para seu aprendizado.

Introdução do capítulo

Logo na abertura do capítulo, você é informado a respeito dos conteúdos que nele serão abordados, bem como dos objetivos que os autores pretende alcançar.

Pense a respeito

Aqui você encontra reflexões que fazem um convite à leitura, acompanhadas de uma análise sobre o assunto.

Importante!

Algumas das informações mais importantes da obra aparecem nestes boxes. Aproveite para fazer sua própria reflexão sobre os conteúdos apresentados.

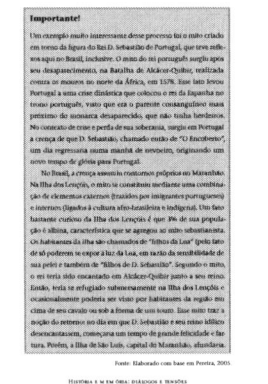

Saiba mais

Nesta seção, os autores apresentam informações complementares referentes aos temas tratados nos capítulos.

Síntese

Você conta, nesta seção, com um recurso que o instigará a fazer uma reflexão sobre os conteúdos estudados, de modo a contribuir para que as conclusões a que você chegou sejam reafirmadas ou redefinidas.

Indicações culturais

Nesta seção, o autor oferece algumas indicações de livros, filmes ou *sites* que podem ajudá-lo a refletir sobre os conteúdos estudados e permitir o aprofundamento em seu processo de aprendizagem.

Atividades de autoavaliação

Com estas questões objetivas, você tem a oportunidade de verificar o grau de assimilação dos conceitos examinados, motivando-se a progredir em seus estudos e a se preparar para outras atividades avaliativas.

Fábio Augusto Scarpim | Mariana Bonat Trevisan

Atividades de aprendizagem

Aqui você dispõe de questões cujo objetivo é levá-lo a analisar criticamente determinado assunto e aproximar conhecimentos teóricos e práticos.

Bibliografia comentada

Nesta seção, você encontra comentários acerca de algumas obras de referência para o estudo dos temas examinados.

Capítulo 1
Memória e história:
relações e diferenciações

As relações entre história e memória, a princípio, podem parecer simples e claras. Muitas vezes, percebe-se no senso comum uma tendência de se considerar que são a mesma coisa ou, por exemplo, que a história seria simplesmente o registro escrito da memória. Neste capítulo, iniciaremos nossa trajetória em torno dessa relação e demonstraremos como as afinidades e as tensões entre história e memória são mais complexas e intrigantes do que podem aparentar. Para isso, pontuaremos algumas das distinções e conexões que podem ser pensadas para os conceitos de história e memória, realizando, em seguida, uma discussão a respeito da compreensão do tempo e de como a categoria da duração é importante para o entendimento da estruturação e do funcionamento do tempo da história e do tempo da memória. Outro ponto fundamental para o esclarecimento das especificidades de ambos os conceitos será a análise que empreenderemos sobre as gradações e interações entre as memórias individual e coletiva, até chegarmos à memória histórica e à noção sistematizada de conhecimento histórico.

(1.1)
Memória e história

História e *memória*, dois termos que inicialmente nos remetem a eventos, processos e outros fenômenos que aconteceram num tempo anterior ao atual – portanto, no passado. Porém, você já parou para se perguntar se memória e história se constituem na mesma coisa? Duas palavras de grafias bem diferentes fariam referência exatamente ao mesmo campo? Se você chegou à conclusão de que devem existir diferenças, apesar de referências comuns, cabe questionar, então, por que, como e em que a história e a memória se distinguem e se aproximam.

É interessante notarmos que ambas foram representadas pela Antiguidade grega metaforicamente a partir de figuras personificadas: Mnemosyne, a deusa da memória, e Clio, a musa da história (Pesavento, 1994). Na mito-logia, a deusa Mnemosyne, ao se unir a Zeus, gerou nove musas (personificando artes e ciências), entre elas Clio. Na concepção mitológica, a história era filha da memória, tendo, por isso, um grau de importância relativo em relação à primeira (conforme se entendia no período). A memória precedia a história e estava acima desta. Contudo, como será observado ao longo dos capítulos deste livro, essa precedência e hierarquia se transformaram e se modificaram (de forma não necessariamente linear) com o decorrer do tempo. Na concepção da historiografia atual, podemos afirmar, aliás, que é a história que se apropria da memória, pois hoje existe a consciência de que a memória sempre é um fragmento, um registro solto de uma lembrança do passado. Ela é suscetível a afetividades, emoções em geral, manipulações e usos diversos. Em vista disso, a história tem a memória como sua matriz (é na memória que a história encontra as bases de sua atuação); todavia, atua na desconstrução e análise dos registros da memória, justamente visando explicar suas diferentes características e possibilidades de uso ao longo do tempo (Ricoeur, 2007, p. 100, 291).

Cabe ressaltar que a memória pode ser encontrada em diferentes artes e ciências, sendo destas objeto. Em outras palavras, a relação da memória não é exclusiva com a história (não por acaso, Mnemosyne gerou nove musas, entre elas a poesia épica, a música, a tragédia, a dança e a astronomia). Podemos localizar a memória e seus aspectos em diferentes manifestações no mundo, como na arte. Há reconstruções de memória em pinturas, como aquelas que representam batalhas, revoluções, horrores de guerra, imagens de lugares, cidades em dado período da história. Outro registro singular é o das fotografias, que parecem congelar um dado local e tempo numa imagem. Além disso, podemos encontrar a memória na literatura, na poesia (em textos que remetem a formas de sentir, pensar e viver num determinado contexto) e em estudos formais de áreas do conhecimento (além da própria história), como a psicologia, a filosofia, a antropologia e a sociologia. O mesmo acontece em áreas relacionadas mais propriamente aos componentes biológicos, como a medicina (no estudo dos mecanismos cerebrais de funcionamento da memória humana), e até mesmo na criação de recursos tecnológicos que elaboram memórias artificiais (tal como nos computadores e *smartphones* de hoje).

No entanto, para a maior parte das áreas de conhecimento e cultura humanas, sempre poderemos entender a história ligada à memória. Nas obras de arte que retratam determinados processos e eventos de um tempo (como uma guerra), o historiador tem a oportunidade de visualizar rastros de uma emoção, de uma vivência, trazidos pelos artistas (muitas vezes, testemunhos desses períodos) em sua relação privilegiada com o vivido. Mesmo que esses artistas nos leguem visões transfiguradas e subjetivas da experiência retratada, constroem versões dotadas de sentido, conectadas ao que se passou (Pesavento, 2006b).

O que a origem das palavras *memória* e *história* revela? Em todas as línguas românicas e também na língua inglesa, o termo *história* apresenta raízes no termo grego antigo *historie* (em dialeto jônico). *Historie* quer dizer "procurar", e *historein* (também do grego antigo) remete a "procurar saber, informar-se" (Le Goff, 2003, p. 18). A palavra grega *histor* significava "aquele que viu", dando-nos, portanto, a ideia de **testemunho**. Assim, a história passou a constituir um relato, uma narrativa que informa sobre o que se viu ou ouviu dizer

(Smolka, 2000, p. 178). Já memória se origina do termo grego *mnemis* e do latim *memoria* – ambos trazem a ideia de "**lembrar, conservar, reter informações**".

Numa visão tradicional da história, sua relação com a memória era vista de forma bastante simples, como descreveu Peter Burke (2000, p. 69): "A função do historiador é ser o guardião da memória dos acontecimentos públicos quando escritos para proveito dos atores, para proporcionar-lhes fama, e também em proveito da posteridade, para aprender com o exemplo deles". Essa visão vigorou durante boa parte da trajetória histórica ocidental (como veremos no Capítulo 2).

Entretanto, no estágio atual das reflexões, não podemos mais considerar que lembrar o passado e escrever a respeito dele são atividades simples e objetivas (como já se pensou e, se partirmos de um ponto de vista superficial, ainda se pode pensar). A memória acaba por nos conferir uma ilusão: a de que o passado não está perdido para sempre, pois é possível acessá-lo através da lembrança, a qual o traria novamente à tona, ajudando o ser humano a se identificar e se orientar no presente. Todavia, os mecanismos de rememoração e a criação das imagens mentais desse passado não ocorrem de forma linear pela mente humana. Os atos de lembrar e relatar a lembrança envolvem mecanismos mais complexos (que abordaremos mais adiante). O passado não nos retorna intacto, pois, ao passar por nossa mente, é como se estivesse sendo filtrado. Perceba a sutileza: os eventos do passado não podem ser mudados, mas nossa compreensão, representação e narração desses eventos (Funari, 2003) podem, sim, mudar de acordo com o contexto vivido no momento, pessoal ou coletivo.

Atualmente, a historiografia e as demais ciências humanas percebem a memória como uma reconstrução "continuamente atualizada do passado, e não como uma reconstituição fiel" dele. Ela seria, mais propriamente, "um enquadramento" do que se passou (Candau, 2012, p. 9; 16), uma determinada representação do passado, "enquanto imagem impressa na mente" (Funari, 2003, p. 16). Assim como a memória, a história constrói uma representação do que aconteceu – trata-se de duas vias de acesso ao passado. Porém, a forma como cada uma se liga a ele é distinta, pois suas lógicas são diferentes. A memória acaba demonstrando uma relação afetiva e emocional com o passado, pois, acima de tudo, ela emerge de maneira pessoal, individual. Para além disso, a memória se mostra extremamente seletiva e suscetível ao esquecimento (Joutard, 2007).

Já a história, que pode ser entendida tanto como a realidade histórica (o que realmente teria acontecido num dado tempo) quanto como o conhecimento produzido a respeito dela, é diferente da memória. A história procura impor certa distância aos acontecimentos, construindo algumas barreiras com relação ao passado. Em grande parte das situações, o historiador não viveu o que narra e, como estudioso, adota uma postura de distanciamento. Esse tipo de abordagem passou a ser frequente a partir do século XIX, com a promoção da história como área de conhecimento distinta, como disciplina científica, juntamente com a formação de um método de investigação. Nesse momento, passou-se a privilegiar os documentos escritos e oficiais, como se eles pudessem oferecer uma aproximação mais objetiva da realidade, enquanto os dados da memória – principalmente a recuperada da forma oral – seriam considerados menos exatos (Joutard, 2007).

Contudo, no século XX, principalmente em razão das críticas feitas pela Escola dos Annales[1], houve uma ampliação dos questionamentos, das fontes, dos métodos e das abordagens da história: para ir além dos dados oficiais, da descrição factual (que, na verdade, também se mostrava seletiva, parcial e não puramente objetiva), era preciso buscar novos recursos, estudar novos sujeitos antes excluídos das narrativas oficiais (mulheres, crianças, trabalhadores, camponeses humildes, minorias étnicas etc.), novos tipos de documentação histórica etc.

A partir de então, história e memória se reaproximaram. Reconheceu-se que ambas são construções sociais, ou seja, elaborações discursivas que partem do ponto de vista de **grupos sociais** (Burke, 2000; Smolka, 2000). As vias de elaboração e transmissão social da memória, assim como a elaboração e construção de relatos tidos como históricos, partem de indivíduos inseridos em um grupo e, portanto, de objetivos e interesses significativos para tal grupo quanto ao que é importante lembrar/preservar/relatar ou, até mesmo, esquecer.

---

[1] *A Escola dos Annales surgiu na França no alvorecer da década de 1930, a partir de trabalhos como os dos historiadores Marc Bloch e Lucien Febvre e das publicações divulgadas no periódico acadêmico francês* Annales d'histoire économique et sociale. *Esse movimento representou uma revolução na historiografia na medida em que rompeu com o paradigma historicista e iluminista, rejeitando a ideia de história como sequência de acontecimentos e privilegiando uma "história-problema" (pautada por questões direcionadas pelo presente ao passado), procurando a compreensão da totalidade das experiências humanas (preferindo estudos de longa duração) e o diálogo com as outras ciências humanas.*

> **Pense a respeito**
>
> Para perceber como a memória e a história emergem de indivíduos indissociáveis dos grupos aos quais pertencem, considere, por exemplo, como devem ter sido diferentes as memórias e os relatos históricos criados no período das Cruzadas, na Idade Média: do lado muçulmano, a chegada dos cristãos em guerra representou uma invasão a seu território, gerando muita destruição e morte; do lado cristão, as expedições para o Oriente Médio significavam a recuperação da chamada *Terra Santa*, local em que vivera e fora crucificado o gerador da fé cristã: Jesus Cristo. Para os cristãos, os invasores e causadores de mortes e dor eram, por sua vez, os muçulmanos. Nesse sentido, as 8 cruzadas que ocorreram ao longo de 200 anos fizeram emergir uma memória que acabou por criar ressentimentos e ódios de ambas as partes, com repercussões significativas até o presente.

Reconhecer que a memória e a história encontram limites em comum, como o fato de ambas estarem ligadas aos grupos de indivíduos dos quais emergem, não as desqualifica. Se ampliarmos nossa perspectiva, como bem ressaltou Philippe Joutard (2007), notaremos justamente que, ao trabalharem a memória e a história em colaboração, os estudos saem ganhando. É de interesse de grupos sociais diversos, tais como os sobreviventes do Holocausto e os imigrantes, que sua memória seja coletada e analisada pela crítica histórica, pois, além de preservá-la, a história manterá o que é essencial e evitará conferir-lhe um caráter muitas vezes deturpado de verdade absoluta. É a história, como ciência, que oferecerá a autoridade de que os testemunhos desses grupos necessitam. Do mesmo modo, a história precisa da memória, pois com ela pode ampliar suas perspectivas e sua conexão com os vestígios do vivido. A chave para essa complexa relação, conforme aponta o grande estudioso da memória Paul Ricoeur (2007, p. 291), parece estar na constituição de uma representação historiadora permeada pela análise crítica dos testemunhos e vestígios da memória.

(1.2)
Tempo e memória:
o historiador e a duração

"Constitui também tarefa do historiador tentar pensar sobre o tempo, não sozinho, é óbvio. Diante de nós, houve vários momentos em que o tempo foi objeto de intensa reflexão, especulações, medos, sonhos" (Hartog, 2003, p. 10). Considerando essa citação, reflita: Você já parou para pensar na importância do tempo para a história e para a memória? Assim como para a ciência geográfica o espaço é categoria fundamental, o tempo é categoria primária para a história e o historiador. Já nos referimos a Mnemosyne e Clio; então agora tratemos de Chronos, ou seja, do tempo (na mitologia grega, Chronos era um titã que personificava o tempo eterno e imortal).

Interessa ao futuro profissional da história perceber os modos como se relacionam passado, presente e futuro, bem como de que forma essa dinâmica se articula na escrita da história, como ressalta François Hartog (2003). Portanto, para a elaboração de um conhecimento histórico, não basta entendermos as relações entre memória e história, passado e presente; precisamos compreender as concepções de tempo existentes em determinadas sociedades (Le Goff, 2003). Para começarmos a discutir esse assunto, devemos nos questionar sobre a própria noção de tempo. O que é o tempo? O tempo é um só ou podemos falar que existe uma multiplicidade de tempos? Quantos tipos de tempo podemos definir?

Para adquirirmos a consciência do tempo, conforme Jacques Le Goff (2003), é essencial compreendermos a oposição passado/presente. Recordando o estudioso da aprendizagem Jean Piaget, Le Goff (2003, p. 13) afirma que, para "a criança, 'compreender o tempo significa libertar-se do presente'". Portanto, para além de sua existência no aqui e agora, a criança adquire a noção de tempo a partir do momento em que passa a perceber a sucessão dos acontecimentos: ela percebe que algo veio antes do agora (do presente), que coisas existiram e talvez não existam mais (noção do passado) e também que outras coisas ainda vão ou podem vir a existir (noção do futuro). Assim, a partir daí, a criança consegue chegar à abstração do vivido. Ela internaliza a noção de tempo, englobando a percepção de que existe um antes (passado), um agora (presente) e um momento que está por vir (futuro).

Sucessão, duração, transformação e mudança. Eis as categorias em que devemos pensar para compreender a noção de tempo, bem como sua articulação com a memória e a história. Há o **tempo cósmico, natural** ou **físico**; em uma segunda dimensão, existe o **tempo social** (ou seja, o tempo como compreendido pelo homem), o qual inclui o tempo cronológico, tempo do calendário ou da datação (que realiza certa articulação entre o tempo cósmico/natural e o tempo social); e, por fim, há o **tempo histórico** propriamente dito, devendo-se levar em conta sua distinção em relação ao tempo da memória.

Devemos ressaltar que a discussão referente ao tempo não é de exclusividade da história. A natureza do tempo representa uma questão sobre a qual se indagam todas as culturas humanas e, em nossa sociedade, esse questionamento engloba diferentes áreas do conhecimento, tais como arte, filosofia, psicologia, teologia, antropologia, bem como as ciências exatas e naturais (Silva; Silva, 2013). Podemos nos perguntar se o tempo nos é externo, algo que nos escapa (pois não temos controle sobre ele) – se estivermos considerando as mutações, transformações e repetições do tempo natural, físico, astronômico. Por exemplo: graças à nossa percepção visual, sabemos que o Sol nasce e se põe em um intervalo regular, a que chamamos *dia*; que, ao longo do período que denominamos *ano*, o planeta Terra dá uma volta completa ao redor do Sol; que, ao longo do ano, temos a sucessão das estações ligadas ao clima (outono, inverno, primavera e verão).

Todavia, esses exemplos também evidenciam que, junto ao tempo que nos é externo (ou seja, não controlado por nós, mas pela natureza e pelo Universo), o tempo também passa a ser interno (ou seja, ligado ao humano, ao social), visto que criamos signos, categorias e palavras para expressar nossas percepções dos processos ligados ao tempo físico (como dia, ano e mês), até chegarmos a níveis mais complexos e precisos de datação e medição (como hora e segundo).

Portanto, o tempo pode ser chamado de *social* a partir do momento em que passa a ser enquadrado e categorizado pela percepção humana. Como explica Le Goff (2003, p. 12), o tempo é, de certa forma, "domesticado" pelos homens a partir de instrumentos como o calendário, bem como de sua significação e datação do tempo natural com base no movimento do Sol, da Lua, no ciclo das estações e na alternância entre dia e noite.

A percepção do tempo social e histórico ligado ao tempo natural dos ritmos biológicos adquire grande importância para os homens. O historiador Reinhart Koselleck traz o seguinte exemplo que nos ajuda a compreender esse processo: "Quem busca encontrar o cotidiano do tempo histórico deve contemplar as rugas no rosto de um homem, ou então as cicatrizes nas quais se delineiam as marcas de um destino já vivido. [...]. Por fim, que contemple a sucessão das gerações dentro da própria família" (Koselleck, 2006, p. 13-14).

No que se refere à percepção das transformações não só da vida natural, biológica, mas também do espaço físico habitado pelo ser humano, pode-se, por exemplo:

> *evocar na memória a presença, lado a lado, de prédios em ruínas e construções recentes, vislumbrando assim a notável transformação de estilo que empresta uma profunda dimensão temporal a uma simples fileira de casas; [...] observe também o diferente ritmo dos processos de modernização sofrido por diferentes meios de transporte, que, do trenó ao avião, mesclam-se, superpõem-se e assimilam-se uns aos outros, permitindo que se vislumbrem, nessa dinâmica, épocas inteiras.* (Koselleck, 2006, p. 13-14)

A percepção das transformações do tempo e sua ressignificação passaram a constituir uma produção humana, a qual acabou criando um **tempo histórico** na medida em que há uma busca pela elaboração de representações que englobem os acontecimentos históricos. O tempo, portanto, tornou-se uma ferramenta da história, visível através de instrumentos criados pelo homem, tais como calendário, linhas do tempo e genealogias (forma de percepção do tempo fundamentada na contagem das sucessivas gerações familiares). Contudo, nem todo tempo histórico remete necessariamente a uma contabilização ordenada do tempo. Todas as culturas humanas refletem a respeito do tempo, mas nem todas registram seus acontecimentos em forma de cronologias e calendários – o que não impossibilita que tenham a percepção de um tempo histórico. Todas as culturas têm história, pois sempre existem formas de pensar a experiência humana ao longo do tempo, mesmo sem o uso de cronologias (Silva; Silva, 2013).

> **Pense a respeito**
>
> Você já imaginou como a percepção do passar do tempo é diferente para um morador de uma grande cidade atual em relação a um camponês do século XVII (ou mesmo de um agricultor localizado em uma zona bastante afastada do mundo urbano)? De um lado, temos a velocidade na transmissão de informações, os meios de transporte e comunicação, o ritmo acelerado da vida urbana marcada pelo relógio; de outro, uma vida mais lenta, regulada pela passagem do dia para a noite, pelas mudanças nas estações do ano, pelos festas regionais, entre outros aspectos. São dois estilos de vida que nos transmitem duas noções de percepção e vivência do tempo bastante diferentes, não é mesmo?

As formas de perceber o tempo histórico e registrá-lo são variáveis. Para Koselleck (2006, p. 14-15), não podemos falar de um tempo histórico no singular, mas de "tempos históricos", que se sobrepõem uns aos outros, visto que sempre se associam à ação social e política de pessoas concretas, que sofrem determinadas consequências por tais ações e que apresentam um **ritmo temporal** próprio. Por exemplo: a divisão da história em épocas como Antiguidade, Idade Média, Idade Moderna e Idade Contemporânea constitui uma de várias possibilidades de compartimentalizar e organizar o tempo histórico. Essa divisão e sua nomenclatura têm muito mais a ver com instâncias humanas, políticas, psicológicas, econômicas e culturais do que com os ritmos do mundo físico e natural sem a intervenção humana.

O tempo histórico (ou os tempos históricos), de acordo com Koselleck (2006), estaria situado no processo de determinação (dentro de um momento presente) da distinção entre passado e futuro. Ou seja, o tempo histórico se relaciona à maneira pela qual a experiência do passado foi reelaborada no presente, muitas vezes trazendo à tona, também, expectativas, esperanças e prognósticos com relação ao futuro. Desse modo, esse autor examina a construção de tempos históricos a partir de uma análise da relação entre **espaços de experiência** e **horizontes de expectativa**, visto que muitas foram as sociedades e os sujeitos ao longo do tempo que elaboraram ideias sobre o futuro a partir de suas experiências históricas.

Na Idade Média, por exemplo, criou-se a noção de um tempo escatológico (dirigido a um fim), determinado por uma origem divina, marcado pela vinda Jesus Cristo, pela morte e ressurreição desse messias, até a chegada de um tempo marcado pela volta do Salvador e pelo Juízo Final – portanto, o fim dos tempos.

Outro exemplo reside nas concepções geradas pelos iluministas no século XVIII e na tendência filosófica positivista do século XIX, com base nas quais se criou a noção de um tempo linear e progressista, marcado pelas origens humanas a partir de sociedades primitivas que tenderiam a evoluir e se desenvolver cada vez mais rumo ao progresso social, tecnológico etc. Essa visão marcou muito o século XX e ainda encontra ecos na atualidade. Porém, muitos pensadores questionaram essa percepção de progresso contínuo. Acontecimentos como os horrores das duas grandes guerras mundiais, o genocídio, a fome, as doenças e conflitos no continente africano, a degradação ambiental, entre outros aspectos, deram origem a uma crítica que constituiu a base do chamado *pensamento pós-moderno*.

Para os estudos históricos, as discussões de Fernand Braudel na década de 1950 a respeito do tempo (ou melhor, dos tempos históricos) tiveram grande importância. Baseando-se na reflexão elaborada pelo sociólogo Maurice Halbwachs acerca dos tempos sociais, Braudel (1992, p. 25) atesta a multiplicidade do tempo social, com suas diversas velocidades e lentidões. Desse modo, a história e o tempo se relacionam a partir da dialética da **duração**, da percepção de diferentes ritmos, velocidades, mudanças, transformações, processos e permanências.

Conforme Braudel (1992, p. 44), "Todo o trabalho histórico decompõe o tempo decorrido, escolhe entre suas realidades cronológicas, segundo preferências e opções exclusivas, mais ou menos conscientes". Com sua investigação acerca do tempo histórico, o historiador francês deixou um legado que até hoje norteia a prática dos historiadores: a divisão do tempo em curta, média e longa duração.

A **curta duração** seria o tempo dos eventos, dos acontecimentos da vida política, do que muda com rapidez. A **média duração** seria concernente a conjunturas, com duração variável entre décadas até no máximo meio século, abrangendo ciclos econômicos e transformações sociais. Já a **longa duração** remete às estruturas sociais, políticas, econômicas e culturais, as quais dizem respeito mais às permanências e à lentidão do que às mudanças sociais. Estruturas podem durar centenas de anos. A estrutura mental relacionada ao pensamento escravista, por exemplo, perdurou por vários séculos, até ocorrer a ruptura do sistema a partir das transformações vivenciadas pela humanidade no século XIX (e, mesmo com a proibição dessa prática, a mentalidade escravista ainda persistiu por muito tempo, sendo que ainda nos dias atuais pode ser identificada em manifestações racistas).

Para o trabalho com o tempo histórico, concordamos com Braudel (1992) que é preciso levar em consideração todas essas durações, sem ignorar suas distinções e diferentes relações com a pesquisa histórica. De acordo com José D'Assunção Barros (2011, p. 7-8), "o historiador que compara extensões de tempo deve estar pronto para perceber tanto continuidades, quanto rupturas e descontinuidades. Isto porque o mundo humano apresenta-nos um tecido muito complexo, crivado de continuidades, rompimentos e recomeços".

É importante observarmos também que o tempo histórico, tal como apreendido pelo historiador, será sempre um tempo conectado ao presente, pois o historiador é um sujeito inserido em condições relativas à estrutura social do período em que se encontra (Certeau, 1982). Essas condições nortearão sua prática de escrita da história. O lugar social de onde vem o historiador – nacionalidade, inserção num dado contexto intelectual, condição profissional etc. – é fundamental para as possibilidades e escolhas que ele traçará em seu trabalho. Nesse sentido, podemos acrescentar, com base em Le Goff (2003, p. 51), que toda história "é bem contemporânea, pois o passado é apreendido no presente e responde, portanto, a seus interesses, o que não só é inevitável, como legítimo. Pois que a história é duração, o passado ao mesmo tempo é passado e presente".

A forma como o historiador recriará o tempo histórico se delineia com base em um discurso, em uma narrativa histórica. No entanto, tal discurso se situa fora da experiência que lhe dá origem (a vivência do tempo passado), como aponta Michel de Certeau (1982, p. 94): "ele se dissocia do tempo que passa, esquece o escoamento dos trabalhos e dos dias, para fornecer 'modelos' no quadro 'fictício' do tempo passado". Novamente, voltamos à questão de que, ao procurar recriar o tempo passado, o historiador fornece apenas uma de múltiplas possibilidades de interpretação desse tempo.

Tendo consciência das noções relativas ao tempo histórico, pensemos então no tempo da memória e suas características. Se, como afirma Le Goff (2003), toda história é contemporânea na medida em que a compreensão do passado ocorre sempre num momento presente, com a memória esse processo não acontece de forma diferente. Vejamos como Pierre Nora (1993, p. 9) definiu a temporalidade da memória:

A memória é vida, sempre carregada por grupos vivos e, nesse sentido, ela está em permanente evolução, aberta à dialética da lembrança e do esquecimento, inconsciente de suas deformações sucessivas, vulnerável a todos os usos e deformações [...]. A memória é um fenômeno sempre atual, um elo vivido no tempo presente.

Perceba que o tempo da memória não é um tempo único – também não é fechado, pronto e acabado. Ele sempre está aberto a novas possibilidades de rememoração, elaboração e ressignificação. E, assim como o tempo histórico, o tempo da memória está sempre conectado ao presente, pois é no presente que ocorre o processo da lembrança ou, então, do esquecimento.

Isso pode ser aplicado tanto às lembranças individuais como às coletivas: um mesmo acontecimento pode ser relembrado por dois indivíduos de duas formas diferentes – o mesmo acontece com as sociedades. A experiência do tempo individual gera um tempo de memória ligado ao indivíduo. No âmbito dos estudos históricos, por exemplo, o campo da história oral busca compreender a construção desse processo analisando os aspectos da rememoração de experiências pessoais (Silva; Silva, 2013). Esse processo ocorre no presente, mas baseia-se numa construção narrativa sobre o passado. Para compreender como se dá a dinâmica entre essas diferentes dimensões (coletiva e individual), é preciso então considerar o que constitui propriamente as memórias individual e coletiva.

(1.3)
MEMÓRIA INDIVIDUAL

A princípio, podemos compreender a memória individual como uma capacidade "de conservar certas informações, remete-nos em primeiro lugar a um conjunto de funções psíquicas, graças às quais o homem pode atualizar impressões ou informações passadas" (Le Goff, 2003, p. 419). A história, como uma área de conhecimento relativa ao estudo da experiência humana ao longo do tempo, durante um extenso período considerou mais as questões relativas à memória coletiva, social, do que à memória individual. Esta, por sua vez, acabou sendo tomada mais como objeto de análise nas ciências biológicas, tais como a neurologia, a neurofisiologia, a psiquiatria e a psicologia (a qual se aprofunda mais nas questões relativas às subjetividades). Contudo, com o advento da história oral e as transformações na escrita da história ao longo do século XX, o particular e o indivíduo acabaram ganhando destaque. Nesse sentido, é importante tentarmos compreender algumas das especificidades ligadas à memória individual, principalmente se pretendemos em algum momento trabalhar com a metodologia de história oral, por exemplo.

A obra *A memória coletiva*, do sociólogo francês Maurice Halbwachs (1877-1945), exerceu grande influência na historiografia ao longo da segunda metade do século XX. Em seu texto, o autor destaca o papel predominante da memória coletiva, como podemos observar nos seguintes trechos:

> *só temos capacidade de nos lembrar quando nos colocamos no ponto de vista de um ou mais grupos e de nos situar novamente em uma ou mais correntes do pensamento coletivo [...]. Diríamos voluntariamente que cada memória individual é um ponto de vista sobre a memória coletiva, que*

este ponto de vista muda conforme o lugar que ali eu ocupo, e que este lugar mesmo muda segundo as relações que mantenho com outros meios.
(Halbwachs, 1990, p. 36, 51)

Portanto, para o sociólogo francês, as recordações pessoais sempre estão imersas em referências culturais coletivas.

Todavia, muitos pesquisadores da história e de outras ciências humanas questionaram essa soberania da memória coletiva sobre a individual, propondo relativizações, outras interpretações ou, até mesmo, rejeitando o conceito de memória coletiva. O historiador Philippe Joutard (2007) parte do princípio de que a memória, acima de tudo, é individual. Ela sempre traz uma recordação pessoal de eventos, sendo marcada por uma ligação emocional e imediata com o passado. No entanto, o autor não nega a possibilidade de se falar em memória coletiva. Já a socióloga Elizabeth Jelin (2001) questiona a noção de memória coletiva, apontando os problemas de concebê-la como uma entidade própria, que independe dos indivíduos para existir. Porém, a autora demonstra a pertinência de outro conceito utilizado por Halbwachs: os **quadros sociais da memória**. Esses quadros (como a família, a religião e a classe social) constituiriam uma matriz grupal na qual estariam localizadas as recordações individuais. É a partir desses grupos de pertencimento que as memórias individuais ganhariam sentido.

Desse modo, é muito importante percebermos o papel da linguagem (elemento socialmente compartilhado) para a construção e transmissão da memória. Além disso, devemos destacar que, muitas vezes, a recordação individual responde a um contexto coletivo, no sentido de partilhar uma dada lembrança. Ou seja, com frequência nos lembramos de acontecimentos pessoais em momentos em que estamos sozinhos. A lembrança individual é constituída por meio de uma narrativa mental mediada pela linguagem, a qual, por sua vez, aprendemos a partir do contato social e partilhamos na vida social. Ademais, em grande parte das ocasiões, rememoramos acontecimentos individuais ou sociais em meio a pessoas ou grupos e partilhamos coletivamente a narrativa que construímos a respeito dessas lembranças. Assim, as memórias são, ao mesmo tempo, individuais e coletivas, tendo em vista que as palavras que utilizamos e a comunidade de discurso são coletivas, culturais (Jelin, 2001).

É preciso considerar que não há uma relação linear e necessariamente hierárquica entre a memória individual e a memória coletiva, pois ambas dependem uma da outra para existir. Suas trocas, assim como a própria realidade social, são complexas e, por vezes, contraditórias, permeadas por tensões, omissões, conflitos, disjunções, encontros e integrações. Os agentes humanos ativam o passado e o compartilham através de referenciais culturais comuns, do mesmo modo que os agentes sociais procuram muitas vezes compartilhar esses conteúdos através de sínteses e produtos culturais, espécies de "veículos da memória" (tais como museus, livros, documentários e monumentos) (Jelin, 2001, p. 17).

Voltando ao núcleo da memória individual, devemos refletir a respeito de um ponto essencial de sua caracterização: para o indivíduo, a memória é o que lhe dá **consciência de si**. Como conclui Joël Candau (2012, p. 59-60), "a perda da memória é, portanto, uma perda da identidade". O cerne de qualquer identidade individual ou coletiva está relacionado a um sentido de permanência (de ser o mesmo) ao longo do tempo e do espaço (Jelin, 2001); trata-se, pois, da ideia de conexão no tempo, de continuidade, enfim, de um elo que liga o passado a quem se é no presente.

É da memória que emerge o conjunto da personalidade de um indivíduo. Por meio de lembranças e referências, ele capta, compreende e ordena continuamente o mundo, dando-lhe sentido (Candau, 2012). Um exemplo interessante para ilustrar as peculiaridades da memória humana e da capacidade do indivíduo de rememorar é a comparação que Candau faz, a partir de Claude Simon, com a memória dos computadores:

> *Estes, lembra Claude Simon, possuem uma memória, mas são desprovidos de lembranças. [...] os computadores são estranhos a toda ideia de fluxo do tempo que se origina da "sucessão de sensações que a memória evoca". Enquanto o cérebro humano é capaz de desenvolver estratégias de maneira autônoma e de construir seus próprios programas (auto-organização), o computador é apenas executante de um programa. A memória humana é representativa, a dos computadores é simplesmente presentativa, incapaz de escolher entre lembrar ou esquecer.* (Candau, 2012, p. 62)

Desse modo, a mente humana dota as lembranças de sentido, pois elas sempre estão vinculadas às questões presentes do indivíduo: "ele oferecerá, portanto, uma visão dos acontecimentos passados em parte transformada pelo presente ou, mais exatamente, pela posição que ele próprio ocupa nesse presente" (Candau, 2012, p. 75). É por isso que a memória humana não apenas presentifica (ou seja, traz a lembrança pura e simples ao presente); na ideia de representação, entra em jogo também o poder humano de imaginação para tornar uma memória presente – logo, o passado é "re-presentado". A memória individual (assim como a memória coletiva, nesse caso), de forma consciente ou inconsciente, tem a habilidade de saber transformar o passado em função do contexto presente, apresentando muitas vezes uma tendência de idealizar o que já passou. Como esclarece Michael Pollak (1992, p. 204), "as preocupações do momento constituem um elemento de estruturação da memória", o que evidencia como a memória é um fenômeno construído. Tanto o lembrar quanto o esquecer são marcados pela característica essencial da **seletividade da memória** (Joutard, 2007).

A seletividade está ligada a processos complexos da psique humana. Le Goff (2003) ressalta o fato de que psicanalistas e psicólogos insistiram em como, de forma consciente ou inconsciente, interesses, afetividades, desejos, medos, inibições e censuras exercem influência sobre a memória individual. Tal processo, como demonstraremos, não ocorre de maneira muito diferente em relação à memória coletiva, pois nesta se encontram também manipulações e lutas de poder ampliadas pela dinâmica social.

Ao rememorar, o indivíduo faz uma apropriação do passado, o que é possível notar quando se considera que se memorizam e se recordam mais acontecimentos carregados de sentimento do que eventos menos sigifnicativos, havendo a tendência de se esquecer ou apagar as lembranças de situações desagradáveis (Candau, 2012). No processo de trazer as lembranças à tona, de organização da memória, podemos perceber também que o tempo não segue uma lógica exata e propriamente cronológica (no sentido da contagem e datação numérica). Para Moses Finley (1989, p. 16), a memória individual ilustra perfeitamente como "a duração do tempo não é experimentada como uma quantidade mensurável, mas sim como uma qualidade associativa ou emocional: saltos no tempo, por exemplo". Assim, quando nos lembramos de um acontecimento, não vamos abrindo caminho na mente exatamente do presente até aquele passado específico; pelo contrário, saltamos diretamente do presente para o momento que desejamos recordar. Nesse sentido, a datação não é precisa e calculada. Ela se baseia essencialmente em associações que nos são significativas (portanto, associativas ou emocionais), determinando marcações como: "no tempo em que eu era estudante", "quando eu ainda era criança", "outro dia" (Finley, 1989, p. 17).

Com base em Pollak (1992, p. 201), podemos sistematizar os elementos constitutivos da memória individual por meio dos seguintes eventos:

- acontecimentos vividos pessoalmente, experiências diretas do indivíduo;
- acontecimentos vividos pelo grupo ao qual a pessoa pertence, mas em que não necessariamente ela esteve presente (eventos que adquiriram um caráter tão forte no imaginário coletivo que atingem o indivíduo mesmo que ele não tenha participado deles concretamente);
- acontecimentos conhecidos por meio de socialização histórica ou política, a partir dos quais o indivíduo pode adquirir uma espécie de identificação com o passado, gerando o que podemos chamar de *memória herdada*.

Nesse processo de constituição, ainda podemos destacar que a memória se compõe de pessoas, personagens (os quais podem não necessariamente pertencer ao espaço-tempo vivido por quem rememora). Há igualmente os espaços de memória (conceito que discutiremos mais adiante), referentes a lugares particularmente ligados a uma lembrança – tal como um lugar de férias na infância (Pollak, 1992). Muitos elementos que se aplicam à compreensão dos aspectos da memória individual podem ser identificados também no que se refere à memória coletiva. A seguir, analisaremos o que caracterizam as formas coletivas de lembrança, suas particularidades e seus vínculos com a memória individual.

(1.4)
Memória coletiva

É fácil percebermos que a constituição de uma memória coletiva ocorre a partir das memórias de diferentes indivíduos de um grupo a respeito de acontecimentos, personagens, lugares etc. Do mesmo modo, é fácil compreendermos que a reconstituição de lembranças por um indivíduo geralmente é marcada por memórias comuns ao grupo a que ele pertence. Considerando esses dois apontamentos, aparentemente distintos, podemos ter uma noção de como a constituição da memória coletiva ou social é complexa e envolve diferentes fatores.

Já mencionamos que as memórias individual e coletiva têm muitos aspectos comuns em sua caracterização e constituição. No entanto, nem sempre elas coincidem em suas características. Vamos explorar um pouco mais o universo da memória coletiva para tornar mais claras as relações e as diferenças entre esse conceito e o de memória individual?

Anteriormente, abordamos o debate que existe nas ciências humanas a respeito da preponderância do fator coletivo ou individual na constituição da memória. A história, por tentar compreender as experiências humanas no tempo, geralmente tende a se alinhar mais com o trabalho a partir das memórias coletivas. Entretanto, com as novas correntes historiográficas surgidas no século XX e com a metodologia da história oral, o espaço concedido ao indivíduo e a suas experiências aumentou. Contudo, mesmo ao tratar de uma pessoa em específico (como no caso das biografias históricas, por exemplo), o historiador busca compreender o que do mundo social do indivíduo está naquelas lembranças. Apesar de alguns autores, como o precursor Maurice Halbwachs (1990), darem maior valor à noção de memória coletiva, já mostramos, até este ponto do texto, como as memórias coletiva e individual se entrelaçam.

Como afirma Nora (1993, p. 9, grifo nosso), "**a memória emerge de um grupo que ela une**". Portanto, a memória coletiva está ligada ao compartilhamento de lembranças, tradições e valores por um dado conjunto de indivíduos que constituem um grupo social, o qual encontra o sentimento de pertença e elo no tempo através dessa memória em comum. Nesse sentido, a memória coletiva é múltipla: há tantas memórias coletivas quanto grupos humanos, e elas sempre representarão o que resta do passado vivido por esses grupos ou o que estes fazem com esse passado, atualizando-o no presente (Nora, 1993; Le Goff, 2003).

Para Nora (1993, p. 9), a memória é, ao mesmo tempo, "múltipla e desalecerada, coletiva, plural e individualizada". Ela se constitui como uma prática social, uma ação para legitimar um passado que é também parte do presente. É muito mais do que um simples costume, registro ou obrigação, pois é algo vivo. Desse modo, a memória coletiva constitui uma corrente de pensamento contínuo, que conserva do passado somente o que ainda existe ou que é capaz de exisitir na consciência de um grupo (Halbwachs, 1990). Assim como a memória individual, a memória coletiva é seletiva.

Como ocorre no caso da memória individual, também para a memória coletiva é fundamental a presença do **sentimento de identidade**. Cabe ressaltarmos ainda que, muitas vezes, a memória coletiva e a identidade são "valores disputados em conflitos sociais, culturais e intergrupais", o que é bastante evidente nos embates que opõem grupos de poder político (Pollak, 1992, p. 205). A memória familiar ou geracional, por exemplo, frequentemente é objeto de disputas e confrontos entre pessoas de uma mesma família (por questões de herança, traições etc.).

Pesquisadores como Pollak (1992) observam que, geralmente, em conjunturas mais pacíficas e tranquilas, a memória e a identidade coletivas não sofrem grandes modificações em seus discursos (como num trabalho de manutenção, unidade, continuidade) e não há tanta preocupação com ambas. Todavia, em momentos de tensão, como em guerras, as memórias coletivas (como as nacionais) também entram em crise e sofrem revisões e remodelações, conforme os tipos de conflitos e problemas envolvidos. Como exemplos desse processo podemos citar os rearranjos da memória coletiva após a crise do comunismo soviético, no final dos anos de 1980, que provocou o rearranjo de vários países do Leste Europeu e a revisão de suas identidades coletivas; há também a crise do Império Turco-Otomano após a Primeira Guerra Mundial (1914-1918), que levou ao questionamento da dominação turca em territórios como o Líbano e a Síria, os quais se constituíram então como nações, remodelando suas identidades e, consequentemente, sua memória coletiva.

Para historiadores como Le Goff (2003), uma grande transformação com relação à memória coletiva foi o surgimento da escrita. Com ela, a memória passou a ser inscrita, a ter um suporte material visível, concreto (inscrições em argila, pedra, papiro, pergaminhos e papel). O estudo das inscrições que vêm desde tempos remotos deu origem, aliás, a uma ciência moderna que dialoga com a história: a epigrafia. No entanto, sabemos que, mesmo com a escrita, as sociedades não deixaram de ter formas particulares de memória coletiva, transmitidas fundamentalmente na forma oral. É o caso, por exemplo, dos jograis na Idade Média. Através da música e da oralidade, esses indivíduos transmitiam narrativas ligadas à memória coletiva (algo que ocorria ao mesmo tempo que o uso da escrita já registrava a memória histórica nos meios oficiais, como os eclesiásticos e as cortes régias).

Le Goff (2003), representante da Nova História que se dedicou a analisar as pesquisas e referências relativas à memória (na obra *História e memória*, que se tornou muito conhecida), estabelece divisões entre sociedades de memória com base oral e de memória com base escrita, apesar de prever fases de transição e convivências entre o oral e o escrito numa mesma sociedade. Assim, o historiador francês identifica a sequência (mais ou menos cronológica) descrita no Quadro 1.1 para caracterizar a relação social entre memória oral e escrita.

Quadro 1.1 – Trajetórias da memória no tempo conforme a visão de Le Goff

1) A memória étnica	Em sociedades sem o uso da escrita. Nestas, o aprendizado e a transmissão da memória estariam mais ligados aos cantos e versos, dando base muitas vezes aos mitos de origem.
2) Da Pré-História à Antiguidade	Do desenvolvimento da memória oral até a origem da escrita. Relação entre as inscrições na Pré-História e o desenvolvimento da escrita na Antiguidade, com a criação de comemorações, monumentos, registros em papiro e pedra, calendários etc.
3) A memória medieval	Surgimento de um equilíbrio entre oral e escrito. Coexistência de cantos e versos de base oral (por vezes passados à escrita) com o avanço da escrita em prosa, como na composição de tratados filosóficos e crônicas históricas.
4) Progressos da memória na Idade Moderna	Com a invenção da imprensa e a maior difusão da escrita e dos livros, a memória encontrou mais espaço de registro e difusão.
5) Desenvolvimento contemporâneo da memória	A memória em expansão, com os novos meios tecnológicos de registro e difusão, tais como a fotografia, o vídeo e o computador.

Fonte: Elaborado com base em Le Goff, 2003.

A divisão estabelecida por Le Goff se mostra bastante útil para a compreensão a respeito das transformações que o uso da escrita e o desenvolvimento de outros meios de produção e difusão da memória geraram ao longo do tempo. Todavia, ao observar esse esquema, é preciso relativizar a tendência de acreditar que a escrita acabaria substituindo as memórias orais, retirando sua importância, suas criações e recriações. Um exemplo que evidencia como essa visão linear não pode ser tomada de forma absoluta é a pesquisa de história oral que Joutard (2007; Dosse, 2003) fez na França, no fim da década de 1960.

O historiador investigou rancores que, mesmo com o passar dos anos, teriam persistido entre comunidades rurais francesas, através da transmissão de uma memória coletiva subterrânea (encarnada em tradições regionais) sobre a Revolta dos Camisards, no século XVII – uma revolta de camponeses protestantes que ocorreu nos tempos das guerras de religião na França. Desse modo, é pertinente percebermos, também com base em Leroi-Gourhan (2002), que a memória coletiva ou étnica é uma característica que pode ser encontrada em todas as sociedades, em diversos tempos e espaços.

Como já mencionamos quando tratamos da memória individual, é essencial considerarmos também para a memória coletiva o papel da linguagem (oral, escrita, iconográfica etc.), pois ela é responsável pela constituição da memória e pelas possibilidades de transmiti-la, determinando formas de narrá-la e de sustentá-la. A memória coletiva está presente nas lembranças vividas por um indivíduo, mas também nas que lhe foram repassadas (as quais ele pode igualmente transmitir a outros). Tais memórias pertencem não somente a uma pessoa, mas a uma comunidade, a um grupo.

Muitas vezes, elas se fixam em um acontecimento fundador (uma tragédia ou uma conquista do grupo, por exemplo), tendendo a idealizar o passado a partir desse evento e a simplificar o restante do tempo vivido. Aliás, o tempo, para a memória coletiva (assim como no caso da memória individual), não costuma fixar-se através de datas e de uma sequência linear e cronológica exata, mas por meio de imagens, paisagens, vivências cotidianas. O tempo é simplificado, distinguindo-se apenas entre o presente (hoje em dia) e o passado (antigamente) (Silva; Silva, 2013).

As memórias coletivas podem ser geradas a partir de diferentes motivações e elementos. Já abordamos o caso da memória étnica e também remetemos brevemente ao caso da memória familiar e suas genealogias, que representam uma busca de identidade por um grupo unido por laços de parentesco e com ancestrais em comum. Quanto à memória coletiva, ela também pode emergir de personagens que morrem ou desaparecem. Nesse caso, certos indivíduos podem se tornar objetos de memória, atuando como construtores de identidade coletiva. Assim, suas características são tidas como exemplares, suas qualidades são exaltadas, e seus defeitos, mascarados. Poderíamos citar muitos exemplos de personagens-modelo que foram criados desde a Antiguidade até os dias atuais, principalmente figuras políticas.

As comemorações também são importantes para a construção de memórias coletivas, tais como datas de aniversário, festas ou mesmo feriados relativos a acontecimentos importantes (ou vistos como tal) para uma comunidade, uma cidade ou mesmo uma nação – a exemplo das comemorações relativas aos centenários da Revolução Francesa, da Independência do Brasil, entre tantos outros.

Mencionamos ainda que a memória de tragédias pode ser importante para a construção da identidade coletiva. O genocídio judeu promovido pelo regime nazista de Hitler ou outros acontecimentos menos conhecidos do século XX – como o genocídio promovido pelo Império Otomano contra os cristãos armênios – colaboraram fortemente para a memória e identidade judaicas e armênias na contemporaneidade. Muitas vezes, esses personagens, acontecimentos e contextos podem dar origem a formas de patrimonialização, visando-se à constituição de práticas de memória e de lugares de objetivação da identidade, tais como museus e monumentos (Candau, 2012). Como exemplo, a Figura 1.1 mostra uma estátua do Cacique Arariboia, erguida em comemoração ao 4º Centenário da Cidade de Niterói, no Rio de Janeiro.

Figura 1.1 – Estátua do Cacique Arariboia, em Niterói/RJ

Junius/Wikimedia Commons

Arariboia foi um chefe da tribo dos Temiminós, grupo indígena Tupi que habitava o litoral brasileiro no século XVI. Ajudou os portugueses na conquista da Baía de Guanabara contra os Tamoios e os franceses, em 1567. Como recompensa, os portugueses lhe cederam uma região na entrada da baía que viria a dar origem à atual cidade de Niterói. Logo, o cacique é considerado pela memória coletiva oficial como o fundador da cidade.

A estátua se encontra de frente para a Baía de Guanabara, em uma praça que também leva o nome do cacique. Sua posição e localização simbolizam que o índio estaria protegendo a cidade. É curioso observar que o líder da Confederação dos Tamoios, Aimberê, que se opunha à dominação portuguesa, não tem nenhum monumento em sua homenagem no Estado do Rio de Janeiro.

Por tudo o que expusemos até esta parte do texto, podemos perceber que a memória coletiva tem especificidades, mas não pode ser compreendida como algo totalmente dissociado da memória individual. Quanto às diferenças entre memória coletiva e história, se alguns autores, como Halbwachs, separaram-nas de forma mais rígida até certo momento, a partir do final dos anos de 1960 a chamada *Nova História* buscou reaproximá-las, essencialmente mediante utilização da memória coletiva como fonte para o trabalho do historiador. Burke (2000) chegou a afirmar que a escrita da história em si pode ser vista como uma forma de memória social, pois, assim como a memória coletiva, executa um complexo processo de seleção, interpretação e reconstituição do passado. No entanto, não podemos cair na tentação de crer que as memórias coletiva e histórica são idênticas. Há substantivas diferenças entre elas para além das aproximações, como analisaremos a seguir.

(1.5)
Memória histórica

Antes de começarmos a discussão sobre memória histórica, convém levantar alguns questionamentos: A história também é memória? Memória coletiva e memória histórica se confundem? Quais são as diferenças entre elas? O que caracteriza especificamente a memória histórica? Com base nas considerações de Certeau (1976), podemos iniciar pontuando que, acima de tudo, a constituição da memória histórica se constitui em uma operação: estabelece-se uma **prática** que parte de um dado **lugar social** (uma função, um ofício, um meio) e que, mediante determinados **procedimentos**, métodos **de análise** e **composição**, produz um dado conhecimento sobre a realidade social de um tempo específico (vindo a compor o que chamamos hoje de *história* como área de conhecimento, disciplina científica).

As memórias individual e coletiva se mostram como práticas dos processos de rememoração e comemoração, bem como da instituição de lugares de memória. No entanto, a memória não passa pela fronteira do método e da crítica analítica. Ela não passa, fundamentalmente, pela distância que esse método e caráter analíticos colocam entre quem a faz emergir (seja um indivíduo, seja um grupo) e o objeto da memória em si (tal como um acontecimento marcante, um personagem importante para o indivíduo, seja um grupo). Como afirma Nora (1993, p. 9), "A memória é a vida [...], está em permanente evolução, aberta à dialética da lembrança e do esquecimento, inconsciente de suas deformações sucessivas, vulnerável a todos os usos e manipulações".

Já a história, na qualidade de operação intelectual, demanda análise e discurso crítico. Portanto, na operação historiográfica (produtora de memória histórica), há sempre a relação entre o método e a distância que ele estabelece entre o objeto pesquisado e o produtor do discurso histórico: "A operação histórica consiste em retalhar o dado segundo uma lei presente que se distingue do seu 'outro' (passado), em tomar distância com relação a uma situação conhecida e, dessa forma, em marcar por um discurso a mudança efetiva permitida por esse distanciamento" (Certeau, 1976, p. 40).

Com base no exposto, podemos compreender que o pesquisador produz memória histórica a partir desse trabalho (dessa *operação*, como chamou Certeau) de retalhamento de um objeto histórico (o dado situado no passado, distante do historiador, mas que será analisado a partir dos critérios existentes no presente). Logo, para compreendermos a construção da memória histórica, é essencial percebermos que as raízes de uma explicação histórica se encontram sempre vincadas no presente, ligadas ao momento em que vive o historiador que a produz (Funari, 2003). O historiador, portanto, produz o discurso histórico, opondo e distanciando passado e presente através da operação historiográfica. Ele tem por tarefa articular o impensável laço entre o real e o discurso, buscando o conhecimento sobre as possibilidades dos acontecimentos (Certeau, 1982).

Fundamentalmente no século XIX e no começo do século XX, pesquisadores como Halbwachs tenderam a opor diametralmente memória e história. Para eles, a história começava no término do elo com a memória e a tradição. Nesse sentido, havia ainda a crença de que, enquanto a memória era seletiva, múltipla, fragmentada e subjetiva, a história estaria no reino da objetividade, do método eficaz que levaria ao alcance de uma única versão sobre o vivido (Dosse, 2003).

Todavia, apesar de ainda ser fundamental considerar o distanciamento e o método analítico para a constituição da história, a extrema distinção entre ela e a memória não se sustenta mais, assim como a crença na produção de uma história única e definitiva sobre um dado tempo. A historiografia recente traçou novas pontes entre história e memória, enfatizando suas aproximações, sem deixar de levar em conta as especificidades de cada uma e o papel central da história no trabalho analítico e crítico com a memória.

Historiadores e outros pesquisadores atuais, como o antropólogo Joël Candau, concordam que os especialistas da história partem de um lugar social inserido num presente e que é a partir dele que consultam documentos históricos, arquivos, fontes diversas e interrogam o passado, selecionando o que consideram mais pertinente, partindo de aspectos objetivos (ligados ao métodos), mas também subjetivos. Nesse sentido, os historiadores também estariam inseridos no campo da construção social da memória, sendo sua produção "um dos **avatares** possíveis da memória social" (Candau, 2012, p. 133, grifo do original). Portanto, a história também pode mostrar parcialidades e objetivos identitários, adquirindo alguns traços da memória, o que a tornaria uma "filha da memória". Como já abordamos, Burke (2000) defende essa posição da história como uma das formas de memória social, pois ela sempre parte do ponto de vista do grupo e das subjetividades pertencentes ao historiador.

O historiador trabalha a todo o momento com a memória, pois ela está presente no material mais básico dele: as fontes históricas, os documentos. Conforme a compreensão atual da historiografia, incluem-se entre os documentos qualquer vestígio do passado. Todo documento ou fonte histórica carrega uma memória (coletiva ou individual) de um tempo vivido. Nessa perspectiva, "tudo é documento, e tudo deve ser interpretado" pelo historiador (Joutard, 2007, p. 231). Assim, as memórias individual e coletiva presentes nos testemunhos escritos, orais, iconográficos e sonoros são fontes para a história tão importantes e significativas quanto o mais objetivo registro notarial. Aliás, como ressalta Joutard (2007), quanto mais objetivo parecer um documento, mais a crítica histórica deverá interrogá-lo para alcançar seus níveis de subjetividade. É fundamental compreendermos que o historiador deve fazer da memória um objeto da história, buscando expor seu caráter construído, suas incoerências e seus usos.

A memória histórica, como reconstrução do passado, mas permeada por critérios e métodos (diferentemente da constituição da memória coletiva), tem uma característica fundamental: a produção de um **efeito de verdade**, um **efeito de real** (Funari, 2003). A impressão que nos passa é a de que, em virtude de seus métodos e critérios, a história seria capaz de filtrar os dados das memórias individual e coletiva, chegando à essência do real.

Podemos afirmar que a criação de metodologias e critérios para a pesquisa histórica, as problematizações baseadas na historicidade de objetos históricos, realmente contribui para que se possa alcançar maior aproximação com o vivido. Contudo, não podemos perder de vista a noção de que o real em si, ou seja, todos os aspectos de determinada situação, de um momento vivido, nunca poderá ser reconstituído integralmente e, por isso, a busca pela verdade absoluta se mostra uma ilusão. Daí a grande contribuição dos estudos linguísticos e também de estudiosos de renome, como Michel Foucault, com a investigação da constituição dos discursos. Como explica Funari (2003, p. 18), "A noção de que todo o conhecimento expressa-se necessariamente como um discurso implicou o reconhecimento da importância de sua autoria e de seu público, assim como da forma e conteúdo desse discurso".

Para compreendermos melhor a importância do contexto social e das subjetividades na constituição de um discurso histórico, basta pensarmos que, se dois historiadores se debruçarem sobre os mesmos documentos (escritos, orais ou iconográficos) e uma mesma questão histórica, ambos produzirão narrativas únicas. Sempre haverá pontos em comum (dados objetivos como locais, datas, fatos, eventos), mas cada qual poderá interpretar as informações de forma diferente, observar aspectos que o outro não observou nos documentos e chegar, portanto, a conclusões diferentes (e, mesmo que os dois não cheguem a diferenças fundamentais, certamente a forma de construir a narrativa, ordenar o discurso e detalhar informações e interpretações será distinta e poderá gerar variadas interpretações por parte de seus leitores).

É por isso que, para os historiadores e a historiografia atual, **mais do que alcançar a verdade do passado, interessa compreender como as visões sobre esse passado, fornecidas a nós fundamentalmente pelos diversos registros das memórias individual e coletiva, impactam e influem no presente.** É importante, pois, compreendermos a influência dessas perspectivas em nossa vida – sejamos nós historiadores ou não. E essa compreensão passa certamente pelo estudo dos relatos sobre o passado como construções discursivas, o que nos permite obter uma visão crítica dos motivos e objetivos presentes em qualquer discurso (Funari, 2003).

Mesmo que se apoie no método histórico, o historiador não consegue despir-se totalmente de suas subjetividades (pontos de vista, formação, condição social, valores etc.). No entanto, precisamos pensar também em como as subjetividades, as percepções e compreensões individuais de cada historiador a respeito de uma temática e de dadas fontes podem ser importantes para que a história possa sempre discutir e rever problemáticas, chegando a novas conclusões, considerando novas hipóteses e possibilidades ainda não vislumbradas, entre outros aspectos.

Apesar de se basear em vestígios de um real vivido, é necessário entendermos que a história (assim como qualquer outra ciência) nunca se esgota e chega a conclusões definitivas, inquestionáveis. A história não pertence ao reino da exatidão (e qual ciência, por mais exata que seja, nunca reviu seus conceitos?), mas ela pode, sim, ajudar no entendimento de questões muito importantes tanto para o nosso presente quanto para o dos historiadores que constituem ou constituíram a memória histórica em seus respectivos períodos. Como afirma Le Goff (2003, p. 29), a história pode, e deve, esclarecer a memória e apontar suas incongruências; porém, não podemos esquecer que a história, ao se valer de dados das memórias coletiva ou individual, construirá um relato aproximado do que ocorreu, mas não trará à tona o passado em si. Nesse sentido, memória e história se religam, dando-nos o sentido e a especificidade do que chamamos de *memória histórica*.

Diferentemente do discurso ficcional entre historiador e leitor, como adverte Ricoeur (2007, p. 290-291), existe uma espécie de pacto: ambos concordam que as referências do discurso histórico estão calcadas no real (pessoas, espaços, situações, processos e encadeamentos que existiram no percurso do tempo). Unindo provas documentais à interpretação, explicações compreensivas à escrita de narrativas, o historiador consegue então sustentar seu pacto com o leitor – e não só com ele, mas também com sua comunidade científica.

Por meio desse processo de elaboração e escrita, a narrativa historiográfica resulta numa representação específica do passado. A noção de representação remete à ideia de tornar presente algo ausente ("re-apresentar"). Há um reconhecimento, uma identificação com a coisa retratada, como explica Ricoeur (2007) com base nas discussões de Edmund Husserl. Nesse sentido, podemos afirmar que a noção de representação se refere tanto à memória quanto à história, pois ambas procuram atualizar no presente algo que está ausente, que existiu anteriormente. Contudo, enquanto o dado da memória vem à mente como um reconhecimento imediato do passado, dando forma aos testemunhos do tempo, a representação do passado pela narrativa histórica surge após os procedimentos científicos da operação historiográfica.

Com base em Ricoeur, Roger Chartier (2011, p. 116) pontua que é no testemunho da memória, em sua recordação, que "a história encontra a certeza na existência de um passado que foi, que já não é mais e que a operação historiográfica pretende representar adequadamente no presente". Portanto, seria no entrecruzamento entre a capacidade científica da operação historiográfica e a garantia de acesso ao passado pelo testemunho que se fundamentaria a legitimidade da representação histórica.

Síntese

Neste capítulo, analisamos como, desde a Antiguidade, pesquisadores e historiadores buscam traçar distinções e relações entre a história e a memória. Mostramos como a afirmação da história como ciência baseada em método de investigação no século XIX afastou-a da memória; na sequência, demonstramos que, numa corrente contrária à anteriormente descrita, as discussões atuais da historiografia procuram evidenciar mais as aproximações do que os afastamentos entre os dois campos, evidenciando como ambos partem de problemáticas do presente e reconstroem discursivamente experiências vividas no passado, sem deixar de guardar suas especificidades.

Também discutimos sobre o aspecto ao mesmo tempo individual e coletivo da memória, que pode vir a constituir o que chamamos de *conhecimento histórico*. A memória é múltipla, seletiva e pode ser constantemente atualizada, manipulada. Já a história tem seus métodos, pretende-se una, mas sempre poderá ser revista, repensada e também não está imune a distorções e usos. Por fim, podemos assumir que a memória tende a ganhar ao passar pela análise e crítica da história, mas esta também ganha com o rico material documental que a memória pode lhe oferecer.

Indicações culturais

Filme

BRILHO eterno de uma mente sem lembranças. Direção: Michel Gondry. EUA: Universal Pictures, 2004. 108 min.

Trata-se de um filme de romance dramático e ficção científica que explora a temática da natureza da memória por meio de uma narrativa não linear sobre uma história de amor. O personagem Joel descobre que sua ex-namorada, Clementine, submeteu-se a um tratamento experimental para apagá-lo de suas lembranças e decide passar pelo mesmo processo. No entanto, durante a experiência, ele percebe que não quer esquecê-la e começa a encaixá-la em momentos de sua vida dos quais ela não fez parte, provocando a mudança de outros acontecimentos que estão em sua memória. O filme transita entre passado e presente, memórias que se perdem, que não se quer esquecer, que se recriam.

Livro

OLIVEIRA, J.; GUIMARÃES, M. L. **Diálogo sobre o tempo**: entre a filosofia e a história. Curitiba: PUCPress, 2015.

Na obra que faz parte de uma coleção sobre diferentes temáticas (tais como tempo, história, morte, amizade e futuro), os autores traçam um diálogo a respeito do tempo e suas relações com a história e a filosofia, abordando diversas referências culturais e científicas para discutir o tema.

Entrevista

DOSSE, F. François Dosse aborda a importância da memória para a história. **Globo Universidade**, 12 jul. 2012. Entrevista. Disponível em: <http://redeglobo.globo.com/globouniversidade/noticia/2012/07/francois-dosse-aborda-importancia-da-memoria-para-historia.html>. Acesso em: 19 jul. 2018.

Nessa entrevista, o historiador François Dosse responde a questões sobre a elaboração da história do tempo presente e suas fontes, bem como discute a importância da memória e da coleta de testemunhos orais para a construção da história.

Atividades de autoavaliação

1. Sobre as relações (aproximações e distanciamentos) entre história e memória, indique quais afirmações a seguir são verdadeiras (V) ou falsas (F):
   ( ) A Antiguidade grega deu pouca importância à memória, colocando a história (representada pela musa Clio) acima da memória (representada pela deusa Mnemosyne).
   ( ) Na concepção tradicional de história, a relação da história com a memória era bastante simples. Ao historiador cabia ser o guardião da memória, registrando os acontecimentos importantes e visando deixar exemplos para a posteridade.
   ( ) Nas reflexões atuais da historiografia, continua-se defendendo a ideia de que o passado é transmitido de maneira simples e objetiva pela memória e registrado pela história.
   ( ) Atualmente, a historiografia compreende que a memória não reproduz fielmente o passado, mas o reconstrói e o atualiza continuamente a partir de filtros ligados à dinâmica da mente.

   Agora, assinale a alternativa que corresponde corretamente à sequência obtida:
   a) F, V, V, V.
   b) F, V, F, V.

c) V, F, V, F.
d) V, F, F, F.

2. Para compreender as relações entre história e memória, é fundamental perceber as dinâmicas relacionadas ao tempo, categoria essencial para o trabalho do historiador. A respeito das concepções ligadas ao tempo, marque a única alternativa correta:
   a) Para os profissionais de história, importa saber somente acerca do passado, sendo irrelevante a relação com o presente e as percepções de futuro, inclusive para a escrita da história.
   b) A preocupação com as questões e percepções ligadas ao tempo é exclusiva da história, ou seja, outras ciências pouco se valem dessa categoria em seus campos de estudo.
   c) As relações entre tempo e história se dão fundamentalmente a partir da dialética da duração (pela percepção de diferentes ritmos, velocidades, transformações e permanências no tempo), tal como enunciado por Fernand Braudel.
   d) Tanto o tempo da história quanto o tempo da memória são únicos e indivisíveis, sendo compreendidos da mesma forma por diferentes pessoas em tempos e espaços distintos. Por isso, não podemos falar em múltiplos tempos da história e da memória.

3. Sobre as questões relativas à concepção de memória individual, é possível afirmar:
   a) Até hoje, a história e outras ciências humanas têm se ocupado mais das questões ligadas à memória coletiva do

que à memória individual, pois foi comprovado que esta última não tem especificidades significativas.

b) Com o advento da história oral e com as transformações acerca da concepção e escrita da história decorridas ao longo do século XX, os sentidos do particular e do individual acabaram ganhando destaque, aludindo às questões da memória individual.

c) Diferentemente do que ocorre para a memória coletiva, a percepção de si e a construção de identidade não fazem parte da constituição da memória individual.

d) As manipulações e os usos da memória são perceptíveis no que se refere à memória coletiva, pois sempre há interesses e jogos políticos em grupos sociais. Nesse sentido, podemos assumir que a memória individual é menos propensa à seletividade.

4. Desde a concepção geradora de Maurice Halbwachs, a noção de memória coletiva passou por significativos debates ao longo do século XX. Sobre os aspectos ligados à noção de memória coletiva, analise as afirmações a seguir:

i) Apesar de concederem atualmente maior espaço e significado à memória individual, os historiadores procuram compreender por meio de lembranças individuais o que há do mundo social (coletivo) do indivíduo.

ii) A memória coletiva está relacionada ao compartilhamento de lembranças, tradições e valores de um dado grupo social, o qual encontra sua união e sentimento de pertença através dessa memória em comum.

iii) Assim como a memória individual, a memória coletiva é sempre única, independente da quantidade grupos humanos existentes no espaço e no tempo.

iv) Em muitos casos, as memórias coletivas se fixam a partir de um acontecimento fundador (uma tragédia ou uma conquista do grupo), tendendo a idealizar o passado a partir desse evento.

Agora, assinale a alternativa que indica somente as afirmações corretas:

a) I, II, IV.
b) I, III e IV.
c) I, II e III.
d) II, III e IV.

5. Com base na discussão a respeito da noção de memória histórica apresentada neste capítulo, podemos afirmar:
   a) A memória histórica se identifica com a memória coletiva, mas não mantém relações com as subjetividades e individualidades desta.
   b) Diferentemente da memória coletiva e da memória individual, a constituição de uma memória histórica passa por uma operação intelectual, que demanda método, análise e crítica.
   c) Para compreender a construção da memória histórica, é essencial perceber que suas raízes se encontram vincadas no passado, não guardando relações com o presente em que o historiador vive.
   d) Até hoje, acredita-se que, enquanto a memória é seletiva, múltipla e subjetiva, a história é sempre única, objetiva e verídica na narração do vivido.

Atividades de aprendizagem

Questões para reflexão

Leia o trecho a seguir, retirado do livro *Diálogo sobre o tempo: entre a filosofia e a história*, de Jelson Oliveira e Marcella Lopes Guimarães (2015):

Quando compartilhamos vivências que são comuns a uma época e a uma cultura, dizemos que vivemos um mesmo tempo. Foi o que alguns teóricos (entre os quais Ortega y Gasset) chamaram de geração. O tempo é o nosso pertencimento: dentro dele, fazemos parte de uma geração, porque partilhamos os mesmos dilemas e aventuras culturais. Uma geração é uma associação de aventuras, uma partilha de "sensibilidade vital", ou seja, um modo comum de ver o mundo e entender-se nele. [...]. O tempo da velhice é o tempo do acúmulo. O tempo da juventude é o tempo da aventura. Um é o antídoto contra o outro e é na saúde equilibrada desses dois extremos que o tempo se depura na forma das gerações, fabricando a história como uma consciência comum não consensual. A história, por isso, é sempre uma transgressão em relação ao tempo, uma espécie de confronto: a história é o resultado das contradições humanas estendidas sobre o tempo, a história é a expressão da tentativa humana de orientar o tempo a seu favor. (Oliveira; Guimarães, 2015, p. 24-25)

Refletindo sobre o trecho dado, responda às seguintes questões:

1. Com base no conceito de geração e pertencimento a um tempo comum, explicitado pelos autores, procure refletir a respeito do que você considera serem "dilemas e aventuras" comuns à sua geração. Em que medida você se identifica ou não com eles? Como os dilemas e as aventuras de sua geração diferem dos vividos pela geração de seus pais?

2. Reflita sobre os motivos pelos quais os autores definem a história como uma espécie de confronto com o tempo e elabore uma pequena produção textual a respeito.

Atividade aplicada: prática

1. Agora, o objetivo é que você apreenda de forma mais prática como as memórias coletiva e individual se entrelaçam e se diferenciam. Converse com duas pessoas diferentes separadamente (alguém da família, amigos, conhecidos) sobre a lembrança de um dado acontecimento que marcou a memória coletiva nas últimas décadas (por exemplo, os atentados terroristas em Nova Iorque, em 11 de setembro de 2001; o rompimento da barragem da mineradora Samarco que ocasionou a tragédia no município de Mariana/MG em 2015 etc.). Observe e registre por escrito (ou grave, se a pessoa consentir) como esse processo de rememoração ocorreu para cada um e quais são as semelhanças e diferenças na narrativa da lembrança dos dois indivíduos. Por fim, produza uma síntese sobre os relatos, procurando observar os critérios de seletividade da memória, os aspectos individuais e comuns (coletivos).

Capítulo 2
Relações entre história e
memória ao longo do tempo

Para nos aprofundarmos na discussão acerca das relações entre história e memória, é importante compreendermos sua historicidade, ou seja, saber que essas relações também têm uma história, a qual foi marcada por significativas transformações e ressignificações ao longo do tempo.

Desde os tempos mais antigos, a memória esteve ligada aos mitos de origem das sociedades. O advento da cultura escrita agregou novas funções aos mitos e à memória, mas também possibilitou o surgimento da história na Antiguidade Clássica. Por sua vez, a Idade Média perpetuou a noção antiga de que a história deveria ser exemplo de conduta para os homens, porém acrescentou-lhe uma visão providencialista e ligada à memória das vivências do cristianismo. Já na Idade Moderna, a história foi desvencilhada da religião, mas a memória acabou rejeitada como elemento da tradição que não levaria ao encontro de uma razão histórica universal.

Neste capítulo, discutiremos como o século XIX representou um marco fundamental para a afirmação da história como ciência, com a noção do progresso humano e a consolidação de um método. No século XX, a perspectiva progressista foi contestada: o método continuou sendo importante, mas suas bases foram largamente revistas e ampliadas. Nesse sentido, a relação com a memória foi reabilitada, na medida em que avançaram também os debates interdisciplinares com a psicologia, a antropologia e a sociologia. Os testemunhos e registros de memória se tornaram campo documental para a produção histórica.

(2.1)
Memória mítica

Você já parou para pensar de onde vêm e como surgem os mitos e as mitologias (conjuntos de mitos) formadas por diferentes sociedades ao longo do tempo? O mito é um meio pelo qual as sociedades encontram uma explicação para suas origens e também uma forma a partir da qual podem expressar uma identidade comum. Trabalhando com a questão do mito em diferentes sociedades, Mircea Eliade (1963, p. 12) menciona como "o mito é uma realidade cultural extremamente complexa". Contudo, se pensarmos em uma definição que reúne elementos latentes, podemos afirmar que ele conta uma história sagrada, relatando acontecimentos que tiveram lugar num tempo primordial: o tempo dos começos.

O mito é permeado por aspectos do sagrado, pois, em geral, conta de que forma elementos do sobrenatural (geralmente, deuses ou heróis) atuaram no mundo e deram origem a uma determinada realidade – seja uma realidade total (nesse caso, o cosmos), seja parcial (tal como um determinado lugar, um determinado costume humano, uma instituição). Portanto, o mito se refere sempre à narração de uma criação, descrevendo como algo passou a existir. Nesse sentido, a intenção é relatar algo que realmente aconteceu, levando-se em consideração que se refere sempre a realidades existentes no mundo. Por exemplo: mitos que relatam a origem da morte (fim da imortalidade humana) tratam de algo verdadeiro, na medida em que sabemos que todo ser humano um dia morrerá (Eliade, 1963).

Logo, o mito explica a origem de uma realidade vivida, partindo de um tempo passado, mesmo que impreciso. Assim, é fundamental percebermos como ele se liga à memória – essencialmente, à memória coletiva –, tendo em vista que parte de uma tradição em comum, podendo tanto permanecer no campo oral como passar ao campo da escrita (como se tornou mais evidente na mitologia grega). O mito também se liga a um modo de uma sociedade compreender aspectos de sua história, pois busca explicar suas origens por meio de acontecimentos e personagens que teriam vivido ou se manifestado em um tempo anterior.

Como observado pelo historiador Moses Finley (1989), em civilizações como a dos gregos antigos, durante muito tempo, o mito teve uma função situada acima da noção de verdade dos acontecimentos ou de narrativa simplesmente ficcional. O que importava era simplesmente a crença e a aceitação daquela narrativa explicativa do passado. No entanto, distinções podem ser percebidas em outros casos: sociedades como a dos indígenas norte-americanos Pawnee distinguiam os mitos que contavam histórias "verdadeiras" daqueles que contavam histórias "falsas". As primeiras eram as que explicavam as origens do mundo e das coisas, e as segundas, as que se referiam a contos e fábulas da tradição cultural (tal como as ligadas à figura do animal coiote, no caso da cultura Pawnee) (Eliade, 1963).

Como parte da memória coletiva, o mito é sempre atualizado e, por isso, manifestado no presente por meio de uma narração cerimonial. Quando é evocado, ele sofre esse processo. Candau (2012, p. 96) pontua como os mitos de origem são situados "fora do tempo", pois seu tempo carece de uma definição precisa. Em suas narrativas, eles sempre são contados a partir de expressões como "há muito tempo", "naquele tempo", "nos tempos primordiais", caracterizando, muitas vezes, épocas chamadas de *Idades do Ouro, tempos edênicos*[1]. Muitas vezes, as sociedades idealizaram tanto os tempos passados quanto os tempos futuros, mesclando uma memória idealizada e um futuro projetado de forma ideal. Uma Idade do Ouro tanto pode já ter ocorrido na crença de certo povo quanto ainda pode vir a acontecer ou, mesmo, pode surgir justamente de um retorno, tal como a partir da volta de uma figura importante para aquele contexto.

---

1 Ligados à expressão Jardim do Éden, *que remete ao Paraíso, caracterizando um tempo ideal, perfeito.*

> **Importante!**
>
> Um exemplo muito interessante desse processo foi o mito criado em torno da figura do Rei D. Sebastião de Portugal, que teve reflexos aqui no Brasil, inclusive. O mito do rei português surgiu após seu desaparecimento, na Batalha de Alcácer-Quibir, realizada contra os mouros no norte da África, em 1578. Esse fato levou Portugal a uma crise dinástica que colocou o rei da Espanha no trono português, visto que era o parente consanguíneo mais próximo do monarca desaparecido, que não tinha herdeiros. No contexto de crise e perda de sua soberania, surgiu em Portugal a crença de que D. Sebastião, chamado então de "O Encoberto", um dia regressaria numa manhã de nevoeiro, originando um novo tempo de glória para Portugal.
>
> No Brasil, a crença assumiu contornos próprios no Maranhão. Na Ilha dos Lençóis, o mito se constituiu mediante uma combinação de elementos externos (trazidos por imigrantes portugueses) e internos (ligados à cultura afro-brasileira e indígena). Um fato bastante curioso da Ilha dos Lençóis é que 3% de sua população é albina, característica que se agregou ao mito sebastianista. Os habitantes da ilha são chamados de "filhos da Lua" (pelo fato de só poderem se expor à luz da Lua, em razão da sensibilidade de sua pele) e também de "filhos de D. Sebastião". Segundo o mito, o rei teria sido encantado em Alcácer-Quibir junto a seu reino. Então, teria se refugiado submersamente na Ilha dos Lençóis e ocasionalmente poderia ser visto por habitantes da região em cima de seu cavalo ou sob a forma de um touro. Esse mito traz a noção do retorno: no dia em que D. Sebastião e seu reino idílico desencantassem, começaria um tempo de grande felicidade e fartura. Porém, a Ilha de São Luís, capital do Maranhão, afundaria.

Fonte: Elaborado com base em Pereira, 2005.

As Idades Míticas, como assinala Jacques Le Goff (2003), revelam essa dimensão de acontecimentos e de épocas excepcionalmente felizes ou catastróficos, no passado e/ou no futuro. Projetando-se no futuro, tais crenças podem desembocar no que chamamos de **escatologia** (do grego *escháton* = "acontecimento final"), que designa um corpo de crenças relacionadas ao destino final do homem e do Universo (Le Goff, 2003). No cristianismo, por exemplo, a escatologia aparece com a crença no Apocalipse e no Juízo Final, com o retorno do Messias, Jesus Cristo, à Terra. Aprofundaremos essa noção quando tratarmos das relações entre história e memória na Idade Média.

A memória atua nos processos que chamamos de **mitogênese**, ou seja, de criação de mitos. Como comentamos no caso de D. Sebastião, há uma base histórica de memória para a criação do mito: o desaparecimento do rei na Batalha de Alcácer-Quibir. Porém, o mito ultrapassa os limites dessa base histórica e passa a englobar elementos do sobrenatural, do mundo oculto: a crença no retorno do rei numa manhã de nevoeiro ou a crença na submersão da Ilha de São Luís no Maranhão por meios desconhecidos, que escapam à nossa compreensão. Personagens históricos como D. Sebastião acabam sofrendo processos de mitificação a partir da reunião de elementos em um contexto específico: o rei português foi um herdeiro bastante esperado pela monarquia portuguesa; seu desaparecimento trágico e repentino colocou Portugal em um contexto de crise sucessória e dominação estrangeira. Nesse contexto, podemos perceber a junção de elementos que colaboram para a construção do mito e da imagem de um herói, de salvador: naquele momento, recuperar D. Sebastião simbolizava reaver a esperança de Portugal num futuro novamente independente e próspero.

É importante ressaltarmos que essa mitogênese envolve a construção de um significado simbólico maior que o natural para as personagens históricas, acentuando-lhes um caráter de heróis ou vilões, atribuindo-lhes características e ações que não necessariamente tiveram ou realizaram. Esse processo de construção de heróis ou vilões no âmbito de uma dinâmica social se baseia numa sequência de acontecimentos e características estereotipadas, pertencentes ao repertório presente na memória social de determinada cultura. Portanto, o processo de construção do mito envolve certo enquadramento do indivíduo em aspectos relacionados a estereótipos vigentes, ligados ao que se compreende como próprios de um herói (alguém exemplar e excepcional) ou de um vilão (alguém vil, um modelo que não deve ser seguido) (Burke, 2000). É desse modo que podemos falar da mitificação de personagens como uma construção de memória, a qual reúne tanto elementos da realidade quanto aspectos que fogem dela, mas que, sobretudo, fazem parte do repertório cultural de um grupo e que são encaixados em determinado sujeito, de modo a reforçarem a coesão e a identidade grupal.

Com essa breve discussão, podemos perceber como memória e mito se entrelaçam. O repertório da memória social faz parte da construção dos mitos, mas estes também dão origem a novas memórias sociais que se perpetuam ou se ressignificam no tempo. Se memória e mito podem estar presentes ou originar novos processos em diferentes tempos e espaços, vamos analisar, a seguir, como a memória e sua relação com a história foram percebidas em diferentes contextos, da Antiguidade até as discussões mais recentes da historiografia.

(2.2)
História e memória no mundo antigo

Como começamos a discutir no Capítulo 1, desde a Antiguidade os homens vêm se preocupando com a transmissão da memória e o registro de uma história. Umas das maiores transformações na memória coletiva foi o advento da escrita. Desde o Paleolítico Médio, a memória assumiu a forma de inscrição e, com o registro narrativo de uma escrita, ligou-se à produção de uma história. Dos desenhos e inscrições em pedra, barro e mármore, a memória passou também a figurar na história escrita em um suporte material específico destinado a ela (tais como as folhas de palmeira na Índia, o papiro no Egito, o pergaminho que se difundiu no medievo europeu e, enfim, o papel chinês) (Le Goff, 2003).

Le Goff (2003, p. 57-58) observa que os traços mais antigos da preocupação em registrar e deixar à posteridade testemunhos do passado advêm do início do quarto ao começo do primeiro milênio antes da Era Cristã. Esses registros provêm do Oriente Médio (Pérsia, Mesopotâmia e Ásia Menor) e da China. No primeiro caso, a preocupação com os acontecimentos datados parece estar ligada, sobretudo, às estruturas políticas e à formação de um Estado monárquico. As conquistas dos soberanos fizeram parte de inscrições, listagens reais (como a Suméria, de cerca de 2000 a.C.), anais de reis assírios, gestas de reis da Pérsia, arquivos reais de Mari, estelas funerárias egípcias com a narração da vida do morto ilustre, entre outros. A temática do poder e da glória dos reis teve, por diversas vezes, papel fundamental na origem das histórias de diferentes povos e civilizações. Já na China, a história não tinha a função de demarcação de uma memória. Sempre ligada ao registro da palavra escrita, a história chinesa antiga contava com uma função ritual, mística. O registro histórico era um meio de comunicação com as divindades. Os acontecimentos eram anotados para que os deuses os observassem, tornando-se eficazes num eterno presente. Dessa forma, o documento não era feito "para servir de prova, mas para ser um objeto mágico, um talismã". Sua produção não era "dedicada aos homens, mas aos deuses" (Le Goff, 2003, p. 60).

No Ocidente do mundo grego, é possível percebermos como a humanidade caminhou para uma história da memória coletiva. Os gregos antigos tinham como uma de suas bases memorialísticas os poemas homéricos da *Ilíada* e da *Odisseia* (datados entre os séculos VIII e VII a.C.). As narrativas épicas de heróis como Aquiles traziam ideais como a luta na guerra e a honra da glória imortal. A épica, nesse contexto, funcionava como "uma memória social para um grupo de aristocratas" (Hartog, 2003, p. 16). Como já discutimos no Capítulo 1, os gregos divinizaram a memória em si, identificando-a com a deusa Mnemosyne. Seria através dela que o poeta se inspiraria para narrar os mitos.

No entanto, de acordo com os filósofos gregos, a memória se distinguia dos mitos como registros memorialísticos. Para esses pensadores, a memória era laicizada, desconectada do plano mítico da crença. Então, ela foi associada a técnicas de fixação, como a mnemotécnica, atribuída ao grego Simônides de Ceos (556-468 a.C.). Já Platão (428/427 a.C.-348/347 a.C.) traçou uma significativa metáfora para explicar a memória: nossa memória é como um bloco de cera existente em nossa alma em que cada uma de nossas lembranças é impressa – uma dádiva de Mnemosyne para os homens (Silva; Silva, 2013; Le Goff, 2003). O elemento cera é pertinente para essa representação pelo seguinte fator: não é tão fluido quanto a água, que não permite reter, nem tão duro quanto o ferro, que não permite marcar. A cera é, então, perfeita por permitir essa retenção – as marcas da memória.

Com Platão, na obra *Fédon*, a memória perde o aspecto mítico, opõe-se à experiência poética de Homero. Para o filósofo, a memória e a recordação trazem o conhecimento da verdade: aprender é recordar, reconhecer o conhecimento e a essência das realidades que estão presentes em cada um de nós, embora adormecidas. Portanto, de acordo com Platão, a memória não tem relação com o mito; ela se constitui, porém, como uma verdade comprovável e plausível. Todavia, o filósofo rejeita a escrita como ponto de preservação da memória – a escrita representaria a morte da memória, pois a palavra fixada em um suporte faz a mente esquecer. De modo distinto, a mnemotécnica seria a arte da memória, da memória oral, e por isso estaria viva no indivíduo (Smolka, 2000).

Aristóteles (384 a.C.-322 a.C.) traz outras contribuições para a definição da memória, a qual também tem uma relação específica com a história. Segundo o filósofo macedônico, a memória propriamente dita é a *mneme* (faculdade de conservar, reter o passado); a *mamnesi* representa a reminiscência, a capacidade de invocar voluntariamente o passado, de recordar (Le Goff, 2003). Para o filósofo grego, a memória está relacionada às sensações, à imaginação, ao afeto e ao tempo. Já na distinção com a história, em sua obra *Poética*, Aristóteles estabelece a comparação com a poesia épica: ao poeta não cabe narrar o que aconteceu de fato, mas o que poderia acontecer (remetendo ao plano do plausível, mas não ao real em si); já o historiador, sim, deve dizer o que realmente aconteceu (Smolka, 2000). Entretanto, o filósofo estagirita, de certo modo, rejeita a história, pois considera que ela só é capaz de relatar acontecimentos particulares, enquanto a poesia agrega questões universais, sendo, por isso, mais filosófica e séria. A história até pode trazer fatos verdadeiros, porém a poesia épica o mito são mais significativos por conterem mais ensinamentos morais (Finley, 1989).

Como mencionamos no Capítulo 1, antigamente a palavra *histor* remetia justamente à noção de testemunho (ao que se viu e se sabe que aconteceu). Cada vez mais, mito e história começaram a ser diferenciados pelos gregos (Smolka, 2000). A memória e o campo do memorável passaram a se relacionar mais com a história. Antes do século V a.C., ninguém na Grécia tentou organizar o material essencial da história (nem de seu próprio tempo, nem das gerações anteriores). Havia listas de reis, dos vencedores dos jogos olímpicos, mas não uma cronologia dos fatos (Finley, 1989). No entanto, Heródoto (485 a.C.-420 a.C.), chamado pela tradição de "pai da história", alterou esse contexto.

Diferentemente dos poetas, Heródoto não abordou um tempo longínquo. Pelo contrário, ele procurou a causa dos acontecimentos, falou de um tempo de homens e de testemunhas do vivido. Seu método não se baseou em documentos escritos, mas na investigação oral (Smolka, 2000). Ele justificou a escrita de suas *Histórias* citando que os feitos dos homens não poderiam perder-se ao longo do tempo. A intenção, portanto, era sistematizar e registrar, para conservar a memória dos atos de gregos e de outros povos relatados por ele (Eliade, 1963). Diferentemente do que ocorre na mitologia, na qual a precisão do tempo não importa (ela é atemporal), a tarefa de Heródoto de registrar a história trouxe a submissão do passado a uma cronologia. Os mitos aparecem na obra do historiador grego, mas de modo isolado (no sentido do "era uma vez"). Ou seja, não se confundem com o que realmente teria acontecido e poderia ser datado, tais como a vida do legislador Sólon ou o reinado de Polícrates (Finley, 1989).

Depois de Heródoto, Tucídides (460 a.C.-400 a.C.) dedicou-se à escrita da história. Como podemos perceber, a história e a historiografia (no sentido do registro histórico e da produção de obras históricas) demonstraram grande utilidade para os antigos. Com Heródoto, observamos como a história se mostrava necessária para manter viva a memória dos grandes feitos, dos grandes fatos, bem como o exemplo de seus grandes atores (Burke, 2000). Contudo, Tucídides agregou outros aspectos a esse registro. Ao contrário de Heródoto, que se baseou em relatos da memória oral, Tucídides desconfiou deles. Para este último, não se pode acreditar na memória para garantir a fidelidade do relato à realidade, pois a memória é frágil, enganadora. Tucídides nota que os testemunhos são variáveis e que é preciso confrontar diferentes fontes. Aqui há, portanto, o estabelecimento de uma oposição: *logos* (discurso verídico, racional) × *mythos* (discurso imaginário, impreciso) (Smolka, 2000).

Na obra *História da Guerra do Peloponeso*, Tucídides privilegia uma narrativa com uma cronologia rigorosa e vai além de Heródoto, no que se refere a explicações puramente humanas e seculares para os fenômenos e acontecimentos políticos (Finley, 1989). Para Tucídides, a história servia para ilustrar a luta pelo poder, o que para ele era algo característico da natureza humana (Eliade, 1963). Portanto, esse historiador grego identificou a política como algo fundamental para o registro da história. Como apontado por Finley (1989), a partir de Tucídides, o enfoque da história se tornou político, secular (ou seja, desconectado da religião) e não mítico. Além disso, devemos notar também que os gregos acabaram produzindo sempre histórias contemporâneas, no sentido de *histor* – fenômenos que eles testemunharam.

Ao longo da Antiguidade Clássica, podemos observar diferentes pontos destacados por pensadores com relação à memória e à história. O grego Políbio (203 a.C.-120 a.C.), conselheiro do general romano Cipião Africano, em seu registro da história, expõe a noção de que tudo o que havia ocorrido no mundo teria sido para conduzir o advento do Império Romano. Nota-se como ele tem uma visão que chamamos de *teleológica*: a história tinha uma determinada meta, um fim preestabelecido, o qual era desembocar no Império Romano. Além disso, o filósofo acreditava também que a experiência adquirida com o estudo da história era a melhor introdução à vida (Eliade, 1963).

Em Roma, remetendo-se a modelos helenísticos, o orador Cícero (106 a.C.-43 a.C.) apresenta a ideia da *historia magistra vitae*, ou seja, a história compreendida como mestra da vida. Com seus exemplos de acontecimentos bons e ruins, de personagens bons e maus, a história poderia ser um guia para os homens conduzirem sua vida. Nesse sentido, Cícero destaca uma função pedagógica da matéria histórica: instruir os indivíduos, fazendo-os refletir sobre o presente a partir do passado e com vistas a planejar o futuro. A expressão *magistra vitae* alude também a outras metáforas sobre as tarefas da história: *historia vero testis temporum, lux veritatis, vitae memoriae, nuntia vetustatis, qua voce alia nisi oratoris immortalitati commendatur*, que que dizer "a história é a testemunha dos tempos, a luz da verdade, a vida da memória, a mensageira da velhice, por cuja voz nada é recomendado senão a imortalidade do orador" (Cícero, citado por Koselleck, 2006, p. 43).

Chama-nos a atenção a relação que o orador romano faz da história com a memória e a noção de *verdade*. Além de tornar viva a memória (não deixá-la morrer, ser apagada através dos tempos), ela traria consigo a verdade do que realmente aconteceu. Para Cícero, a história era como uma coleção de exemplos, bastante útil à prática do orador, função de grande importância na sociedade romana. A noção da história como exemplo, vinda da concepção de Cícero, perdurou durante bom tempo, adentrando na Idade Média e seguindo até a Idade Moderna.

Assim como Cícero, o historiador romano Tito Lívio (59 a.C.-17 d.C.) compreendeu a história como um dispositivo de modelos para os sujeitos e os governos (Eliade, 1963). O relato de fatos memoráveis pautado pela verdade e pela oferta de exemplo para o presente se tornou uma referência reapropriada ao longo do tempo (Senko; Trevisan, 2015). Ainda na Antiguidade romana, Tácito (55 d.C.-120 d.C.) foi outro autor a trabalhar essa noção. No início do Livro I de seus *Anais*, o autor afirma: "empreendi historiar, de Augusto somente o fim, e depois os principados de Tibério e dos outros; e o farei sem ira nem lisonja, para as quais não tenho motivos." (Tácito, [S.d.], p. 1). Já no Livro III, o pensador deixa claro seu ideal de historiador e de história: "Não é meu intento referir senão as opiniões que se fizeram mais notáveis [...], e isto penso ser o principal dever de quem escreve a história, para que não sejam esquecidas as virtudes e se desperte o medo da infâmia, do desprezo dos pósteros para com os maus ditos e feitos" (Tácito, [S.d.], p. 65).

Assim, Tácito concebia a história como uma narrativa de acontecimentos memoráveis, significativos, marcando também o intento da imparcialidade. Nas suas *Historiae*, Tácito pretendeu historiar o período desde a morte de Nero até a morte de Domiciano, fazendo, desse modo, uma história contemporânea ao período em que vivia. Essa obra o levou, mais tarde, a escrever os *Anais*, que retratam a vida romana desde a morte do Imperador Augusto até o fim de Nero (Senko; Trevisan, 2015). Fica evidente, então, como os romanos podiam escrever tanto sobre acontecimentos que testemunharam quanto sobre acontecimentos que lhes eram anteriores.

Diferentemente do observado na perspectiva dos gregos e dos romanos – que elaboraram uma concepção laicizada de história –, na concepção judaica antiga, foram constituídas as narrativas sobre as origens e a história do povo israelita, a fim de provar a existência de um plano divino e a intervenção do Deus Supremo na vida daquele povo. Portanto, a memória e seu registro para o povo de Israel estavam intimamente relacionados com a religião (Eliade, 1963).

Tal concepção influenciou profundamente a noção cristã de memória e de história, desenvolvida plenamente ao longo do período medieval. Vejamos, então, como as sociedades medievais, especialmente do Ocidente cristão, conceberam a memória e a história.

(2.3)
História e memória no mundo medieval

O mundo medieval, especificamente o do Ocidente cristão, concebeu uma outra visão de história e novas relações com a memória. Em referência a esta última, Patrick Geary (2006, p. 167-168) apresenta três possibilidades de abordagem para a Idade Média:

1. **Uma teoria da memória**: integra as teses de Platão e Aristóteles ao pensamento medieval.
2. **A noção de educação da memória**: técnicas mnemônicas utilizadas para armazenamento e localização de informações.
3. **A memória social**: processo de compreensão e renovação do passado pela sociedade com vistas a integrá-lo em sua identidade no presente (incluímos aqui a tradição oral, a genealogia, as formas litúrgicas, a historiografia, entre outras formas de ligação com o passado).

Na Idade Média, as teorias da memória se desenvolveram a partir da retórica e da teologia. Santo Agostinho (354-430 d.C.), no século IV, explorou a memória como atividade psíquica, ligada ao interior do homem. Indagando-se sobre os vestígios que as imagens deixam na alma, propôs a combinação de três elementos em sua composição: memória, vontade e inteligência, as quais encontram correspondência com a figura da Trindade. Já no século XIII, São Tomás de Aquino (1225-1274) estabeleceu três regras relacionadas a mnemônicas:

"1. a **memória** está ligada ao **corpo** (sensações, imagens); 2. a **memória é razão** (ordenação, lógica); 3. a **memória é hábito de recordar** (meditação preservação da memória)" (Smolka, 2000, p. 180, grifo do original).

Nessa trama se fortaleceu, ao longo do medievo, uma **tradição mnemônica cristã**, centrada nas artes da memória como meio de ordenar "intenções espirituais". Os sistemas de memorização, que se manifestaram em verdadeiros tratados da memória, eram utilizados então para lembrar o paraíso ou o inferno. Surgiram, assim, as liturgias de recordação dos mortos, dos santos. A memória e a mnemotécnica foram, portanto, cristianizadas. A memória coletiva foi repartida entre uma memória litúrgica e uma memória laica de pouca penetração cronológica. Os modos de lembrar na Idade Média seriam marcados pelas imagens cristãs, pelas datas e comemorações cristãs (Natal, Quaresma, Páscoa etc.), repercutindo também na iconografia (em imagens dos santos, mártires, imagens e iluminuras representando o diabo e o inferno etc.) (Smolka, 2000; Le Goff, 2003). Os ícones, as imagens, teriam justamente a ideia pedagógica da lembrança, da representação: tornar presente para o cristão algo ausente, ou seja, relembrar aspectos da história cristã, como a dor e o sofrimento do Cristo, o papel de Maria, a morte dos santos mártires.

Como observado por Le Goff (2003), o judaísmo e o cristianismo foram religiões radicadas na história e, essencialmente, religiões da recordação de um passado calcado nas relações entre Deus e os homens. O cristianismo representou uma ruptura fundamental na mentalidade histórica ocidental. Três pontos passaram a marcá-la: "**Criação** (início absoluto da história), **Encarnação** (início da história cristã e da salvação) e o **Juízo Final** (fim da História)" (Trevisan, 2012, p. 98, grifo nosso). Diferentemente da concepção cíclica dos clássicos, a história passou a ser representada de forma **linear**, dotada de um sentido e de um fim determinado. Os judeus e depois os cristãos introduziram essa concepção histórica teleológica: o caminhar da história culminaria no Juízo Final (Le Goff, 2003). Desse modo, a história no Ocidente medieval é dotada de uma concepção **providencialista** e **escatológica**. Como afirma Baschet (2006, p. 328), Deus é o grande ator da história, e os homens são apenas instrumentos do plano divino.

Os pensadores da Roma Antiga, como Tito Lívio, Tácito e Cícero, influenciaram muito a visão de história da Idade Média, à qual se acrescentaram bases bíblicas e outras influências da tradição cristã. Até o século XVIII, foi comum encarar os fenômenos históricos como exemplos para a vida (Baschet, 2006). Cícero esteve presente em grande parte dos escritos históricos do período medieval, sendo citado com relação a aspectos referentes à história na qualidade de busca pela verdade dos fatos e exposições de exemplos e lições para o presente (Guenée, 1973).

O mundo medieval bizantino também apontou o caminho da história como uma forma de preservar a memória dos acontecimentos vividos. O historiador Procópio de Cesareia (500-565) declarou que escreveu sua história das guerras góticas e persas com o objetivo de registrar os acontecimentos para que não fossem esquecidos com o tempo. A princesa bizantina Ana Comnena (1083-1153), que escreveu a obra histórica *Alexíada* (sobre o reinado de seu pai, Aleixo I), ponderou que a história seria um "baluarte" contra a "corrente do tempo", que tudo transporta para as "profundezas do esquecimento" (Burke, 2000, p. 69).

O mundo islâmico na Idade Média também demonstrou suas especificidades nas relações entre memória e história. Assim como na história judaica e cristã, a islâmica se ligou à religião, especialmente remetendo à época do fundador Maomé e aos dados do *Corão*.

Tal relação se estabeleceu fundamentalmente com a origem do calendário muçulmano, a partir da *Hégira* (fuga de Maomé de Meca para a cidade de Yatreb, com a consequente difusão da religião islâmica). A fundação do islã representou um marco de início para as histórias islâmicas. No entanto, o islã acompanhou o surgimento de gêneros historiográficos específicos, tal como a biografia no século XII.

Ao nos referirmos a uma historiografia muçulmana medieval, não poderíamos deixar de abordar também a figura do tunisiano Ibn Khaldun (1332-1406), que mesclou história e geografia em sua obra *Muqaddimah*. Nos aspectos comuns à visão de seus contemporâneos, Khaldun revela a dimensão da nostalgia pela unidade do islã no passado, a perspectiva da lamentação e do declínio do grande Império Islâmico (Le Goff, 2003).

Contudo, o historiador muçulmano também deixou, no início de sua obra, uma significativa concepção de história: para Khaldun, a história era uma ciência nobre e útil para nos fazer conhecer as condições específicas das nações antigas e seu caráter. Assim, a imitação dos bons modelos históricos levaria ao êxito. Por meio dela, seria possível conhecer a biografia dos profetas, as crônicas dos reis, suas dinastias e políticas. O historiador tunisiano pontuou a necessidade de dispor de numerosas fontes e variados conhecimentos para compor obras históricas, além de ressaltar a importância de desenvolver um espírito crítico que permitisse atingir a verdade e prevenir-se do equívoco (Khaldun, citado por Le Goff, 2003).

De modo geral, na Idade Média, a história era considerada um instrumento para a memória e deveria ser um relato simples e verdadeiro, visando transmitir à posteridade a descrição do que se passou. Somente fatos tidos por memoráveis deveriam ser relatados pela escrita histórica, como aponta Bernard Guenée (2002). A história nunca foi uma ciência em si na Idade Média; por outro lado, foi considerada base essencial para as outras áreas de conhecimento (fundamentalmente, a filosofia). Ela tinha como objetivo principal ensinar, edificar e fornecer exemplos (Baschet, 2006). Uma diferença fundamental é o fato de que os historiadores de hoje desenvolvem suas funções o tempo todo, diferentemente do que ocorria na Idade Média (assim como na Antiguidade): "Dizer-se ou ser considerado um historiador marca uma atividade, não um estado. A história era uma atividade secundária. Contudo, o perfil do historiador evoluiu muito ao longo do milênio medieval" (Guenée, 2002, p. 523).

Durante muito tempo, no milênio medieval, houve um equilíbrio entre memória escrita e memória oral. No domínio literário, a oralidade continuou ao lado da escrita, algo notável principalmente nos séculos XI e XII, em manifestações culturais como a canção de gesta, que tanto apela a processos de memorização por parte dos trovadores, dos jograis e dos ouvintes quanto se integra na memória coletiva: o herói da canção também reúne a memória coletiva da qual "participam os homens, poeta e público" (Le Goff, 2003, p. 445-446).

No fim da Idade Média, nos séculos XIV e XV, o Ocidente entrou definitivamente numa era da escritura. Os textos passaram a ser generalizados, utilizados de forma corrente pelas administrações públicas, e houve também a criação de memórias institucionalizadas (relativas aos reis e a seus reinos, cidades etc.) (Zumthor, 1993). Cada vez mais, a memória era regulada pela escrita e pela institucionalização, conectada às estruturas sociais e políticas da Idade Média. Do feudalismo podemos citar a constituição das genealogias, dos chamados *livros de linhagens da nobreza*; das cidades medievais emergiu uma historiografia de crônicas urbanas, elaboradas a mando dos grupos de poder citadinos; e, por fim, surgiu também uma história dos reinos ligada às monarquias, nas chamadas *crônicas régias* (Le Goff, 2003).

Tomemos o caso das crônicas régias. O gênero *crônica* remetia, na Idade Média, a uma narrativa ligada a uma ordenação cronológica dos acontecimentos. Durante muito tempo, predominou a chamada *crônica universal*, narrativa que se propunha a contar desde a Criação bíblica até um dado momento presente (muitas vezes, também fazendo prognósticos para o futuro). Entretanto, com o tempo, o gênero cronístico foi se transformando e ganhando especificidades, não se submetendo mais à cronologia estrita. Sua grande mutação ocorreu com o surgimento das crônicas régias e sua difusão a partir do século XIV, em diferentes reinos europeus. O fortalecimento dos poderes reais no fim da Idade Média foi um marco fundamental para um novo enquadramento da memória e da escrita da história: a imagem a se guardar se tornou, então, a da memória oficial dos governantes.

Como exemplo, podemos citar o caso do português Fernão Lopes (1380-1459), nomeado cronista-mor do reino pelo Rei D. Duarte (1433-1438) em 1434. A missão de Lopes era contar em forma de crônica as histórias dos reis que governaram Portugal, além de mencionar os feitos de D. João I (1385-1433), pai de D. Duarte, que havia fundado a dinastia de Avis, em Portugal (Saraiva, 1950, p. 457-458). Fernão Lopes foi pago para criar uma memória oficial da instauração da Casa de Avis e também para dispor a memória dos governantes anteriores a partir da demanda avisina.

No entanto, para além da nomeação e do compromisso com o poder régio, Lopes não deixou de seguir os cânones da escrita da história no período. Partindo da pesquisa oral, da leitura de obras anteriores, da consulta a documentos de arquivo e bibliotecas (em número muito menor do que os padrões atuais, diga-se), o cronista português buscou afirmar sua concepção de escrita da história: "nosso desejo foi nesta obra escrever a verdade sem outra mistura, deixando nos bons acontecimentos todo o fingido louvor e, nuamente, mostrar ao povo, quaisquer contrárias coisas, da forma como ocorreram" (Lopes, 1991, p. 2)[2]. Por meio desse trecho documental, podemos ter uma ideia do padrão historiográfico que adveio da Antiguidade e continuou como uma referência fundamental na justificativa de discursos históricos até o fim da Idade Média: preservação da memória e exemplo dos bons feitos para o afastamento dos maus – eis a legitimação da escrita histórica durante esse extenso período.

(2.4) História e memória entre a modernidade e a contemporaneidade

No fim da Idade Média e alvorecer da Idade Moderna, com a invenção da imprensa, as chamadas *artes da memória* (ligadas à mnemotécnica) deixaram de ser essenciais. A ampliação da produção escrita e de sua divulgação colocou o leitor diante do registro de uma memória coletiva enorme e que, muitas vezes, levou-o a explorar novos textos. Autores como André Leroi-Gourhan (2002) afirmam que, a partir do período moderno, a humanidade passou a uma fase de expansão da memória. Surgiram gêneros de registro específicos, como os memoriais administrativos; começaram a se propagar enciclopédias e dicionários, com o intuito de compilar o conhecimento e exteriorizar a memória coletiva relativa ao saber (Le Goff, 2003). Principalmente a partir do século XVIII, a memória passou a ser secundária, e a história adquiriu mais importância e autonomia. A acumulação dos registros da memória, tal como em dicionários e enciclopédias,

---

[2] Tradução livre do trecho original: *"nosso desejo nesta obra foi escrever a verdade, sem outra mistura, deixando de lado qualquer fingido louvor em bons acontecimentos e nuamente mostrar ao povo as coisas da maneira que realmente aconteceram"* (Lopes, 1991, Prólogo, p. 2).

conferiu-lhe esse novo caráter: acumular saberes. O mito e a religião perderam lugar definitivamente para a caracterização da memória e a escrita da história.

A partir do Renascimento e da busca humanista, tanto a história continuou sua missão maior e universal de *magistra vitae* quanto passou a considerar as diferenças e a relatividade das civilizações (com a descoberta e colonização do Novo Mundo). Entre os séculos XVI e XVIII, as noções da história como a melhor aprendizagem para a vida e para o exercício da política permaneceram válidas. Até o Iluminismo, a concepção de história predominante foi justamente a da história exemplar advinda dos historiadores romanos. Essa concepção inspirou autores do período moderno, como o teórico do absolutismo, Jean Bodin (1530-1596), que, em 1566, divulgou a obra *O método da história* (*Methodus ad facilem historiarum cognitionem*) (Le Goff, 2003). Em seu texto, Bodin alude a clássicos como Cícero, mas não deixa de assumir a concepção cristã de história ao afirmar que a história tinha três formas: humana, natural e divina (Hartog, 2003, p. 18). Mesmo sendo Bodin um defensor da teoria do poder divino dos reis, cada vez mais ao longo da Idade Moderna a escrita da história se afastou da concepção cristã e buscou novas bases, voltadas para a cultura laica. Na construção desse percurso, os historiadores modernos buscaram se apoiar, em grande parte, nas prescrições dos historiadores antigos, visando à oposição aos historiadores medievais que julgavam estar submetidos aos desígnios da religião e presos numa história submetida a um destino final determinado pelos desígnios divinos.

O método analítico estabelecido no Iluminismo adentrou na produção histórica, introduzindo nela a busca pela **razão universal imutável** presente nos acontecimentos humanos. Filósofos conhecidos, como Voltaire, Diderot e Montesquieu, afirmaram a segurança na razão crítica, alegando a necessidade de separar a análise histórica de erros provocados pela superstição e pelo dogma religioso e indicando a importância de um método racional para a averiguação dos documentos do passado. Autores do século XVII já tinham demarcado essa posição, que se consolidou no século XVIII. Pierre Bayle (1647-1706) foi um deles. Ele planejou a elaboração de um dicionário histórico totalmente original, inaugurando uma história plenamente laica, profana, afastando-a da autoridade bíblica. Bayle foi um historiador moderno que procurou agregar diferentes tipos de fontes do mundo laico, não ligadas ao universo eclesiástico (Decca, 1995).

Nesse sentido, os iluministas tomaram para si a tarefa de livrar a história do peso da crença, dos mitos e das tradições. Assim, a memória coletiva perdia força para a escrita da história, devendo passar pelo crivo do método racional para que fosse possível, então, alcançar a verdade. A partir disso, a razão passou a intervir sistematicamente no mundo da memória. Como demonstrou Edgar de Decca (1995), esta deixou de ser um campo aberto ao mito, à tradição e à religião, para se tornar um campo de acumulação coletiva do saber técnico e racional – como no caso dos dicionários e enciclopédias que citamos. Surgiu, então, uma necessidade de colecionar e arquivar registros do passado, o que abriu caminho para uma espécie de revolução documental e repercutiu, também, em aspectos como a expansão dos museus e o surgimento dos gabinetes de colecionadores no século XIX.

No período moderno, a memória e a história foram dessacralizadas. A memória sofreu um processo de ampliação quando foi relacionada à sistematização e ao registro do saber humano acumulado. Contudo, ao ser compreendida no campo das tradições e das crenças, passou a ser vista com desconfiança e, por isso, fez-se necessário submetê-la ao método da análise histórica baseada na razão crítica.

O século XVIII abriu o caminho para uma investigação histórica pautada na confrontação de documentos e num método racional que pudesse extrair leis e princípios gerais para serem aplicados no domínio da análise histórica. Todavia, é preciso ressaltarmos que, no século em questão, não houve uma concepção histórica absolutamente aceita por todos os autores do período.

Um dos filósofos da história cuja perspectiva se diferenciou de uma visão generalizante ligada à razão universal foi o alemão Johann Gottfried von Herder (1744-1803), sob o entendimento de que a razão deveria ser compreendida como um atributo adquirido historicamente no desenvolvimento de cada povo e de cada comunidade, segundo seus próprios hábitos, sistemas de valores e crenças. Desse modo, a linha de pensamento de Herder busca conectar a multiplicidade histórica (relativizando povos e períodos a partir de suas próprias bases) à unidade humana e racional. Ao assumir a relativização sobre os contextos, o filósofo alemão não rejeita a importância dos dados da memória coletiva, pois, para compreender a história de povos particulares, como egípcios, romanos, entre outros, os dados da tradição e da memória podem ser bastante úteis (Decca, 1995).

As concepções de história no século XVIII concordaram com a referência constituída pela história exemplar de modelo para a vida, mesmo que os filósofos das Luzes já incorporassem uma concepção mais racional, laica e articulada às ideias de civilização e progresso que vigoraram com grande força no século XIX. Contudo, foi necessário esperar esse momento para que a base exemplar da história perdesse seu significativo peso (Le Goff, 2003). Leopold von Ranke (1795-1886), considerado o pai da história científica e da chamada *Escola Metódica*, foi um grande exemplo da abnegação do valor exemplar da história. Para ele, o que mais se fazia necessário era mostrar como os eventos ocorreram de fato (Le Goff, 2003). Para isso, era preciso contar com um método eficaz, o qual ele desenvolveu com base em conceitos como a crítica interna e externa dos documentos históricos. Assim, o historiador alemão procurou consolidar a posição de uma história plenamente científica. Outro ponto a ser observado em Ranke foi o privilégio concedido à história política e diplomática, priorizando os documentos oficiais e deixando de lado uma investigação mais profunda sobre os elementos da memória coletiva.

Se na concepção da *historia magistra vitae* a exemplaridade vinculava a memória do passado ao que poderia ser feito no presente e modificado no futuro, a história concebida no decorrer do século XIX foi organizada como área fundamentada essencialmente como ciência do passado, que servia justamente para demonstrar que o caminhar da humanidade viera linearmente a desembocar no progresso do Estado-nação e da sociedade industrial (Hartog, 2003). A concepção historicista do século XIX, assim como a medieval, não deixou de ser linear e teleológica. A diferença se mostrou fundamentalmente no ponto de concentração dessa teleologia: se na concepção histórica cristã a linearidade e a teleologia estavam ligadas à religião, à Salvação e ao Juízo Final como fins maiores, na concepção historicista do século XIX tudo se alinhava em torno da visão mais laica e científica do progresso humano.

Nesse século, além da concepção historicista de Ranke, despontaram tendências como a positivista, de Auguste Comte (1798-1857), que repercutiu na história através da busca por estabelecer uma ciência da sociedade baseada em leis de desenvolvimento social. Tal tendência também não deixou de estar presente em Karl Marx (1818-1883), na medida em que a teoria chamada posteriormente de *materialismo histórico* encerrava uma compreensão ligada a um processo de evolução histórica com base nas relações materiais, algo que conecta sua concepção à crença na ideia do progresso. No entanto, as concepções pautadas nessa crença começaram a ser questionadas. O sociológo Max Weber (1864-1920), por exemplo, questionou a possibilidade rankiana de uma história plenamente objetiva, visto que ela sempre será parcial, na medida em que a investigação histórica muda conforme a própria história vai mudando (Le Goff, 2003).

Durante o século XX, as concepções e formas de escrita da história passaram por profundas revisões, incluindo suas relações com a memória. Porém, vamos aprofundar essa discussão na próxima seção. Por ora, permaneçamos no século XIX e no que ele trouxe de específico a respeito da noção mais ampla de memória coletiva, que também temos discutido ao longo desse capítulo. Paralelamente às posições historicista, marxista e positivista que impactaram a produção de uma história então científica, observamos modificações no cenário da expansão dos domínios da memória. Após processos históricos significativos como a Revolução Francesa e a Independência dos Estados Unidos no século XVIII, foram formuladas novas bases de institucionalização da memória, em grande parte ligadas a acontecimentos políticos e de representação de povos e seus Estados-nação. Do final do século XVIII até o século XX, ocorreu a instituição de datas e festas comemorativas relacionadas a episódios históricos.

Esse período delimitou o início de um domínio de demarcação de memórias; além disso, novos suportes foram configurados, tais como medalhas, selos, moedas, monumentos como as estátuas de figuras históricas, memoriais, pinturas de episódios históricos, entre outros (Le Goff, 2003). Um exemplo é a imagem que pode ser observada na Figura 2.1, a qual remete ao contexto de afirmação do Estado português do início do século XX, a partir da alusão à memória da conquista do porto marroquino de Ceuta, em 1415, comandada pelo infante D. Henrique. Esse marco histórico representou o início da expansão marítima portuguesa, que em 1500 viria a desembocar na chegada ao Brasil. As navegações constituem um dos pilares da afirmação da identidade nacional portuguesa. A efetivação de suportes de materialização e exteriorização da memória, como os painéis em azulejo presentes ainda hoje na Estação Ferroviária da cidade do Porto, em Portugal, demonstra como as nações procuraram erigi-los para manter certos ideais vivos e presentes na memória coletiva de um povo.

Figura 2.1 – O infante D. Henrique na conquista de Ceuta (século XV)

COLAÇO, J. **O Infante D. Henrique na conquista de Ceuta**.
Painel de azulejos, Estação de São Bento, Porto, Portugal.

Museus também passaram a ser construídos. Muitos surgiram ainda no final do século XVIII, como o Museu do Prado, em Madri (1785). Além disso, foi nessa época que ocorreu a inauguração da Grande Galeria do Museu do Louvre, em 1793. Já no século XIX, os alemães, por exemplo, criaram o Museu de Antiguidades Nacionais de Berlim. Museus dedicados à memória folclórica foram abertos na Escandinávia (Le Goff, 2003). No Brasil, ainda com D. João VI, houve a criação de um Museu Nacional, no Campo de Santana, onde atualmente se encontra o Arquivo Nacional, no Rio de Janeiro. Posteriormente, o museu foi transferido para o Paço de São Cristóvão, local que o sedia até hoje. Já no século XX, houve a criação do Museu Histórico Nacional, dedicado à história do país, inaugurado pelo então Presidente Epitácio Pessoa, em 1922.

Não podemos deixar de comentar ainda uma invenção do século XIX que revolucionou o registro e a propagação da memória: a **fotografia**. Ela permitiu a multiplicação, a precisão visual e a democratização do registro da memória e da percepção da evolução cronológica (Le Goff, 2003). Com ela, alterou-se significativamente não só o domínio privado da memória – como podemos perceber com a formação dos álbuns de família –, mas também o domínio público e, até mesmo, o do registro da história (com o uso de fotos de guerras, por exemplo). Ao longo do século XX e das primeiras décadas do século XXI, só vimos os meios de registro artificiais da memória se sofisticarem e se expandirem, a exemplo dos computadores e do advento da internet, que trouxeram possibilidades infinitas para o registro e a expansão da memória. E, para fecharmos como uma ideia mais ampla, pensemos no potencial de memória que temos com os *smartphones*: por meio deles, podemos registrar dados, tirar fotos, acessar e divulgar informações na *web*. Quantos registros mundo afora não estão sendo feitos por meio desses aparelhos neste exato momento, em diferentes situações públicas ou privadas? Quantos registros de memória como esses não poderão ser fontes para os historiadores do futuro estudarem questões sociais, políticas, econômicas e culturais de nosso tempo?

(2.5)
Memória e história: debates historiográficos

O século XX viveu novas relações com a memória – não faltaram memoriais para registrar as tragédias e mortes decorridas da Primeira e da Segunda Guerra Mundial, por exemplo. Os próprios horrores das guerras foram, aliás, mote para o questionamento da visão progressista difundida no século XIX. Autores como o filósofo alemão Walter Benjamin (1882-1940), ligado à Escola de Frankfurt, foram críticos da história influenciada pelo positivismo, buscando romper com a crença no progresso e com "a ideia de que a humanidade avança em um tempo linear e homogêneo" (Hartog, 2003, p. 22).

No contexto francês das primeiras décadas do século XX, Marc Bloch (1886-1944), Lucien Febvre (1878-1956) e outros historiadores da chamada *Escola dos Annales*, sem abandonarem a visão de uma história científica e calcada em uma metodologia própria, promoveram novas bases para a análise histórica. Para esses historiadores, a história não poderia limitar-se à visão política e dos grandes personagens oficiais da nação. Assim, eles propuseram a dimensão de uma história total, que procurasse o máximo possível aprofundar todos os aspectos de uma sociedade, acabando por se concentrar então numa história de caráter mais social e também econômico (Hartog, 2003). Sem deixar de se constituir como uma área de conhecimento específica, a história passou a dialogar mais com as outras ciências sociais, como a geografia, a antropologia e a sociologia, visando ampliar as bases de análise histórica para que se pudesse compreender mais efetivamente a humanidade no tempo. Até mesmo uma nova visão sobre os tempos históricos foi concebida, tal como já demonstramos no Capítulo 1 ao abordarmos as noções explicitadas pelo historiador

Fernand Braudel acerca dos eventos, conjunturas, estruturas e processos de longa duração.

Centrando seu objeto de estudo não num passado isolado, mas na perspectiva da humanidade no tempo, e partindo das questões do presente que motivariam o historiador nessa busca, os historiadores da Escola dos Annales ampliaram a perspectiva documental, considerando uma ampla gama de vestígios históricos que poderiam ser investigados por um historiador, e não só os documentos escritos e oficiais. Na esteira desses pesquisadores, Jacques Le Goff (2003, p. 110), nos anos de 1960, apontou para a noção do "documento/monumento", afirmando que qualquer tipo de documento (oral, escrito ou material) é como um monumento do passado que deve ser desmistificado, desconstruído, para poder ser analisado e compreendido.

Foram incorporados à história novos objetos, novos problemas, novas abordagens. Passaram a fazer parte da análise histórica metodologias ligadas à economia, à demografia, à antropologia, à psicologia, à história da arte, à ciência e à política. Objetos antes não imaginados começaram a fazer parte das preocupações dos historiadores, tais como as mentalidades, o corpo, as sexualidades, as mulheres, as crianças e os jovens, a morte, os marginais, a alimentação, o cinema e as festas. Até mesmo a história política passou por uma mutação, voltando renovada, por contribuições da antropologia histórica e também do direito (Le Goff, 2003). Nos anos de 1970, a Nova História consolidou e expandiu essas perspectivas. Todavia, foram se delineando os limites da possibilidade de se constituir uma história total, como proposta pelos primeiros *Annales*. A história então acabou se dividindo em muitos âmbitos, o que Dosse (2002) chamou de "história em migalhas".

A partir da perspectiva inter e transdisciplinar, o século XX trouxe uma nova dimensão para as relações dos historiadores com a memória. As concepções relativas à memória tinham sido bastante renovadas a partir das teorias de Sigmund Freud (1856-1939) ainda no século XIX. O pai da psicanálise demonstrou como a memória humana tem um caráter seletivo e as lembranças são parciais, movidas por estímulos externos. No sentido oposto da metáfora do bloco de cera, criada por Platão na Antiguidade, a teoria freudiana afirmou como a mente não acumula simplesmente as memórias, mas as escolhe, filtra (Silva; Silva, 2013).

Ao longo do século XX, a psicologia avançou em seus estudos. Antes da história, dialogaram com ela a filosofia, a sociologia e a antropologia. Um exemplo crucial na sociologia foi o já citado Maurice Halbwachs, que, por sua vez, pautou-se em trabalhos como os de Henri Bergson, fundamentalmente na obra *Matéria e memória*. Halbwachs, assim como Bergson, muito influenciou os debates historiográficos acerca da memória.

Todavia, somente após a segunda metade do século XX, com a Nova História, os historiadores começaram a se dedicar com mais afinco às discussões sobre a memória. A investigação de todos os registros da memória se tornou fundamental para a história, que passou a encará-los como fontes históricas a serem analisadas. Desse modo, a história oral surgiu na metade do século XX como uma metodologia que viria a incorporar o estudo de tradições orais e testemunhos individuais para a compreensão dos elementos da memória coletiva e, por conseguinte, de uma problemática histórica relacionada a determinado recorte espacial e temporal.

Conforme Hartog (2003), nos anos de 1970 emergiu uma ânsia pela construção de identidades e pela busca da memória, motivada por diversos processos históricos, como a Segunda Guerra Mundial e o Holocausto, que alimentaram o anseio de reunir e preservar locais e memórias daqueles anos. Além disso, podemos citar as transformações e os processos de independência na África e na Ásia no mundo pós-colonial – que motivaram uma busca por novas identidades e pela construção de uma história nova –, bem como as mudanças culturais decorridas de movimentos como as manifestações de maio de 1968, nas quais jovens da França e de outros países protestaram contra as hierarquias e opressões sociais, políticas e econômicas, entre outros acontecimentos. O dever de memória, de seu registro e preservação, clamava pelos historiadores, que então se encontravam munidos da ferramenta da história oral.

Desse contexto em diante, podemos perceber como a história e a memória se reaproximaram, chegando-se à compreensão de processos que já citamos anteriormente, tais como o fato de que tanto a história quanto a memória caracterizam-se por recortes, seletividades, subjetividades. A história passou a ser entendida, então, como uma construção de memória social, mas uma construção sistematizada e dotada de critérios balizados por uma metodologia atenta às discussões mais recentes do campo historiográfico.

Síntese

Ao longo deste capítulo, mostramos como a história e a memória foram objetos de discussão desde os tempos mais antigos. Como ponto de partida, analisamos como o mito representou, em muitas sociedades, uma base de memória e identidade essencial, retomada através das tradições oral ou escrita. Ao tratarmos das relações entre história e memória na Antiguidade, observamos como o mito apresentava um estatuto específico, aliado à poesia, remetendo a grandes questões humanas para os gregos, por exemplo.

Destacamos também que o surgimento da história, com Heródoto e Tucídides, separou conhecimento histórico e mito, mas procurou confrontar as informações obtidas para criar uma cronologia mais efetiva, assegurando a preservação dos acontecimentos do passado. Junto a essa perspectiva, os romanos sublinharam a importância de se preservar a memória dos grandes feitos e exemplos para que os homens pudessem se guiar. Tal concepção foi mantida ao longo da Idade Média. Todavia, o Ocidente medieval cristão incorporou uma concepção providencialista à Europa, ligando o destino da humanidade a um plano divino já traçado. Além disso, a memória ficou vinculada aos exemplos da vida cristã e a relatos bíblicos.

Na sequência, demonstramos que, na Idade Moderna, a história como exemplo para a conduta humana continuou vigorando como ideal. No entanto, aos poucos, fundamentalmente no século XVIII, ela foi se desvencilhando da ligação com a religião e o plano divino. Com o triunfo da razão e o pensamento iluminista, iniciou-se a perspectiva de que a história deveria submeter-se a um método de análise racional e ser afastada da ligação com os registros da tradição e da superstição concernentes à memória coletiva. No século XIX, a história se tornou uma disciplina científica, autônoma e essencialmente ligada a um método. Durante esse tempo, especialmente com o historicismo alemão, acreditou-se que ela poderia ser objetiva e que deveria tratar das grandes questões políticas e diplomáticas, baseando-se em documentos escritos e oficiais. Todavia, nas primeiras décadas do século XX, a historiografia francesa da Escola dos Annales e de outras linhas historiográficas na Europa criticou esse modelo, atentando para a necessidade de se analisar a história da humanidade a partir de uma perspectiva mais ampla, que considerasse diferentes registros da memória, ampliando a noção de documento histórico. A memória, então, voltou a se ligar com a história e passou a ser uma fonte essencial para o trabalho do historiador.

Indicações culturais

Livro

VERÍSSIMO, E. **O tempo e o vento**. São Paulo: Companhia das Letras, 2009. 7 v.

Trata-se de uma trilogia dividida em sete volumes, escrita por Érico Veríssimo. Divide-se em *O continente* (de 1949), *O retrato* (1951) e *O arquipélago* (1961). O romance traça parte da história do Sul do Brasil a partir da saga de gerações das famílias Terra e Cambará, num período compreendido entre a ocupação do chamado *Continente de São Pedro* (1745) e 1945 (fim do Estado Novo). Encontramos sob o manto literário uma síntese que combina elementos da memória e da história.

Sites

MUSEU IMPERIAL. Disponível em: <http://www.museuimperial.gov.br/>. Acesso em: 19 jul. 2018.

O *site* do Museu Imperial de Petrópolis (RJ) possibilita aos visitantes fazer um *tour* virtual para conhecerem um pouco do acervo histórico da instituição. Além disso, possui um acervo documental digitalizado para consulta.

LOUVRE. Disponível em: <http://www.louvre.fr/en/visites-en-ligne>. Acesso em: 19 jul. 2018.

A página do Museu do Louvre conta com um rico acervo *on-line* e também possibilita a visita virtual em galerias como a que contém coleções referentes ao Antigo Egito.

Vídeo

D. SEBASTIÃO, o rei mito. Grandes quadros portugueses (fragmento). Portugal: Companhia das Ideias, 2012. Disponível em: <http://ensina.rtp.pt/artigo/d-sebastiao-1554-1578/>. Acesso em: 19 jul. 2018.

O vídeo é um extrato do programa de TV português *Ensina RTP* e trata de D. Sebastião e da criação de seu mito.

Atividades de autoavaliação

1. A construção de mitos tem uma íntima relação com as memórias sociais. Sobre essa relação, analise as afirmações a seguir:
   i) Através do mito, as sociedades encontraram uma explicação para suas origens e também puderam expressar uma identidade comum.
   ii) O mito cumpre uma função de explicar uma realidade vivida através de um passado, mesmo que impreciso. Essa explicação pode ser feita tanto de forma oral quanto de forma escrita.
   iii) O mito sempre está ligado a uma memória coletiva, mas nunca tem a função de esclarecer aspectos históricos de uma dada sociedade, pois o que mais importa sempre para qualquer povo é a verdade sobre o passado.
   iv) A mitogênese (processo de criação de mitos) ocorre de forma separada em relação aos processos da memória, pois elementos de base histórica e referências do repertório cultural de um povo geralmente não se encontram presentes nos mitos.

Agora, assinale a alternativa que contém somente as afirmações corretas:

a) I e II.
b) I e III.
c) II e III.
d) I e IV.

2. História e memória se relacionaram de modos específicos no Oriente e no Ocidente da Antiguidade. Sobre essa relação, assinale a alternativa correta:

   a) No Oriente Médio e no Extremo Oriente, os registros de memórias são muito mais recentes que no Ocidente. Pode-se considerar que nesses contextos a memória e a história não se conectaram, pois sempre foram marcadas por aspectos sobrenaturais.
   b) No contexto da Grécia Antiga, a memória e a história permaneceram sempre ligadas aos aspectos míticos ressaltados nas epopeias como *Ilíada* e *Odisseia*.
   c) A partir de Heródoto, o registro da história grega passou a se distinguir da mitologia, na medida em que o passado foi submetido a uma cronologia fixada (enquanto o mito é atemporal).
   d) No contexto romano antigo, a fixação por trazer a verdade dos fatos se desconectou do propósito edificante da história: servir de exemplo para os homens no presente.

3. A respeito das questões relativas à história e à memória no período medieval, indique quais afirmações a seguir são verdadeiras (V) ou falsas (F):
   ( ) No período medieval, as teorias sobre a memória emergiram a partir dos estudos das áreas de retórica e teologia.
   ( ) A história no Ocidente medieval foi ligada à religião cristã e passou a ser dotada de um caráter linear (com começo, meio e fim), sendo marcada por Criação, Encarnação e Juízo Final.
   ( ) A ideia da história como exemplo para os homens e busca da verdade dos fatos, tal como pensavam historiadores antigos como Cícero, permaneceu vigente na Idade Média.
   ( ) No mundo islâmico medieval, a história e a memória se desconectaram da religião, servindo apenas para a composição de biografias de figuras ilustres.

   Agora, assinale a alternativa que corresponde corretamente à sequência obtida:

   a) V, F, V, F.
   b) V, V, V, F.
   c) F, V, V, V.
   d) V, F, F, V.

4. As transformações do mundo moderno e contemporâneo marcaram profundamente as relações da memória com a história. Com base na discussão promovida neste capítulo, assinale a alternativa correta:
   a) Com a invenção da imprensa no fim da Idade Média, a memória ficou cada vez mais dependente das técnicas de memorização (chamadas *mnemotécnicas*).

b) A partir do Renascimento e da busca humanista pelo conhecimento, a história deixou de ter sua missão de exemplo para a vida e para o bom exercício da política.

c) Com o surgimento da imprensa, a expansão da escrita e de sua divulgação, houve uma considerável ampliação da memória coletiva.

d) No século XVIII, com filósofos iluministas como Voltaire, Diderot, Montesquieu e outros, a história reafirmou sua necessidade de estar atrelada aos aspectos da religião cristã.

5. Dentro e fora do campo historiográfico, a memória foi – e ainda tem sido – debatida e analisada junto às construções da história. Sobre esse debate, é possível afirmar:

a) A história de cunho metódico e positivista do século XIX manteve-se vigente ao longo do século XX, pois a crença no progresso contínuo da humanidade permaneceu presente durante este último século.

b) O diálogo com outras áreas do conhecimento, tais como a psicologia, a filosofia, a antropologia e a sociologia, levou a história a ampliar sua visão sobre as questões da memória e de sua própria escrita, percebendo aspectos como a seletividade.

c) Ao longo do século XX, os historiadores entenderam a importância de continuar privilegiando as fontes de registro escritas e oficiais do passado, pois os testemunhos orais poderiam mostrar-se enganosos.

d) As violências e explorações das potências europeias sobre o mundo colonial, bem como os horrores da Primeira e da Segunda Guerra Mundial, fizeram os historiadores se calarem perante uma profusão de memórias trágicas.

Atividades de aprendizagem

Questões para reflexão

1. Leia o trecho a seguir:

   [Os índios Guaranis] acreditam na existência de uma "Terra sem Mal", a "Terra da imortalidade e do repouso eterno", situada "do outro lado do Oceano ou no centro da terra", na Ilha dos Bem-Aventurados, o Paraíso do mito original: o atual mundo impuro e decadente vai desaparecer numa catástrofe; só a "Terra sem Mal" será poupada. Os homens devem, pois, tentar alcançá-la antes da última catástrofe. Daí a razão das migrações dos guaranis, desde há séculos, em busca da ilha fabulosa. (Le Goff, 2003, p. 285)

   Analisando o trecho indicado, responda: Que características do sobrenatural constituem o mito Guarani? O que caracteriza o tempo das origens e o tempo do fim? Que realidade vivida pelos Guaranis o mito visa explicar?

2. Leia a seguir a transcrição feita por Jacques Le Goff de um excerto da obra *Muqaddimah*, escrita pelo sábio medieval islâmico Ibn Khaldun:

   A história é uma ciência nobre. Apresenta muitos aspectos úteis. Propõe-se a atingir um fim nobre. Faz-nos conhecer as tradições específicas das nações antigas, que se traduzem no seu caráter nacional. Transmite-nos a biografia dos profetas, a crônica dos reis, suas dinastias e política. Assim, quem quiser pode obter bons resultados por meio da imitação dos modelos históricos, religiosos e profanos. Para escrever obras históricas, é preciso dispor de numerosas fontes e variados conhecimentos. É também preciso um espírito reflexivo e profundo; para permitir ao investigador atingir a verdade e defender-se do erro. (Khaldun, citado por Le Goff, 2003, p. 81)

Quais são os tipos de história destacados por Khaldun? Segundo ele, que requisitos são necessários para que a história possa ser escrita? Qual é a função da história na concepção do sábio islâmico e como esta se aproxima da concepção dos antigos e medievais do Ocidente?

Atividade aplicada: prática

1. Para organizar as informações apresentadas neste capítulo, elabore uma tabela que contenha as principais relações, funções e concepções da história e da memória na Antiguidade, na Idade Média, no mundo moderno e no mundo contemporâneo.

Capítulo 3
Dinâmicas da memória

Memória como recuperação da consciência do passado, como evocação de um tempo que se foi, como impedimento da perda e do esquecimento, como alento para o futuro, como meio de identificação entre as pessoas etc. Enfim, são múltiplas as funções e os significados da memória. Neste capítulo, analisaremos a dinâmica da memória e os diferentes caminhos pelos quais ela é acionada, construída e reconstruída, considerando-se a função tanto daquilo que ela é capaz de lembrar quanto do que ela esquece.

Na mesma direção, examinaremos como as escolhas para definir aquilo que deve ser lembrado, silenciado ou esquecido se relacionam a interesses e objetivos definidos por pessoas, grupos ou instituições, bem como o quanto a memória é um objeto de disputa que, de acordo com interesses e vontades específicas, pode ser manipulado, modificado, adaptado ou transformado. Por outro lado, discutiremos também como a memória pode se constituir como caminho para promover lutas, reivindicações, reconhecimento de identidades, valorização de trajetórias de pessoas ou grupos ou, até mesmo, para buscar um lugar na história para os sujeitos comumente excluídos.

(3.1)
A MEMÓRIA, SUAS CRIAÇÕES E RESSIGNIFICAÇÕES

Como demonstramos até este ponto do texto, a memória não segue um percurso linear em que traz o passado à tona e o reproduz fielmente no presente. A memória caracteriza-se por dinâmicas próprias de constituição, remodelação e adaptação extremamente dependentes do contexto em que é acionada. Segundo Philippe Joutard (2007), a memória tem a capacidade de transformar, consciente ou inconscientemente, o passado em função do presente, muitas vezes tendendo a uma visão romantizada desse passado. Podemos perceber isso muitas vezes quando perguntamos a nossos avós ou a pessoas mais velhas como era a vida antigamente, como eram as brincadeiras de infância, os namoros etc. A grande maioria dessas pessoas "embeleza" o passado, afirmando como tudo em seu tempo era melhor. Elas demonstram uma grande nostalgia e atualizam o passado como uma época melhor e mais genuína do que o presente.

Em vários casos, a memória recorre ao campo do simbólico para comunicar, criando heróis, lendas, acontecimentos notáveis, mitos, enfim, para dar uma explicação ao real (Joutard, 2007) que se conecte de forma eficaz aos valores, às necessidades e às expectativas do presente. É por isso que devemos ter muita atenção ao comparar memória e história, pois, de acordo com os parâmetros da historiografia atual, na pesquisa e produção historiográficas não cabem idealizações e juízos de valor – diferentemente do que ocorre com a memória, cuja fronteira não se encontra delimitada. O historiador deve estar consciente e atento aos mecanismos de criação, distorção e ressignificação que concernem à memória social e individual.

Vejamos alguns outros mecanismos indicados por Silva e Silva (2013) para a compreensão da contínua reelaboração dos fatos pela memória: além das idealizações e dos embelezamentos do passado, a memória (principalmente a investigada por meio da metodologia da história oral) quase sempre tende a trazer à tona lembranças do cotidiano das sociedades pesquisadas (enchentes, colheitas etc.) e raramente grandes acontecimentos históricos. Como já mencionamos anteriormente e voltaremos a abordar em mais detalhes, é comum também a memória fundamentar a identidade do grupo ou da comunidade, fixando um acontecimento fundador, um marco, e simplificando o resto de seu passado. A noção de tempo também é simplificada, pois a oposição é centrada somente entre o tempo atual e o passado, não em datas e cronologias precisas – por sua vez, imagens e paisagens são fundamentais para as lembranças. Por fim, o esquecimento (muitas vezes voluntário) é outro aspecto crucial para a compreensão da formação de uma memória social, ponto que examinaremos adiante.

Para apreendermos as dinâmicas da memória, é essencial verificarmos também como se constituem suas formas de transmissão e quais são os meios de comunicação empregados para isso. Podemos citar, por exemplo, transmissão oral, relatos escritos, imagens pictóricas, fotográficas, materiais (tais como monumentos, lápides, medalhas etc.) e ações rituais (eventos comemorativos, a exemplo da Independência do Brasil, comemorada anualmente em 7 de setembro). Nesse sentido, devemos perceber que em todos os casos não se trata de atos inocentes, pois todos trazem e fixam determinadas representações do passado (Burke, 2000).

Dados da memória nacional são um exemplo que evidencia o quanto "**a memória é um fenômeno construído**" (Pollak, 1992, p. 4, grifo nosso), pois ela se organiza em função das preocupações políticas do momento, sendo um importante objeto de disputas e conflitos para a determinação das datas e dos acontecimentos que devem ser lembrados ou esquecidos por um povo. Podemos compreender, assim, o conceito de **enquadramento da memória**, realizado por alguns indivíduos/grupos que pretendem registrar e divulgar certos tipos e dados de memória (muitas vezes, em detrimento de outros). Ou seja, tais grupos buscam fornecer um quadro de referência/pontos de referência à sociedade a que pertencem como dados de sua história. Além do enquadramento, há **o trabalho da memória em si**, isto é, uma memória já relativamente constituída e consolidada realiza um trabalho de manutenção, unidade de sua organização, que lhe rende certa continuidade no tempo (Pollak, 1992).

A memória não só é criada ou construída, mas também pode ser recriada ou ressignificada, de acordo com contextos e condições específicas a que indivíduos e grupos podem ser submetidos. A seguir, apresentamos o exemplo dado por Peter Burke (2000) em referência a grupos afro-americanos que ressignificaram de um modo específico sua memória e cultura tradicionais, após a trágica experiência do desarraigamento acarretado pela escravização:

> *em determinadas circunstâncias, um grupo social e parte de suas memórias às vezes resistem à destruição de sua casa. Um exemplo extremo do desarraigamento e transplantação é o caso dos escravos negros transportados para o Novo Mundo. Apesar desse desarraigamento, eles conseguiram agarrar-se a parte de sua cultura, a parte de suas memórias, e reconstruí-las em solo americano. Segundo o sociólogo francês Roger Bastide, os rituais afro-americanos do candomblé, cuja prática é muito generalizada no Brasil, envolvem uma reconstrução do espaço africano, uma espécie de compensação psicológica da perda da pátria. […]. A perda de raízes locais era compensada, de certa maneira pelo menos, por uma consciência africana mais geral.* (Burke, 2000, p. 76)

Perceba como a ressignificação das memórias ancestrais africanas tem como fundo a busca por reatualizar e reviver no presente a identidade e as vivências culturais originais. Como afirma Michael Pollak (1989, p. 9), a memória, enquanto "operação coletiva dos acontecimentos e das interpretações do passado que se quer salvaguardar, se integra […] em tentativas mais ou menos conscientes de definir e de reforçar sentimentos de pertencimento e fronteiras sociais entre coletividades". Assim, podemos observar como a memória tem diferentes processos de transformação. Na sequência, analisaremos como os atos de lembrar, rememorar e esquecer se associam ou se dissociam de questões relativas ao poder e a diferentes dinâmicas sociais no tempo.

(3.2)
Entre a memória oficial e a memória não oficial

Como elemento essencial da constituição das identidades coletivas e individuais, a memória, em diferentes épocas e lugares, foi – e permanece sendo – objeto de controle por parte de grupos, classes e indivíduos que dominaram as sociedades históricas. Manipular, ocultar, remodelar ou mesmo esquecer fazem parte desse processo e muitas vezes são fatores que até mesmo o revelam (Le Goff, 2003). Artifícios e artefatos memoriais foram e são criados deliberadamente e de forma mais contundente quanto mais identidades coletivas estão em jogo (como as nacionais, étnicas ou religiosas) (Candau, 2012). A memória, como define Paul Ricoeur (2007), é o componente temporal da identidade, é a responsável por criá-la e situá-la no tempo.

É nesse sentido que, em muitos contextos, a memória, assim como a história, foi conceituada e ideologizada, na medida em que o passado serviu a interesses e elementos específicos do presente e, ainda, para dar um direcionamento ao futuro – como numa espécie de gestão do passado no presente (Le Goff, 2003; Nora, 1993). Dessa forma, narrativas que se pretendiam ou se intitulavam como históricas (como relatos que buscavam afirmar uma busca pela "verdade dos fatos", pelo que "realmente teria acontecido") não podem ser vistas como dissociadas de uma criação de memória. Contudo, partindo de grupos ou indivíduos ligados a formas de poder, trata-se de memórias institucionalizadas, oficiais, que definem em seus contextos o que pode e o que não deve ser pesquisado, narrado, dito – portanto, trata-se de memórias enquadradas.

Podemos perceber que, no século XIX, por exemplo, em que a história buscou se afirmar como ciência em países como Alemanha e França, ela não se livrou de interesses oficiais e da circunscrição somente a objetos autorizados de produção histórica (notavelmente, as questões ligadas à constituição política oficial, ao Estado). Historiadores como Eric Hobsbawm (Hobsbawm; Ranger, 1997) demonstraram como o final do século XIX foi uma época de invenção de tradições, de busca por identidades nacionais. Novas nações, como a Alemanha, procuravam justificar a ascensão de seu Estado-nação. Já nações mais antigas, como a França, visavam à manutenção da lealdade nacional.

A história, nesse contexto, coincidiu com o reforço do sentimento nacional e da legitimação política dos países. Origens foram buscadas em heróis e ancestrais colocados como oficiais, esquecendo-se ou ocultando-se outras raízes – como no caso da França, que requisitou a figura dos gauleses como ancestrais legítimos da nação na Antiguidade, mas se esqueceu, por exemplo, da influência grega no território (Marselha, a mais antiga cidade da França, foi fundada por gregos da Ásia Menor) (Joutard, 2007). Como adverte Pierre Nora (1993), a história do desenvolvimento nacional constituiu a mais forte das tradições coletivas, meio de memória por excelência.

O mais curioso na construção da história é que, dos cronistas da Idade Média aos primeiros historiadores da Escola dos Annales (que pretendiam fazer a "história total"), todos consideravam não estar fazendo uma história regulada – seus trabalhos representavam apenas memórias particulares e direcionadas a determinadas questões. O cronista medieval Comynes não pensava estar fazendo uma memória dinástica; Jacques Bossuet não julgava estar fazendo uma memória centrada na monarquia cristã; Voltaire não imaginava que trabalhava com uma memória direcionada aos progressos do gênero humano. Todos eles consideravam em seu tempo estarem elaborando obras históricas mais globalizantes e explicativas que as anteriores (Nora, 1993).

A modificação desse contexto, uma busca por livrar a história dessa "história-memória", foi o despertar recente da **consciência sobre a própria prática de escrita da história** – o estudo da "história da história". Portanto, o nascimento da preocupação historiográfica colocou o desafio para os historiadores de perceberem o quanto, ao longo do tempo, a história encarnou diferentes formas de memórias coletivas e como seria possível, ao questionar e perceber seus mecanismos de construção, buscar se distinguir dessa memória (Nora, 1993).

Nesse sentido, é central destacarmos, a partir da segunda metade do século XX (principalmente dos anos de 1970), o papel de especialistas como Michel de Certeau e sua análise sobre a operação historiográfica, além de Roger Chartier, com seus estudos sobre a construção da escrita, dos textos e de representações. Aliás, baseando-se em Certeau, Chartier apontou como cada época impôs à história não apenas objetos próprios de serem trabalhados, mas também certas modalidades de escrita e técnicas de prova e persuasão sobre o discurso histórico.

Por exemplo: a história dos chamados *historiógrafos* dos reis medievais e modernos se organiza em forma de relatos em torno da vida de monarcas e dinastias, identificando reis e reinos, mobilizando figuras de retórica para a exaltação do príncipe e da glória do território. Já as histórias das academias de sábios e eruditos no século XIX privilegiavam investigações eruditas baseadas em documentos escritos, numismática, fontes arqueológicas (isso em meio ao contexto do neocolonialismo e de exploração de territórios, principalmente na Ásia e na África, tal como o Egito pelos ingleses e, depois, pelos franceses). Assim, podemos perceber como, em cada momento, a instituição histórica se organizou a partir de hierarquias e convenções que traçaram um limite entre o que era um objeto histórico legítimo e o que era excluído ou mesmo censurado (Chartier, 2009). Essa "história-memória" determinava ainda o monopólio de quem estava autorizado a exercer a atividade de historiador ou mesmo ser designado para tal função (Bourdieu, citado por Chartier, 2009, p. 18).

Notemos que ao historiador de hoje, atento às construções da memória e da própria história, é essencial questionar de onde e de quem provém determinada visão histórica sobre dado contexto, de quem é a visão que foi registrada, preservada. Portanto, é preciso problematizar sempre o que é dado como memória e como história, levando em conta as seleções conscientes ou inconscientes, as interpretações ou mesmo distorções, bem como os condicionamentos da escrita (que não se instituem somente por interesses de indivíduos isolados, mas passam essencialmente pela influência dos grupos sociais).

Relembrando Maurice Halbwachs, Peter Burke aponta que, apesar de, no sentido literal, ser o indivíduo quem lembra, são os grupos sociais que definem o que é memorável e como será lembrado (Burke, 2000). Para além das narrativas históricas, devemos verificar outras formas de memória oficial, como as comemorações de eventos e datas eleitas como relevantes (tais como o 4 de julho, em que se comemora a Independência dos Estados, ou o já citado 7 de setembro, em que se celebra a Independência do Brasil e de que trataremos mais adiante), bem como monumentos públicos, que ao mesmo tempo expressam e formam a memória social – notadamente, a memória nacional (Burke, 2000).

Até este ponto, estamos nos referindo a construções e usos da memória a partir de sua formalização, que, por consequência, implica também uma transmissão e uma publicização. Como explica Ricoeur (2007), a reivindicação da identidade e a expressão pública da memória passam pelo fenômeno da **ideologia**. Ao criar a si, sua identidade e seu passado, criam-se também adversários, opostos a si (Candau, 2012), em relação aos quais a identidade se afirma. Diferentes memórias e identidades entram em confronto. Nesse sentido, a ideologia atua fundamentalmente no campo da dissimulação: "mascara-se ao se transformar em denúncia contra os adversários no campo da competição entre ideologias: é sempre o outro que atola na ideologia" (Ricoeur, 2007, p. 95). No entanto, o filósofo da história demonstra que esse processo ocorre de forma bastante complexa.

É possível apreendermos como os usos que determinados grupos (políticos, religiosos, culturais etc.) fazem reivindicando determinada identidade e, consequentemente, dada memória podem repercutir na propagação de uma ideologia. Todavia, muitas vezes esse processo ocorre de forma sutil: outro grupo/símbolo/indivíduo é eleito como o adversário do primeiro. Este "outro" será aquele com qual o primeiro grupo se confrontará para estabelecer a própria visão de identidade e de memória. Imputa-se ao outro uma dada ideologia, mas mascara-se a sua própria. Esse mecanismo se mostra de forma bastante evidente se tomarmos como exemplo regimes autoritários e a propagação de determinados valores identitários em oposição a certo(s) adversário(s).

Vale a pena observarmos uma reflexão do historiador Pierre Ansart, que demonstra mais detalhadamente a construção dessa dinâmica:

> *Para um grupo, a ideologia política, designando claramente os alvos do ódio e do desprezo, pode fornecer aos membros do coletivo um reforço da autoestima e da segurança interior. Esta dinâmica geral é encontrada nos grandes grupos, como se vê nas múltiplas formas de nacionalismo. A exaltação do grupo nacional fornece ao sujeito um objetivo para suas necessidades de vínculo, embasamento para sua autoestima e orgulho pessoal, ao mesmo tempo que equilibra este vínculo pela difamação das nações rivais. Este fenômeno não é próprio apenas do nacionalismo. Podemos*

observá-lo nas comunidades religiosas, nas seitas e em toda a coletividade que se encontra em rivalidade com outras. (Ansart, 2004, p. 24-25)

Para compreender melhor essa ideia, considere os seguintes exemplos: no caso do totalitarismo nazista, a recuperação da autoestima e da identidade nacional alemã ocorreu pela propaganda hitlerista através da exacerbação dos ressentimentos após a Primeira Guerra Mundial (Ansart, 2004). A exasperação de uma memória ressentida pela perda e humilhação após a guerra, bem como os problemas econômicos que se intensificaram na nação, originou e direcionou um ódio específico a possíveis inimigos e perturbadores da ordem harmônica alemã. Além das nações vitoriosas de 1918 e de seus governantes, foram eleitos como adversários da Alemanha essencialmente os judeus (culpabilizados por concentraram o capital da nação, que passava por dificuldades), mas também todos aqueles que determinavam algum rompimento com a ordem ideal almejada pelo Nacional Socialismo para a Alemanha (o que incluía homossexuais, negros, comunistas, ciganos, testemunhas de Jeová, deficientes físicos e mentais). Eram considerados inferiores todos os que não fossem da chamada *raça ariana*. Já, por exemplo, no caso do comunismo stalinista na Rússia, os adversários essenciais eram o capitalista e o proprietário (que despertavam um ressentimento anterior e motivador inclusive da Revolução Bolchevique). Após a Segunda Guerra Mundial, incorporou-se a essa lista de adversários um inimigo nacional – os Estados Unidos, país que também elegeu a União Soviética como sua inimiga e de todas as outras nações do mundo capitalista.

Os efeitos do mecanismo de ideologização concernentes à memória e à identidade tendem a distorcer a realidade na medida em que são utilizados para legitimar sistemas de ordem ou poder. De fato, a ideologia sempre se relaciona a poder(es). Assim, no caso de ideologias políticas ou religiosas, por exemplo, a intenção sempre se refere à aceitação desse poder em detrimento de outro(s), estabelecendo-se, assim, uma memória e identidades oficiais a serem acreditadas e seguidas. Podemos perceber, portanto, como pelos usos são cometidos **abusos de memória** (Ricoeur, 2007).

Muitas vezes, a memória é **manipulada** para atender a determinados objetivos e expectativas. Documentos históricos e fontes de memória podem ser destruídos, distorcidos, manipulados para a criação de versões específicas. Um grande exemplo foi o documento falso chamado "A doação de Constantino" (*Constitutum Donatio Constantini*), o qual seria um édito do imperador romano Constantino ao Papa Silvestre no século IV. Nele, o imperador concedia territórios e jurisdições espirituais ao papado, dentro e fora da Península Itálica. Com suspeitas já de longa data, descobriu-se no século XV, com o trabalho do humanista Lorenzo Valla, que o documento era falsificado. Confrontando-o com outras fontes datadas do período suposto do édito, o italiano verificou incongruências com a linguagem da época e identificou termos não utilizados no contexto do século IV (constatando, então, o que os historiadores chamam de *anacronismo*). O documento da doação de Constantino teria sido originalmente produzido no século VIII e foi muito utilizado pela Igreja para afirmar seu poder perante a cristandade e as autoridades do Sacro Império Romano Germânico, até o período em que foi desmascarado.

Podemos compreender, pois, que, para servir a um poder, a memória pode ser ideologizada e configurada em narrativa, para assim ser propagada. É a partir do discurso que se estrutura a narração sobre ações, personagens, episódios etc., que modelarão a justificativa do poder que o estabelece. Desse modo, criam-se narrativas fundadoras, de glória, desonra ou ressentimento, que podem alimentar discursos de medo, ódio ou orgulho e superioridade (Ricoeur, 2007).

É dessa forma que surgem as histórias e memórias oficiais, institucionalizadas, "autorizadas", em detrimento de outras. Elas vêm do poder estabelecido para a memória que é publicizada, comemorada, ensinada – assim são criados os elementos formadores de uma identidade comum então fixada. Destaca-se, nesse sentido, a memória que emerge de comemorações públicas. No caso do Brasil, podemos citar os desfiles de celebração à Independência, ocorridos no dia 7 de setembro (Figura 3.1). Apesar de a independência ter sido proclamada por D. Pedro I em 1822, a tradição do desfile militar, repetida até hoje, encontra raízes no século XIX, mas foi instituída oficialmente no governo de Getúlio Vargas, em 1940. Essa prática agregava à memória da independência da nação a ênfase na ordem e na organização estatal brasileira que o regime ditatorial varguista buscava consolidar. Esse tipo de ritual, de representação coletiva, além de ser um ato de memória (enquanto reencenação do passado), é também uma tentativa de impor interpretações do passado e formar a memória, constituindo, assim, a identidade social (Burke, 2000).

Figura 3.1 – Desfile cívico e militar de 7 de setembro de 2017 na Esplanada dos Ministérios, em Brasília

A imposição de memórias oficiais em detrimento de outras não significa que as primeiras se constituem como memórias fixas nunca questionadas. Pelo contrário, da fixação de uma memória oficial decorrem disputas, seja com outros grupos sociais (como nacionalidades, religiões etc.) equivalentes, seja com grupos sociais dominados, submetidos, marginalizados.

Surgem, assim, **memórias concorrentes** e/ou **subterrâneas**. São concorrentes porque constituem uma visão distinta, em que outro é o oponente; são subterrâneas nos casos em que grupos marginalizados, dominados, têm suas lembranças e identidade imersas no grande jogo social, até que haja uma mudança no contexto. Um exemplo disso é o caso de países africanos hoje soberanos e que até meados do século XX foram dominados pelas potências coloniais europeias. Após o fim da dominação, surgiram rupturas com o antigo passado memorial fixado pelos colonizadores (a desvalorização e o esquecimento das tradições anteriores pelos dominadores). Tais rupturas explicam confrontos que ainda existem atualmente em determinados países e, por outro lado, ajudam também a compreender os processos contemporâneos de afirmação de novas memórias, ligadas a um ajustamento do passado aos jogos identitários do presente. Como aponta Candau (2012, p. 172), isso se mostra ainda mais evidente hoje, "quando cada vez mais grupos e indivíduos fazem valer suas pretensões à memória".

A multiplicidade das identidades sociais e a coexistência de memórias em concorrência, alternativas (além das nacionais, podemos citar as familiares, as locais, as de grupos etários, as de contextos étnicos, de gênero etc.), levam-nos a pensar em termos mais pluralistas sobre as reivindicações e os usos da memória por diferentes grupos sociais. Assim, memórias oficiais e não oficiais podem diferir entre si de maneira mais ou menos aguda, assim como os diversos pontos de vista também implicam variadas compreensões sobre o que é importante ou memorável. Nesse sentido, podemos falar em constituição de diferentes "comunidades de memória" (Burke, 2000, p. 84). Essas distinções podem ser percebidas em obras historiográficas que, para além das memórias oficiais, buscam analisar também memórias não oficiais, as versões de grupos e sujeitos antes esquecidos. Evidência nesse âmbito são os estudos da chamada "história vista de baixo".

Como abordaremos nos próximos itens deste livro, novas visões e metodologias da história, como a história oral, colaboraram e têm colaborado para que memórias subterrâneas sejam trazidas à tona (Pollak, 1989). Sujeitos e grupos excluídos, marginalizados, minorias dominadas passaram a ter suas vozes escutadas, gerando novas memórias, dissonantes às memórias oficiais.

(3.3)
A memória, seus silêncios e esquecimentos

Para iniciarmos a discussão sobre os esquecimentos e silêncios da memória, pensemos na seguinte frase de Paul Ricoeur em sua monumental obra *A memória, a história, o esquecimento*: "Ver uma coisa é não ver outra. Narrar um drama é esquecer outro" (Ricoeur, 2007, p. 459). Portanto, a narração memorial é seletiva, pois traz à tona algumas lembranças e deixa de lado outras. Como pondera Joutard (2007, p. 223), "o esquecimento é de duas ordens: há o esquecimento daquilo que parece insignificante e não merece ser relembrado, involuntário; e há o 'esquecimento de ocultação', o esquecimento voluntário, aquele do qual não se quer ter lembranças, pois ele perturba a imagem que se tem de si". Para Ricoeur e outros autores, lembrar e esquecer não são atos exatamente opostos. Na verdade, são faces da mesma moeda, processos dialéticos, mas ligados a condições históricas. Nesse processo do lembrar e do esquecer, as memórias coletiva e individual se entrelaçam um jogo complexo, determinando o que deve ser lembrado e o que deve ser esquecido: ao mesmo tempo que as memórias individuais crescem a partir da interação entre as pessoas, é a subjetividade de cada indivíduo que determina aquilo que deve ser lembrado ou esquecido, atuando na construção da memória coletiva.

Assim como a criação de memórias pode ser utilizada para a afirmação de uma identidade de grupo, o esquecimento pode servir ao propósito de legitimação ou manutenção de uma ordem social. É desse modo que ocorre "a organização social do esquecer, as regras de exclusão, supressão ou repressão de memórias", como explica Burke (2000, p. 85). Os processos de esquecer, silenciar e ocultar estão, aliás, na base da constituição das nações: para formar uma nação, é preciso que os indivíduos agreguem o que têm em comum e esqueçam tantas outras diferenças. Fazer *tabula rasa* do passado, promover um esquecimento duradouro, permite também fazer emergir uma nova identidade (Candau, 2012).

É sempre necessário analisarmos o que se quer esquecer, bem como quem se deseja esquecer e por quê. Esse processo sempre se mostra mais evidente na censura imposta por regimes autoritários e também revolucionários ou contrarrevolucionários que pretendem simbolizar um rompimento com o passado, como no caso de mudanças de nomes de ruas, praças, lugares (Burke, 2000). No Brasil, um exemplo contundente foi a troca dos nomes de ruas, praças e outros locais públicos após a Proclamação da República, em 1889. Os logradouros passaram a ter nomes de figuras e marcos importantes na defesa e implantação do regime republicano no Brasil, tais como Benjamin Constant e Marechal Deodoro da Fonseca. No entanto, memórias não oficiais se encontram às vezes sobrepostas ao estabelecimento institucional, e muitos nomes oficiais de ruas e de outras localidades não são utilizados ou são pouco usados em face de nomes populares consagrados anteriormente pela memória coletiva. Muitas vezes, as memórias não oficiais custam a ser apagadas, mesmo sob os regimes mais autoritários.

O esquecimento organizado, ou a censura de memórias incômodas, pode ocorrer de diferentes formas, mas nunca estabelece o apagamento pleno delas nem a possibilidade de elas emergirem novamente em outros contextos. Um exemplo dado por Ricoeur (2007, p. 458) é o do renascimento da memória judaica na França, pois, no governo de Charles de Gaulle, e ainda durante muito tempo, ela permaneceu oculta no país: a exaltação da narrativa dominante fixou o olhar na questão da ocupação nazista e em sua expulsão vitoriosa da França, em 1944; em contrapartida, desviou a atenção da deportação de milhares de judeus para a Alemanha, promovida durante o regime francês de Vichy em plena Segunda Guerra Mundial. A ocultação e o esquecimento da responsabilidade francesa no genocídio judeu encobriram o sentimento de culpa, buscando-se exaltar só a colaboração positiva da França no combate ao nazismo. A questão dos judeus foi, assim, recalcada. Ressaltou-se a participação da Resistência Francesa[1] como se ela representasse toda a França naquele período, deixando de lado o fato de que muitos participantes desse grupo não eram somente os franceses, mas também poloneses refugiados, espanhóis republicanos que fugiam da ditadura de Franco, militantes comunistas – além de ter existido uma destacada participação de mulheres (inclusive como combatentes) nesse cenário, fato muitas vezes também ignorado nos discursos de memória oficiais.

---

[1] *A Resistência Francesa consistiu na organização de movimentos não oficiais de resistência contra a ocupação alemã durante a Segunda Guerra Mundial.*

Figura 3.2 – Simone Segouin, membro da Resistência Francesa, em combate na cidade de Paris, em 1944

National Archives and Records Administration

Pense a respeito

Vejamos, a seguir, trechos de uma entrevista com o historiador Robert Gildeia, que, em seu livro *Combatientes en la sombra* (ainda sem edição em português), aborda como a criação de uma memória e de comemorações oficiais sobre a libertação francesa agiu em detrimento de outras memórias sobre a atuação da Resistência Francesa.

> *O discurso nacional que a França construiu depois da Segunda Guerra Mundial é que o país foi libertado pela Resistência, com alguma ajuda dos aliados, e que "salvo um punhado de miseráveis", nas palavras do general Charles de Gaulle, o resto dos cidadãos se comportou como verdadeiros patriotas. Nada mais distante da realidade. O professor britânico Robert Gildea desmonta essa imagem nacional, que já estava*

bastante fissurada, em seu novo livro, Combatientes en la Sombra *(Combatentes na sombra, em tradução livre), que traça um minucioso retrato da ocupação no qual, mais que de Resistência Francesa, ele prefere falar de "resistência na França" pelo enorme número de estrangeiros que se juntaram à luta contra o nazismo.*

"A França foi derrotada e ocupada pela Alemanha. Quando foi libertada e unificada de novo, criou-se uma história única que afirma que todo o país alcançou a liberdade unido sob a liderança de De Gaulle e esse relato foi propagado por meio de medalhas, cerimônias, títulos", explica Robert Gildea, professor de História Moderna do Worcester College da Universidade de Oxford [...]. Os esquecidos nessa história não foram apenas os espanhóis que fugiram do franquismo, mas também judeus da Polônia ou da Romênia, os comunistas e as mulheres, cujo trabalho como resistentes também foi subestimado.

[...]

[...] Gildea, que publicou outros ensaios sobre a história da França nos quais estuda o mesmo período, reconhece que a imagem ideal da sociedade francesa já havia sido questionada em filmes como o documentário A Dor e a Piedade *ou* Lacombe Lucien, *longa-metragem de Louis Malle, que teve como roteirista o escritor Patrick Modiano, que ganhou o prêmio Nobel. No entanto, seu estudo de 650 páginas, que usa tanto fontes documentais quanto entrevistas, é o mais completo escrito até agora do ponto de vista crítico sobre a Resistência durante a ocupação, entre 1940 e 1944. [...].*

"Temos de estudar o que aconteceu na França no contexto da luta na Europa contra o nazismo, mas também do Holocausto e da Guerra Fria. Muita gente da Resistência combateu nas Brigadas Internacionais [...].

> Muitos republicanos [espanhóis] foram presos na França. O objetivo deles era acabar primeiro com os nazistas e depois com Franco, de fato, fizeram uma tentativa fracassada de invadir a Espanha em 1944. O relato simplista da libertação nacional francesa só fornece uma parte da história, não toda", continua Gildea em uma conversa telefônica.
>
> "O papel dos comunistas também foi muito importante, especialmente durante a libertação de Paris. Durante muitos anos houve um confronto entre as duas versões, a gaullista e a comunista [...]".
>
> [...]
>
> [...] Em relação à ocultação do papel desempenhado pelas mulheres, Gildea explica que só foram contempladas com medalhas aquelas que participaram de ações militares, enquanto muitas mulheres trabalharam na organização da resistência, papel tão perigoso quanto o combate, mas nunca totalmente reconhecido. Tudo isso não significa que os franceses não tiveram nenhum papel, mas não foram os únicos heróis daquela guerra. (Altares, 2016)

Em oposição aos usos e às manipulações da memória, há a noção de **dever de memória** (que aprofundaremos mais adiante). Mas esse dever (para não se tornar um abuso de memória) liga-se à ideia de justiça, promovendo um projeto de memória que trata de reparar uma dívida para com aquele que não havia sido lembrado (Ricoeur, 2007). O "dever de memória consiste essencialmente em dever de não esquecer" (Ricoeur, 2007, p. 48). Portanto, mais que o dever de memória, devemos compreender a importância da promoção de políticas para uma **justa memória**. Precisamos ter em mente que o cidadão e, principalmente, o historiador – notavelmente, o historiador do tempo presente – não podem escapar ao questionamento da necessidade de se falar sobre o passado e de como falar dele. É necessário irmos além dos discursos oficiais da memória, da manipulação e também da falsificação, que levam ao esquecimento e à ocultação de outros dados e versões (Ricoeur, 2007).

Como já destacamos, a questão do dever de memória surgiu com grande impacto em contextos como o posterior à Segunda Guerra Mundial, buscando-se colocar em cena fatos, provas e sofrimentos suportados, que foram exortados a não serem esquecidos. No entanto, para além da lembrança de fatos e episódios, com relação aos ressentimentos que essas memórias muitas vezes suscitam, há uma grande tentação ao esquecimento, tendo em vista a dificuldade de se lidar com os traumas. Medidas de proteção contra essas memórias dos ressentimentos podem ser encontradas em documentos públicos, tal como observa Ansart (2004, p. 31): "a exemplo dos manuais escolares que podem ser eloquentes em relação aos fatos, mas protegem os alunos da lembrança traumática dos ressentimentos".

O esquecimento dos ressentimentos envolve também a ideia de apaziguamento, mas, em contrapartida, pode gerar irritação nos que foram vítimas de ódios cujas consequências podem ser sentidas ainda no presente. Ansart (2004) lembra, nesse sentido, o caso dos franceses que habitavam a Argélia e tiveram de retornar à França, em 1962, após a Guerra de Independência do país (que fora colônia francesa na África). O ressentimento foi alimentado tanto contra os governantes argelinos quanto contra os franceses. Ainda hoje associações dos chamados *pieds noirs* (*pés negros*, como eram chamados os franceses que residiam na Argélia) pedem reparação e afirmam que seus direitos não foram levados em consideração. Eles não aceitam o esquecimento de sua memória e, por meio de manifestações simbólicas, buscam afirmar uma identidade que acaba se alimentando dos ressentimentos (Ansart, 2004).

O que se lembra e o que se busca esquecer dependem muito de quais questões estão sendo debatidas em determinado momento, bem como de quais interesses e projetos estão em pauta. Ricoeur (2007) analisa essas duas ações especialmente para pensar nas questões que incomodam, como o trauma, a anistia e o perdão político. A anistia, por exemplo, na qualidade de uma forma oficial de amnésia, tem uma fronteira muito tênue entre o perdão e o esquecimento, que pode ser facilmente ultrapassada. Esse ato visa interromper processos de desordem (como guerras civis, mudanças violentas de regime, episódios revolucionários) que afetam a paz social e é utilizado com relação a ambos os lados que fizeram parte dos conflitos. Ao estabelecer esse apaziguamento, a anistia trata de silenciar um passado proibido (o da desordem social) e acaba por denegar sua memória. Nesse sentido, podemos considerar a anistia como uma forma de **abuso do esquecimento**. Ela busca simular o perdão, mas muitas vezes afasta o perdão genuíno ao denegar a memória (Ricoeur, 2007).

A fronteira entre a anistia e a amnésia pode ser preservada através de um efetivo **trabalho de memória**, permeado pelo **trabalho de luto** e por um efetivo **espírito de perdão**. Só assim o esquecimento pode vir à tona de forma legítima, depois de ter sido trabalhada a memória e referida de forma não ressentida, mas, sim, apaziguada, sem cólera.

A vivência prática desse processo não é simples, porém certas tentativas tiveram grande relevância, como a da África do Sul após o regime do *apartheid*. A Comissão de Verdade e Reconciliação foi almejada pelo então presidente Nelson Mandela e presidida pela figura do bispo Desmond Tutu, tendo sido deliberada entre os anos de 1996 e 1998. O relatório entregue por essa comissão, em outubro de 1998, constituiu-se de cinco volumes e teve como proposta coletar testemunhos, consolar ofendidos, indenizar vítimas do regime e anistiar quem confessasse ter cometido crimes políticos. O propósito, diferentemente do de tribunais como os de Nuremberg e Tóquio[2] (em que efetivamente os vencedores da Segunda Guerra Mundial comandaram os julgamentos e aplicaram penas severas aos acusados alemães e japoneses), era compreender, e não vingar. A experiência proposta era a de troca e depuração de um passado violento. Não se previa a anistia, tampouco a imunidade coletiva. Mais que o perdão, visava-se à reconciliação em sua dimensão explicitamente política. Os atos de dizer, narrar e trabalhar as experiências se constituíram em verdadeiros trabalhos públicos da memória e do luto, oferecendo um espaço para uma catarse coletiva. Famílias e indivíduos puderam expor sua dor, seus ódios e sofrimentos diante de ofensores e testemunhas. A reparação moral e política e o efeito terapêutico se fizeram presentes para as vítimas. No entanto, é difícil ponderar o quanto o perdão efetivo foi consolidado, tendo em vista que, além dos que acabaram por renunciar à cólera e purificar a memória (em um processo, muitas vezes, ligado a uma consciência religiosa, meditativa ou de sabedoria ancestral por determinados sujeitos), houve os que recusaram as desculpas por parte de quem ofendeu seus próximos ou comemoraram quando a anistia foi negada aos que os haviam enlutado (Ricoeur, 2007).

Todavia, o esquecimento legítimo também é útil. Ricoeur (2007) destaca até que ponto esse processo pode ser uma maneira para viver melhor o presente. O autor, aliás, faz críticas à "febre de comemorações" que surgiu na França do final do século XX e início do XXI, argumentando que a volta ao passado pode se constituir como uma

---

[2] *Os tribunais militares de Nuremberg e Tóquio foram realizados entre os anos de 1945 e 1946 pelas potências aliadas, vencedoras da Segunda Guerra Mundial, para julgar os crimes cometidos pelos alemães nazistas e seus aliados japoneses durante o conflito.*

justificativa para não se pensar nos problemas do presente. Para um governo, é muito mais fácil fazer as pazes com o passado do que enfrentar os problemas atuais. Portanto, como aponta Candau (2012, p. 127), nem sempre o esquecimento é "uma fragilidade da memória, um fracasso da restituição do passado". Lembrando Lucien Febvre, o antropólogo ressalta a ideia de que o esquecimento pode ser indispensável para que grupos e sociedades que desejam viver no presente não se deixem esmagar pelo peso de fatos herdados.

Precisamos considerar também que nem sempre o silêncio e a negação de um passado significam esquecimento. Há coisas que resistem a ele. Como já mencionamos, a amnésia nunca é definitiva ou absoluta. Lembranças esquecidas podem permanecer em reserva, tais como as geradas pelos ressentimentos, que, ao virem à tona, podem assolar a identidade de um sujeito (Candau, 2012). O retorno de uma memória pode nos consumir e trazer consequências ainda mais severas quando ela é manipulada consciente ou inconscientemente (como no caso da memória de ressentimentos e do despontar de ódios que levam a conflitos – sendo o exemplo mais evidente, do qual já tratamos, a ascensão do nazismo e de sua propaganda em torno da memória do período posterior à Primeira Guerra).

O não dito, o silenciado, pode sobreviver por anos e até séculos. A vivacidade de lembranças individuais e de alguns grupos pode se opor até às mais legitimadas memórias coletivas e se manifestar na família, bem como em diversas redes de sociabilidade política e/ou afetiva. Perceba como o estudioso Pollak (1989, p. 8) exprime essa questão por meio dos seguintes exemplos:

> *Essas lembranças proibidas (caso dos crimes stalinistas), indizíveis (caso dos deportados) ou vergonhosas (caso dos recrutados à força) são zelosamente guardadas em estruturas de comunicação informais e passam despercebidas pela sociedade englobante.*

> *Por conseguinte, existem nas lembranças de uns e de outros zonas de sombra, silêncios, "não ditos". As fronteiras desses silêncios e "não ditos" com o esquecimento definitivo e o reprimido inconsciente não são evidentemente estanques e estão em perpétuo deslocamento.*

Pollak (1989, p. 8) ressalta, ainda, que "essa tipologia de discursos, de silêncios, e também de alusões e metáforas, é moldada pela angústia de não encontrar uma escuta, de ser punido pelo que diz, ou, ao menos, exposto a mal-entendidos". Discursos interior e exterior se confrontam, em um contexto em que há "o compromisso do não dito entre aquilo que o sujeito confessa a si mesmo e aquilo que ele pode transmitir ao exterior" (Olievenstein, citado por Pollak, 1989, p. 8). Assim, uma fronteira é traçada entre as memórias coletivas subterrâneas da sociedade civil dominada, ou de grupos específicos, e uma memória coletiva institucionalizada, a qual resume a imagem que o Estado ou a parte dominante da sociedade querem passar e impor. Precisamos reconhecer as conjunturas favoráveis e desfavoráveis às memórias marginais, buscando perceber até que ponto o presente embeleza o passado. Coloca-se para nós o desafio de averiguar quando as memórias clandestinas conseguem chegar ao espaço público, bem como de que forma e em que condições elas são transmitidas.

Ainda, devemos voltar a atenção aos casos em que o esquecimento é definitivo, essencialmente pelo que Ricoeur (2007) chamou de *apagamento de rastros*. O rastro, como observa Jeanne Gagnebin (2006), inscreve a lembrança de uma presença que não existe mais e que sempre corre o risco de ser apagada definitivamente:

> *Por que a reflexão sobre a memória utiliza tão frequentemente a imagem – o conceito – de rastro? Porque a memória vive essa tensão entre a presença e a ausência, presença do presente que se lembra do passado desaparecido, mas também presença do passado desaparecido que faz sua irrupção em*

um presente evanescente. Riqueza da memória, certamente, mas também fragilidade da memória e do rastro. (Gagnebin, 2006, p. 44)

Para esclarecermos mais essa questão, vamos considerar a ideia de "solução final" (*endlösung*) em relação as judeus na Alemanha, por meio da qual os alemães pretendiam eliminar toda uma face da história e da memória. Inúmeros documentos e provas (incluindo corpos) do genocídio judeu foram queimados para impedir que fossem descobertos e posteriormente lembrados. Nesse sentido, a historiadora brasileira Sandra Pesavento (2006b) analisou quando o esquecimento é possível de ser evitado (mediante o trabalho com os rastros do passado) e quando ele é tornado definitivo (por meio da destruição dos rastros). Para isso, a estudiosa utilizou exemplos como a reconstrução de Berlim e a conversão das ruínas de uma catedral em memorial da Segunda Guerra Mundial – cumprindo a missão primordial de lembrar para não esquecer.

Outro exemplo empregado pela autora se refere às destruições ocorridas em Bagdá à época da Guerra do Iraque, em 2003. Os danos aos registros do passado, como construções e monumentos mesopotâmicos, o saque ao Museu Nacional de Antiguidades e o incêndio da Biblioteca Nacional, resultaram num ataque frontal à memória coletiva e aos laços identitários que unem um povo, além de causarem massivo dano cultural a toda a humanidade. A perda dos rastros torna impossível também a própria escrita da história, pois se perdem as fontes, instrumentos fundamentais do trabalho do historiador.

Lutando sempre pela preservação dos rastros, o historiador precisa também combater o esquecimento e a denegação. Em suma, ele precisa combater as mentiras e as manipulações do passado, mas também não deve cair em uma definição dogmática sobre a verdade (Gagnebin, 2006). Ao historiador cabe executar um papel essencial no processo de resistência aos silenciamentos, ocultamentos e esquecimentos.

Ele tem a tarefa oficial de "lembrar às pessoas o que elas gostariam de ter esquecido" (Burke, 2000, p. 89). Portanto, a transmissão historiadora, inerente à atividade do historiador profissional e diferente da transmissão memorial (que visa fundar o passado, instaurá-lo perante todos), deve buscar revelar as formas do passado, como ele foi apresentado e modelado por diferentes meios e de diversas formas. Seu objetivo é esclarecer aspectos do passado da forma mais ampla o possível (Candau, 2012).

A lembrança pura, ou o simples resgate do passado, não é o essencial. Trazendo as contribuições de Theodor Adorno, Gagnebin (2006) pondera que mais importante é o sentido de **luta contra o esquecimento**. Não devemos simplesmente lembrar os horrores de Auschwitz, instituir datas solenes, criar memoriais etc. É preciso que a lembrança seja um **esclarecimento racional**, isto é, que não sirva para ocultar outras questões do presente ou dar margem a novas manipulações. A luta contra o esquecimento envolve a questão de que não só a tendência ao esquecimento é forte, como também, muitas vezes, há o desejo de esquecer. Há várias formas de esquecimento, como já definimos com relação ao esquecimento necessário, por exemplo, mas igualmente há outras duvidosas: o esquecimento por não saber ou não querer saber; por saber, mas não querer saber; por fazer de conta que não se sabe etc. Por mais que o passado possa pesar, há formas de trabalhá-lo e de trabalhar seu luto, que é necessário.

Assim, o historiador tem a função política e ética de lutar contra o esquecimento para evitar as repetições dos horrores e analisar as questões da memória da maneira mais ampla possível, realizando um trabalho de luto que ajuda a "enterrar os mortos e cavar um túmulo para aqueles que dele foram privados" (Gagnebin, 2006, p. 47). Esse trabalho de luto, como afirma Gagnebin, deve ajudar a nós, vivos, a viver melhor e mais verdadeiramente o presente, o hoje.

(3.4)
Lugares de memória

Já mostrarmos que a memória se constitui como uma forma de retenção do passado, que impede o esquecimento e a perda. Mas ela não se reduz simplesmente ao ato de recordar. O acesso às memórias pode ser feito de várias maneiras – por meio de imagens, textos, objetos, pessoas – e também em múltiplos lugares – os chamados *lugares de memória*.

Mas o que são lugares de memória? Segundo Nora (1993), são os espaços que guardam os vestígios das ações passadas, que imortalizam o tempo e impedem o esquecimento. São lugares em que a memória trabalha e que, na maioria das vezes, são criados de maneira intencional, tais como museus, arquivos, festas, coleções, cemitérios, tratados, monumentos, santuários e associações. São os marcos testemunhais de uma outra era, de ilusões de eternidade.

> *Os lugares de memória nascem e vivem do sentimento que não há memória espontânea, que é preciso criar arquivos, que é preciso manter aniversários, organizar comemorações, pronunciar elogios fúnebres, notariar atas, porque essas operações não são naturais. [...] momentos de história arrancados do movimento da história, mas que lhe são devolvidos.* (Nora, 1993, p. 13)

Os lugares de memória não são produtos do mero acaso, mas são criados com objetivos que podem ser claros ou não. Em muitas ocasiões, esses lugares estão associados à criação de identidades, sejam elas nacionais, regionais, comunitárias, familiares, civis ou religiosas. A memória é a base construtora das identidades, tanto individuais como coletivas. Portanto, é um elemento de autorreconhecimento de uma pessoa dentro de uma comunidade – um Estado, uma nação, um grupo de convívio ou mesmo a família. O reconhecimento e a partilha de uma memória comum garantem coesão social e reconhecem o sujeito como pertencente àquele grupo. Nesse sentido, os lugares de memória são importantes para a constituição das identidades coletivas, para o reconhecimento do eu nos grupos de pertencimento, bem como para a sinalização da diferença em relação ao outro.

Paul Ricouer, ao analisar a gênese do conceito de lugares de memória de Nora, destaca que a memória se relaciona sobretudo com a emergência da paixão pelas comemorações. Por que na contemporaneidade se fala tanto em memória, em comemorar? Ricouer (2007), analisando a obra de Nora, comenta que esse processo ocorre a partir da definição de três temas: ruptura, perda e emergência de um fenômeno novo. A **ruptura** se liga à ideia de que a memória é sempre um fenômeno atual, enquanto a história é uma representação do passado; a **perda** diz respeito ao fato de que, em linhas gerais, só se fala de memória quando ela não existe mais. Nesse sentido, a proliferação de comemorações implica a necessidade de lembrar constantemente aquilo que o tempo insiste em querer apagar; por fim, o **fenômeno novo** mencionado por Ricouer refere-se à apropriação da memória pela história.

Como se dá esse processo? A proliferação de arquivos, memoriais, símbolos, datas e momentos de tempo são a chave para a compreensão desse fenômeno.

Segundo Nora (1993, p. 21), os lugares de memória pertencem a dois domínios que os tornam interessantes, mas também complexos: os lugares de aparência puramente material e aqueles simbólicos. Nessa direção, podemos pensar em vários exemplos: lugares físicos como obeliscos, praças ou túmulos são referências que lembram eventos, pessoas e práticas do passado e que de alguma forma se materializaram. Além disso, cidades inteiras, como Roma e Jerusalém, apresentam lugares de memória de diferentes épocas, mas também podem representar espaços que não necessariamente contêm monumentos. O local em que ocorreu a explosão nuclear em Hiroshima, por exemplo, é um lugar de memória, e ainda sofre as consequências da explosão da bomba atômica.

Alguns exemplos são emblemáticos para representar toda uma nação ou uma época, a exemplo do memorial de Auschwitz – como bem observado por Jürgen Habermas (2001), trata-se de um lugar de memória que se impõe a toda a Alemanha. Pensando nesse mesmo país, lembremos o caso do Muro de Berlim, que não só se transformou em um lugar de memória da divisão da Alemanha nos anos da Guerra Fria, mas também representou a bipolarização do mundo naquele contexto histórico.

Ainda nessa categoria definida por Nora dos lugares de memória materiais, há vários outros exemplos que não dizem respeito a monumentos ou espaços físicos de um bairro, uma cidade ou uma nação. Trata-se de objetos ou textos escritos que se constituem como lugares de memória. Um testamento, por exemplo, é o lugar de memória de quem o escreveu e que, além de bens materiais, pode expressar sentimentos e desejos em relação ao futuro e às pessoas. Um manual de aula condensa as memórias de um determinado tempo, de um tipo de pedagogia, de um método de ensino. Um caderno de receitas é um lugar de memórias de práticas alimentares e de saberes culinários que explicita a forma como estes eram transmitidos. Portanto, os lugares de memória materiais dizem respeito a eventos do passado, ao que se quis preservar, e influenciam a maneira pela qual tais eventos são rememorados no presente.

Mas há outros lugares de memória que não são objetos, tampouco se constituem em espaços físicos, porém são, da mesma forma, importantes no processo de construção da memória. Um minuto de silêncio, por exemplo, é um lugar de memória simbólico, pois caracteriza um acontecimento ou uma experiência vivida por pessoas que muitas vezes não participaram daquele evento. Na mesma direção, também são consideradas lugares de memória as associações humanas que não necessariamente produzem documentos, mas que se reúnem para rememorar determinados eventos, como as associações de ex-combatentes ou os grupos que buscam notícias de desaparecidos em conflitos ou ditaduras. Tais ações procuram manter viva a imagem de pessoas e lugares, evitar a perda e o desaparecimento de suas memórias. Para que haja lugares de memória, torna-se necessário haver uma vontade de memória; caso contrário, serão lugares de história. "Basta que falte essa intenção de memória para que os lugares de memória sejam lugares de história" (Nora, citado por Ricouer, 2007, p. 416).

A função de um lugar de memória, conforme Nora (1993), é parar o tempo, bloquear o esquecimento, materializar o imaterial, imortalizar a morte. Nesse sentido, vamos analisar brevemente a Declaração dos Direitos do Homem e do Cidadão[3]. Trata-se de um documento que representa mais que um lugar de memória: foi um fundador de memória, pois a partir dele vários outros lugares de memória foram erigidos. Assim, um determinado lugar de memória pode ser gerador de inúmeras outros lugares.

Para Nora (1993), dois domínios merecem destaque: os acontecimentos e os livros de história. Eles condensam os lugares físicos e simbólicos da memória. Segundo o autor, toda grande obra histórica e todo acontecimento são lugares de memória, pois eles fixam a memória e alimentam a história. "A memória pendura-se em lugares,

---

[3] *A Declaração dos Direitos do Homem e do Cidadão foi um documento elaborado pelos representantes do Terceiro Estado francês (estrato social composto por burgueses, profissionais liberais, comerciantes e trabalhadores em geral) durante o início da Revolução Francesa. Aprovado em 26 de agosto de 1789, esse documento expressava vários ideais iluministas e que norteariam a nova situação social e política da França, tais como: igualdade jurídica, direito à liberdade pessoal, direito à propriedade e direito à resistência à tirania.*

como a história em acontecimentos" (Nora, 1993, p. 25). Nesse sentido, Nora e Le Goff recorrem à Revolução Francesa para pensar como esse acontecimento alterou profundamente a memória e a história da França e, na sequência, como se tornou um lugar de memória – já que é impossível falar da história ocidental contemporânea sem falar desse evento.

Transpondo essa dinâmica para a história do Brasil, podemos pensar o caso da Inconfidência Mineira: os usos da história e os lugares de memória. A forma como esse evento foi representado nos livros de história variou muito: de condenação, sedição e repressão da Coroa portuguesa (como é descrito na obra do Dr. Macedinho, historiador da monarquia, analisada por Ciro Flávio de Castro Bandeira de Melo) passou à exaltação, especialmente quando ocorreu a construção do mito de Tiradentes após a Proclamação da República, em 1889.

José Murilo de Carvalho destaca como a figura de Tiradentes foi apropriada pela República porque encontrava ressonância na memória e na identificação popular:

> *Na figura de Tiradentes todos podiam identificar-se, ele operava a unidade mística dos cidadãos, o sentimento de participação, de união em torno de um ideal, fosse ele a liberdade, a independência ou a república. Era o totem cívico. Não antagonizava ninguém, não dividia as pessoas e as classes sociais, não dividia o país, não separava o presente do futuro. Pelo contrário, ligava a república à independência e a projetava para o ideal de crescente liberdade futura.* (Carvalho, 1990, p. 68)

Como nesse momento predominava o positivismo como modelo para a escrita da história, Tiradentes foi envolvido em uma aura de mártir, de herói da nação. O ensino de História, veiculado por professores formados no modelo positivista e pensado como instrumento para construir ideais civistas e nacionalistas, contribuiu para enraizar uma outra memória sobre esse personagem histórico.

Assim, podemos perceber que a construção das memórias de eventos ocorre de diferentes formas ao longo do tempo, levando-se em consideração variados interesses – como no caso analisado, especialmente políticos. Na mesma direção, podemos pensar como esse evento foi construído como um momento singular da história do Brasil e de que forma ocorreu a ereção de seus lugares de memória. Inicialmente, o poste onde foi exposta a cabeça de Tiradentes afixado na praça central da cidade de Ouro Preto foi ali erigido para marcar a gravidade do crime de lesa-majestade, como ato de ignomínia que deveria ser lembrado para que não se repetisse. O local de execução deveria também ser lembrado como marca de uma infâmia, de um crime gravíssimo e de uma punição exemplar. No entanto, com a Proclamação da República, em 1889, foram sendo construídas figuras de heróis nacionais. Tiradentes foi elevado à categoria de herói da nação. De símbolo da sedição e da rebeldia foi alçado à categoria de precursor do movimento pela libertação do domínio colonial. Assim, os mesmos lugares que inicialmente serviram para marcar uma memória da infâmia, em outro momento, foram positivados e transformaram-se em símbolos da luta pela independência.

Nos anos de 1930, momento no qual se buscava reforçar a identidade nacional como projeto político, os lugares de memória da Inconfidência Mineira receberam novo impulso na direção de positivar o evento. O então presidente da República, Getúlio Vargas, mandou construir o Panteão dos Inconfidentes na cidade de Ouro Preto e determinou que os restos mortais dos inconfidentes, degredados para a África, fossem repatriados e depositados em Ouro Preto, em um culto cívico nacional. Em 21 de abril de 1942, quando se comemoraram os 150 anos da decretação da sentença condenatória dos inconfidentes, foi inaugurado o Museu da Inconfidência, com a instalação do Panteão, contendo 14 lápides funerárias, sendo 13 ocupadas pelas ossadas dos inconfidentes repatriadas do continente africano e uma vazia, dedicada aos participantes do movimento cujos corpos não foram localizados.

No período do regime militar brasileiro (1964-1985), um outro impulso foi dado à canonização da figura de Tiradentes como herói nacional. A data de sua morte foi transformada em feriado nacional. Retomando o que Nora escreveu: "os lugares de memória não são apenas topográficos, mas também momentos e resíduos que criam uma identificação coletiva" (Nora, citado por Ricouer, 2007, p. 417-418).

Os lugares de memória não necessariamente se referem apenas aos locais do evento. Eles podem ser deslocados para diferentes espaços. Considerando-se o caso da figura de Tiradentes, diversas cidades possuem escolas, praças com o respectivo busto, avenidas importantes, ruas, entre outros logradouros públicos com esse nome. Da mesma maneira, a figura de Getúlio Vargas dá nome a inúmeras instituições públicas e endereços. Outro exemplo é o evento da Proclamação da República. Em quantas cidades a avenida principal e central não se chama *XV de Novembro*? Tais lugares têm como função fixar uma determinada memória e internalizá-la nos cidadãos, mantendo-a sempre viva e impedindo-a de ser esquecida.

Os manuais de história e os eventos históricos são exemplos interessantes que evidenciam como se constituíram os lugares de memória e os significados que lhes foram atribuídos ao longo do tempo. Esses lugares podem servir para diversas ações: construir, desconstruir ou recriar identidades coletivas; evocar e/ou reavivar lembranças; registrar uma dívida em relação ao passado; criar signos de pertencimento; perpetuar tradições; marcar diferenças.

Mas como ocorre o processo de seleção de memórias, que muitas vezes se materializam em lugares, e de que forma se estabelecem seus usos ao longo do tempo? Considerando o caso brasileiro, apresentaremos a seguir algumas considerações sobre como são construídas as políticas de memória, o que é lembrado e o que é esquecido e como esse processo acontece.

(3.5)
Políticas de memória

Vivemos sob o império da memória, incluindo seu correlato esquecimento, como já discutimos. No texto que encerra a terceira série dos lugares de memória, Nora (citado por Ricouer, 2007) destaca que nos últimos tempos a humanidade tem vivenciado uma espécie de "obsessão comemorativa", a que também já nos referimos. A título de exemplo, no ano de 2017, ocorreram comemorações aos 500 anos da Reforma Protestante, bem como aos centenários da Revolução Russa e da aparição de Nossa Senhora de Fátima em Portugal. Também tivemos celebrações bastante significativas nos últimos anos: cem anos do fim da Guerra do Contestado, em 2016; 50 anos do golpe militar, em 2014; nesse mesmo ano, o centenário do início da Primeira Guerra Mundial. A comemoração, portanto, é uma cerimônia destinada a trazer de volta a lembrança de um evento ou de uma pessoa importante, numa ideia de continuidade, de ligação do passado com a atualidade fundada sobre a memória. Comemorar, portanto, é lembrar, mas, ao mesmo tempo, implica esquecer.

Já sabemos que o que deve ser lembrado ou esquecido está ligado inevitavelmente às relações de poder. Mas quem determina o que se deve lembrar e o que se precisa esquecer? Vamos analisar o caso das comemorações do ano 2000 relativas aos 500 anos do

Descobrimento do Brasil. Quem encabeçou as comemorações foi, especialmente, o Estado, mas, na prática, quem acabou assumindo a tarefa de divulgar o evento foi a imprensa televisiva, sobretudo emissoras como a Rede Globo. Que tipo de memória foi buscada quando ocorreram essas comemorações? Que leituras foram feitas do ato do descobrimento? Conforme destaca Jacy Alves de Seixas (2004, p. 42), "A memória é ativada visando, de alguma forma, ao controle do passado (e portanto, do presente)". Memória, passado, presente e futuro se entrelaçam. Portanto, o tipo de memória que foi construída do Brasil nos seus 500 anos de existência naquele momento se relacionava às expectativas de futuro para o país.

A afirmação de que o Brasil é um país sem memória se tornou comum. Entretanto, ao examinarmos mais de perto essa questão, percebemos que existem projetos diferenciados que pretendem instituir um determinado tipo de memória (pública), feito de seleções do que deve ser lembrado e daquilo que deve ser esquecido. As comemorações, muitas vezes, mostram isso. Comumente, há um **enquadramento da memória** (para retomarmos a expressão definida por Michael Pollak) – sobretudo da memória pública – que fica mais evidente nas datas comemorativas. As memórias conflitantes, divididas, cedem lugar a memórias homogeneizantes, como podemos perceber, por exemplo, mediante uma análise sobre as comemorações do aniversário de cinco séculos do Brasil. Buscou-se um enquadramento da memória do país e uma representação de passado que não levou em conta as contradições do próprio processo de construção dessa memória, tampouco a exclusão de grupos tidos como sem memória (tais como indígenas, sem-terra, trabalhadores, caboclos, sertanejos e quilombolas).

A construção de uma memória compartilhada está na base da função política da memória ou daquilo que se denomina atualmente *políticas de memória*. Na busca por uma coesão do passado, o Estado e as instituições públicas aparecem como grandes agentes catalisadores da memória coletiva. Entramos novamente no conceito de *devoir de mémoire* (dever de memória), tal como pensado por autores como os franceses Olivier Lalieu e Paul Ricoeur, entre outros, cuja expressão "remete à ideia de que memórias de sofrimento e de opressão geram obrigações por parte do Estado e da sociedade em relação às comunidades portadoras dessas memórias" (Heymann, 2006, p. 4).

Para nos aprofundarmos na questão, podemos perceber o quanto o dever de memória tem sua expressão mais original nos processos de tomada de consciência referentes ao genocídio judeu, como no caso da Alemanha, com a construção de vários memoriais em locais onde funcionaram campos de concentração e extermínio, a exemplo de Auschwitz-Birkenau e Dachau. Tornar conhecida a experiência de milhares de pessoas vítimas de sistemas políticos autoritários apresenta-se como uma forma de reparação de sofrimentos aos quais foram submetidos sujeitos e grupos no passado, além de consistir numa forma de manter viva essa memória como um dever educativo para as gerações futuras. Aliás, os memoriais, especialmente aqueles destinados às vítimas de grandes tragédias do passado, anunciam comumente a missão e o dever social de lembrar aquilo que os outros querem esquecer, ou seja, a memória assume a instância de obstáculo à ocultação e à resistência.

Ricouer observa que a proliferação do dever de memória ocorre principalmente em relação à chamada *história do tempo presente*, como uma forma de exorcismo do passado (Ricouer, 2007). Assim, um dos exemplos mais significativos de políticas de memória é a França, que, aliás, tornou-se modelo para outros países. Amplos debates se instauraram nos meios públicos, especialmente nos anos de 1990 e 2000, a respeito da dívida do Estado e da sociedade em relação aos crimes do passado. Em 1990, foi instaurada a Lei Gayssot, que em seu art. 9º considera delito com previsão de sanções penais a negação da existência dos chamados *crimes contra a humanidade* (Heymann, 2006). Entre os anos de 2001 e 2005, outras leis memoriais foram elaboradas no país: em 2001, foi criada uma lei que reconheceu politicamente o genocídio dos armênios na Turquia; no mesmo ano, outra reconheceu o tráfico de africanos e a escravidão como crime contra a humanidade; em 2005, a elaboração de outra lei conferiu "reconhecimento da nação aos franceses repatriados após as guerras de independência" (Heymann, 2006, p. 8). Tais leis reacenderam os debates em torno do direito de memória dos grupos vítimas desses processos, bem como do papel dos historiadores nessa discussão.

A quem cabem as questões relativas ao passado? Aos legisladores ou aos historiadores? Os debates em torno daqueles aspectos favoráveis e contrários às leis memoriais trazem à tona também a clássica oposição entre história e memória. Os historiadores pretendem assumir para si um direito exclusivo sobre a verdade histórica e questionam o papel do Estado, alertando para os riscos de se impor uma história oficial. Já os grupos que defendem o direito à memória, os quais muitas vezes estão fora dos muros da academia, buscam o reconhecimento de identidades e reparações morais e simbólicas.

No caso brasileiro, os debates em torno da memória sobre a ditadura militar têm sido bastante acalorados, principalmente por conta da busca por verdade e justiça em relação às vítimas que foram sujeitas a prisões, exílios, sequestros, torturas, desaparecimentos e mortes. Mas, tendo em vista esse contexto, que tipo de memória tem imperado sobre a ditadura e como foi produzida? Existem memórias subterrâneas ou memórias em disputa? Qual é o papel do historiador nesse processo? Vamos considerar brevemente algumas análises historiográficas mais recentes sobre o tema.

Segundo o historiador Marcos Napolitano (2017), a memória hegemônica sobre a ditadura começou a ser elaborada ainda no final da década de 1970, no âmbito do processo de distensão e abertura política, em um momento em que o país passava por graves problemas econômicos e em que a ditadura sofria críticas de todos os lados. Para o autor, tal memória hegemônica se formou a partir de um improvável amálgama que reuniu elementos do liberalismo dissidente e das culturas de esquerda. Os primeiros buscavam eximir-se das responsabilidades históricas de apoio ao golpe de 1964 que instituiu um regime autoritário e violento; já os integrantes das culturas de esquerda buscaram espaços para fazer denúncias e deslegitimar a ditadura (Napolitano, 2017).

Portanto, de vitoriosos em 1964, com o discurso de que estariam salvando o país da ameaça comunista, os militares, após 20 anos no poder, terminaram com sua imagem desgastada. Entretanto, apesar da vitória da crítica ao regime autoritário no plano da memória, construiu-se o discurso de que os grandes responsáveis pela derrocada da democracia foram os radicalismos, tanto à direita como à esquerda: "A condenação das ações, tanto da linha dura como da guerrilha, por vias e motivos diferentes, é o cerne dessa memória que pretendia reconciliar o Brasil pós-anistia. O preço a pagar era o perdão e o esquecimento" (Napolitano, 2017, p. 318).

Em um contexto, no plano internacional, de crise do socialismo e triunfo do modelo neoliberal e, no plano interno, de uma transição política tutelada pelos militares, a construção da memória sobre a ditadura, não obstante a influência da cultura de esquerda, foi majoritariamente influenciada pela memória liberal. Tal memória teve posicionamentos ambíguos em relação tanto aos militares como aos opositores. Buscou-se um processo de transição sem grandes fraturas, uma transição negociada sem vitoriosos ou perdedores. Para Napolitano (2017, p. 319), *a memória hegemônica foi bem sucedida em seus objetivos estratégicos. Ou seja, propiciar o aplacamento das diferenças ideológicas e o apagamento dos traumas gerados pela violência política, propiciando a reconstrução de um espaço político conciliatório e moderado, sob a hegemonia liberal. A lei da Anistia foi seu batismo institucional.*

A Lei n. 6.683, de 28 de agosto de 1979 (Brasil, 1979) – a Lei da Anistia –, é apontada por juristas, historiadores, cientistas políticos e sociólogos, entre outros pesquisadores e analistas, como um ponto sensível na construção do processo de transição política e na dinâmica da memória sobre o período da repressão. A luta pela anistia, com grande destaque para os movimentos sociais e a imprensa alternativa, sem dúvidas, teve papel importante para a derrocada da ditadura. Contudo, a lei aprovada em 1979 não foi aquela almejada pelos setores mais combativos da sociedade, configurando-se como parcial e restrita. A anistia permitiu a liberdade de centenas de presos políticos e o retorno de exilados, mas excetuou os condenados pela prática de "terrorismo, assalto, sequestro e atentado pessoal" (Brasil, 1979, art. 1º, § 2º). Por outro lado, sob o argumento da reatividade criminal, ela beneficiou agentes públicos envolvidos em ações repressivas (Brasil, 2014a).

Atribui-se a criação dessa lei, feita pelos próprios militares, a uma tentativa de impor um véu sobre a repressão e mais beneficiar a si mesmos do que fazer justiça ou apaziguar a sociedade. Para Marcio Séligmann-Silva (2007),

> *Sua intenção naquele momento, no entanto, não era a de realizar a justiça [...]. Antes, os donos do poder pretenderam então, diante da inexorável derrocada do regime e do avanço das forças democráticas – que teria como correlato imediato a volta dos exilados e a libertação dos prisioneiros políticos – decretar, de antemão, a sua própria impunidade.*

Apesar do retorno dos exilados, a lei não versou, por exemplo, sobre aqueles que estavam desaparecidos – aliás, essa é uma ferida que permanece em aberto. Pelo seu caráter parcial, a anistia foi tema de novos debates, tanto que, nos anos de 1985, 1988, 1992, 1995, 2001 e 2002, novas leis complementares foram promulgadas (Rodeghero; Dienstmann; Trindade, 2011). Portanto, a discussão em torno dos temas **justiça**, **memória** e **reparação** têm marcado os debates a respeito da repressão desde pelo menos os anos de 1980. Mas por que essa discussão tem sido tão lenta e controversa no processo de transição política no Brasil?

O historiador Carlos Fico (2013), ao comparar a ditadura militar brasileira com a argentina, sugere que, no caso brasileiro, a transição foi um processo de conciliação entre as elites políticas, marcado pelo silêncio e por uma tentativa de esquecimento. Assim, enquanto na Argentina o trauma diante da brutal violência marcou a transição política com a instalação de comissões da verdade e de punição aos perpetradores já a partir do fim da ditadura, no Brasil "os traços fundamentais da transição são a impunidade e a frustração causadas pela ausência de julgamentos dos militares e de ruptura com o passado que tornaram o processo inconcluso em função da conciliabilidade das elites políticas" (Fico, 2013, p. 248).

O historiador Marcos Napolitano também enfatiza que os militares optaram pelo silêncio, justamente como uma forma de esquecimento, de ocultação dos crimes praticados pela ditadura e para evitar a cisão social. Aliás, nas chamadas "verdades oficiais", a tortura, os desaparecimentos e as mortes nunca foram assumidos pelos militares. Ao contrário, sempre foram negadas. A expressão *excesso de energia policial* é a que tem sido comumente usada para fazer referência à justificativa para os crimes praticados pelos organismos de repressão. Tanto que, ainda hoje, há dificuldades por parte das Forças Armadas em se pronunciar oficialmente sobre o período da ditadura, especialmente no que toca às mortes e aos desaparecimentos. Prova maior disso são as dificuldades em acessar os arquivos da instituição (Napolitano, 2017).

Apesar das tentativas de silenciamento do passado repressivo por parte dos setores militares sob a justificativa de que a Lei da Anistia foi mútua (para ambos os lados), desde o processo de redemocratização emergiram diversos movimentos que buscaram exigir do Estado a apuração dos crimes e o julgamento de seus perpetradores. Para além da memória oficial, várias **memórias subterrâneas** emergiram e procuraram trazer as "vozes do porão", silenciadas, que tinham sido relegadas ao esquecimento. Nesse sentido, uma das primeiras iniciativas foi o projeto Brasil Nunca Mais, conduzido pela Arquidiocese de São Paulo e pelo Conselho Mundial de Igrejas, sob a coordenação do cardeal D. Paulo Evaristo Arns e do reverendo Paulo Wright.

Esse projeto foi considerado a maior iniciativa da sociedade civil para a denúncia das graves violações de direitos humanos praticadas durante a ditadura militar e tornou-se obra de referência nos debates sobre o papel das organizações não governamentais na agenda da Justiça de transição. Publicado em 1985, o projeto reuniu uma documentação imensa, retirada clandestinamente dos arquivos do Supremo Tribunal Militar, a qual trouxe à tona as diversas práticas de violência conduzidas pelo regime. Ao dar voz aos testemunhos dos torturados, a obra escandalizou a sociedade brasileira ao denunciar os crimes contra os direitos humanos praticados durante a repressão, tendo repercussão internacional. Aliás, os movimentos em prol dos direitos humanos foram significativos para exigir do Estado respostas aos crimes cometidos durante a ditadura.

Apesar dos esforços, somente no ano de 1995, durante o governo de Fernando Henrique Cardoso, é que foi criada a Lei n. 9.140, de 4 de dezembro de 1995 (Brasil, 1995), que responsabilizou o Estado pelas graves violações dos direitos humanos durante a ditadura militar. A lei, que oficialmente reconheceu os desaparecidos como mortos, instituiu a Comissão Especial sobre Mortos e Desaparecidos Políticos (CEMDP). Em 2007, no Governo Lula, a CEMDP lançou o livro *Direito à memória e à verdade: Comissão Especial sobre Mortos e Desaparecidos Políticos*, que reúne os resultados dos trabalhos e das investigações realizadas. Segundo Napolitano (2017), esse caso talvez possa se aproximar muito da referida memória hegemônica, pois foi um projeto conduzido pelo Estado, do qual participaram representantes dos militares que frequentemente discordavam das "revisões do passado".

Movimentos populares (de gerações que viveram durante a ditadura ou que nasceram nesse contexto), além de ações jurídicas individuais ou coletivas de vítimas da repressão do Estado, também se somaram a esse processo, com o objetivo de pressionar as autoridades para que promovessem uma investigação profunda de modo a apurar os crimes que ficaram sem julgamento. Entre esses grupos, podemos destacar o Levante Popular da Juventude, composto principalmente por jovens, em especial estudantes universitários, cuja atuação é voltada para a luta de massas em defesa da transformação social. Esse grupo busca divulgar à sociedade brasileira os crimes cometidos durante o regime autoritário e fortalecer a reivindicação pela memória desse período. Além disso, a iniciativa tem organizado protestos chamados de *Esculachos* em frente às residências de agentes da repressão. Tal organização se inspirou nas ações do grupo argentino Hijos (Hijos por la Identidad y la Justica contra el Olvido y el Silencio), que é composto por filhos de desaparecidos, assassinados, ex-presos políticos ou exilados pela repressão da ditadura militar argentina (1976-1983) e que defende o direito à memória, à justiça e à verdade, assim como diferentes movimentos sociais e políticos no Brasil (Brito; Ferreira, 2012).

Durante os governos de Luiz Inácio Lula da Silva (2003-2010) e Dilma Rousseff (2011-2016), a memória hegemônica, apontada por Napolitano, começou a sofrer várias fissuras. Ações de diferentes grupos procuraram rever a Lei da Anistia sob a alegação de que ela vinha sendo usada para barrar políticas de verdade e justiça no país. Exemplo disso foi a ação movida pela Ordem dos Advogados do Brasil (OAB), que, em 2008, pediu ao Supremo Tribunal Federal (STF) que excluísse o perdão aos militares da Lei da Anistia de 1979. Entretanto, em 2010, o STF se posicionou contra, alegando não caber ao Judiciário rever o acordo político promovido pelo Legislativo.

Na era dos governos petistas, reacenderam "tensões entre liberais e esquerdistas e, indiretamente, se estimulou certo revisionismo sobre a memória do regime" (Napolitano, 2017, p. 331). Com isso, grupos que lutam pelo direito à memória, à verdade e à justiça conseguiram algumas vitórias no plano institucional. Exemplo disso é o projeto Memórias Reveladas, do governo federal, que mantém um *site* na internet com amplo material sobre os perseguidos políticos. Outro exemplo no plano institucional público é o Memorial da Resistência, mantido pelo governo do Estado de São Paulo. Na mesma direção, o projeto Memorial Pessoas Imprescindíveis, coordenado pela Secretaria de Direitos Humanos da Presidência da República, "pretendeu, por meio da construção de memoriais, recuperar a história recente do país" (Brasil, 2014a, p. 28). Tais iniciativas, em muitos casos recomendadas pelas comissões de verdade, são formas de reparação simbólica àqueles que foram vítimas das perseguições dos regimes ditatoriais.

Na batalha pela memória e na busca pelo direito à verdade e à justiça, estimulada nos referidos governos petistas que tiveram uma ligação histórica com o combate à ditadura, talvez a criação de uma Comissão Nacional da Verdade (CNV) tenha sido o passo mais importante. Criada pela Lei n. 12.528, de 18 de novembro de 2011, o início de suas operações ocorreu apenas em maio de 2012, com o objetivo de apurar os fatos ocorridos entre 1946 e 1988, assegurando o resgate da memória sobre as graves violações dos direitos humanos praticados no Brasil (Brasil, 2014a).

Os trabalhos da CNV, que contaram com a colaboração de diversas pessoas, grupos e instituições (tais como universidades, seções regionais da OAB, entidades de defesa dos direitos humanos, sindicatos, organizações internacionais, arquivos públicos e órgãos da Administração Pública), reuniram amplo material para apurar a responsabilidade do Estado nas graves violações dos direitos humanos praticadas no período estudado. Essas pesquisas reacenderam os debates em torno da memória sobre a ditadura, estimulando revisões especialmente em relação às responsabilidades do Estado e ao direito de reconhecimento das vítimas e de suas lutas naquele contexto. Vozes das Forças Armadas, especialmente de militares da reserva, brandiram contra os trabalhos da CNV, acusando-a de ser revanchista e parcial e de focar apenas as ações dos militares, em detrimento das da esquerda. Tal debate encontra eco nos discursos de setores civis da direita que continuam defendendo a tese do golpe de direita e da repressão como uma reação à luta armada e à tentativa de implantação de uma espécie de ditadura comunista de cunho soviético.

Os resultados dos trabalhos da CNV, publicados em três volumes, reúnem cerca de 3,5 mil páginas de textos com caráter descritivo e analítico. O primeiro volume concentra-se na "descrição dos fatos relativos às graves violações de direitos humanos do período investigado, com especial atenção ao regime ditatorial que se prolongou de 1964 a 1985" (Brasil, 2014a, p. 15); o segundo volume se refere às violações de direitos humanos ocorridas em diferentes segmentos, grupos ou movimentos sociais, civis e militares, bem como à participação de entidades civis no apoio à ditadura (Brasil, 2014b). Já o terceiro volume descreve os perfis de 434 mortos e desaparecidos políticos no período de 1946 a 1988, vítimas do aparato repressivo do Estado (Brasil, 2014c).

Os trabalhos da CNV contribuíram ainda mais para reacender as tensões na reelaboração da memória hegemônica da ditadura, cada vez mais repleta de brechas, que trazem à tona o papel das vítimas. Essas pesquisas também possibilitaram a construção de um projeto de história oficial que busca reconhecer as responsabilidades do Estado. Lembremos que essas atividades se realizaram durante o governo de uma ex-agente da guerrilha, vítima da repressão, pertencente a um partido político que, na sua origem, propôs reescrever a história pela ótica dos excluídos. Com o seu processo de *impeachment*, novas tensões se avolumaram, inclusive sobre o passado.

Assim, as lutas pela memória permanecem em aberto, caracterizadas por combates simbólicos e discursivos. A busca é por reparação, quitação de uma dívida com o passado, inserção dos esquecidos na história, revelação de memórias silenciadas. Conforme escreveu Ricouer (2007, p. 101), apoiado em Aristóteles, "o dever de memória é o dever de fazer justiça, pela lembrança, a um outro que não o si".

> **Saiba mais**
>
> ## Memória e história
>
> Memória, história: longe de serem sinônimos, tomamos consciência que tudo opõe uma à outra. A memória é vida, sempre carregada por grupos vivos e, nesse sentido, ela está em permanente evolução, aberta à dialética da lembrança e do esquecimento, inconsciente de suas deformações sucessivas, vulnerável a todos os usos e manipulações, susceptível de longas latências e de repentinas revitalizações. A história é a reconstrução sempre problemática e incompleta do que não existe mais. A memória é um fenômeno sempre atual, um elo vivido no eterno presente; a história, uma representação do passado. Porque é afetiva e mágica, a memória não se acomoda a detalhes que a confortam; ela se alimenta de lembranças vagas, telescópicas, globais ou flutuantes, particulares ou simbólicas, sensível a todas as transferências, cenas, censura ou projeções. A história, porque operação intelectual e laicizante, demanda análise e discurso crítico. A memória instala a lembrança no sagrado, a história a liberta, e a torna prosaica. A memória emerge de um grupo que ela une, o que quer dizer, como Halbwachs o fez, que há tantas memórias quantos grupos existem; que ela é, por natureza, múltipla e desacelerada, coletiva, plural e individualizada. A história, ao contrário, pertence a todos e a ninguém, o que lhe dá uma vocação para o universal. A memória se enraíza no concreto, no espaço, no gesto, na imagem, no objeto. A história só se liga às continuidades temporais, às evoluções e às relações das coisas. A memória é uma absoluto e a história só conhece o relativo.

Fonte: Nora, 1993, p. 9.

Síntese

Neste capítulo, discutimos como a memória é dinâmica e engloba uma diversidade de ações e mostramos que ela se relaciona a lutas simbólicas e de poder, a projetos, interesses de pessoas ou grupos e a ideologias nacionais, políticas ou religiosas. Portanto, aquilo que é selecionado para ser lembrado ou esquecido depende muito de quais questões estão sendo debatidas no contexto, quais lutas estão sendo travadas, quais são as demandas por reconhecimento etc.

Na sequência, analisamos a forma como as memórias são construídas, significadas, ressignificadas, alteradas, ideologizadas e manipuladas. Demonstramos que essa dinâmica possibilita a existência de memórias concorrentes, subterrâneas, hegemônicas, contra-hegemônicas, bem como dos abusos de memória, dos silêncios e dos esquecimentos. Todos esses elementos são faces de uma mesma moeda e denotam o quanto a memória pode ser complexa, plural e multifacetada.

Seguindo essa linha de análise, pautando-nos em autores como Ricouer, buscamos problematizar os efeitos trazidos pelo ato de lembrar e esquecer, tais como: o dever de memória, a justa memória, os abusos de memória e de esquecimento, o perdão e a anistia. Abordamos os limites da memória e do esquecimento, ou melhor, os direitos de lembrar e esquecer e os desafios e o papel do historiador.

Em seguida, apresentamos os conceitos relacionados aos lugares de memória e suas funções no que toca ao ato de lembrar o passado. Ressaltamos que tais lugares de memória representam material ou simbolicamente pessoas, comunidades, grupos políticos, étnicos ou religiosos, mas também poder, discursos, identidades, reivindicações ou lutas por afirmação.

Finalmente, por meio de alguns exemplos, versamos sobre as políticas de memória no Brasil, procurando descrever como se construíram determinadas memórias hegemônicas e como estas vêm sendo questionadas, alteradas e/ou ressignificadas.

Indicações culturais

Textos

ALTARES, G. A verdade sobre a Resistência Francesa: nem tão ampla e nem tão francesa. **El País**, Madri, 10 out. 2016. Disponível em: <https://brasil.elpais.com/brasil/2016/10/07/cultura/1475858612_013991.html>. Acesso em: 20 jul. 2018.

Vale a pena fazer a leitura da reportagem de Altares a respeito dos esquecimentos da memória oficial francesa após a Segunda Guerra Mundial e sua revisão atual.

BRASIL. **Desfiles de 7 de Setembro são tradição desde o século XIX**. 1 set. 2016. Disponível em: <http://www.brasil.gov.br/governo/2016/09/desfiles-de-7-de-setembro-sao-tradicao-desde-o-seculo-XIX>. Acesso em: 20 jul. 2018.

Acesse o *link* para saber mais sobre a tradição dos desfiles de 7 de setembro no Brasil.

CELIBERTI, L. "Brasil é o caso mais bem sucedido de uma política de não memória", afirma a mulher que sobreviveu à Operação Condor. **Sul 21**, 5 fev. 2017. Entrevista. Disponível em: <http://www.sul21.com.br/jornal/brasil-e-o-caso-mais-bem-sucedido-de-uma-politica-de-nao-memoria-afirma-a-mulher-que-sobreviveu-a-operacao-condor/>. Acesso em: 20 jul. 2018.

Confira essa entrevista com Lilian Celiberti, uma das mais importantes ativistas femininas no Uruguai.

UNITED STATES HOLOCAUST MEMORIAL MUSEUM. **Vítimas do período nazista**: ideologia racial nazista. O Holocausto. Disponível em: <https://www.ushmm.org/wlc/ptbr/article.php?ModuleId=10007457>. Acesso em: 20 jul. 2018.

UNITED STATES HOLOCAUST MEMORIAL MUSEUM. **"Inimigos do Estado"**. Disponível em: <https://www.ushmm.org/outreach/ptbr/article.php?ModuleId=10007727>. Acesso em: 20 jul. 2018.

Visite o *site* do Museu do Holocausto de Washington (EUA) e descubra como se estruturaram a ideologia racial do nazismo e a perseguição a grupos sociais específicos.

Sites

BRASIL. Comissão Nacional da Verdade. **Relatório da Comissão Nacional da Verdade**. Brasília, 10 dez. 2014. Disponível em: <http://www.cnv.gov.br/index.php?option=com_content&view=article&id=571>. Acesso em: 20 jul. 2018.

Nesse *site*, você tem acesso na íntegra aos três volumes do Relatório Final da Comissão Nacional da Verdade (CNV).

LEVANTE POPULAR DA JUVENTUDE. Disponível em: <http://www.levante.org.br>. Acesso em: 20 jul. 2018.

Trata-se de um *site* criado e mantido por jovens militantes, voltado à luta por direitos e à conscientização política, à preservação da memória dos perseguidos políticos, bem como à divulgação de denúncias contra desigualdade, violência, intolerância e preconceito.

MEMORIAL DA ANISTIA. Disponível em: <http://memorialanistia.org.br/>. Acesso em: 20 jul. 2018.

O *site* do Memorial da Anistia no Brasil, projeto idealizado pela Comissão de Anistia do Ministério da Justiça, contém material de pesquisa sobre o tema da luta pela anistia no Brasil.

MEMÓRIAS DA DITADURA. Disponível em: <http://memoriasdaditadura.org.br>. Acesso em: 20 jul. 2018.

Visite a página mantida pelo Instituto Vladimir Herzog, que contém amplo material destinado a educadores e à comunidade em geral sobre os mais diferentes aspectos da ditadura militar.

MEMÓRIAS REVELADAS. Disponível em: <http://www.memoriasreveladas.gov.br/>. Acesso em: 20 jul. 2018.

Nesse endereço, mantido pelo Ministério da Justiça, você poderá encontrar uma série de informações, imagens e documentos, além de materiais de uso didático sobre a ditadura militar no Brasil.

MUSEO DE LA MEMORIA Y LOS DERECHOS HUMANOS. Disponível em: <https://ww3.museodelamemoria.cl/>. Acesso em: 20 jul. 2018.

Acesse o *site* do Museo de la Memoria y los Derechos Humanos (do Chile), que trata da memória do período ditatorial no Chile (1973-1990) sob o comando do general Augusto Pinochet.

Vídeos

LUGARES de memória: espaços educativos e ensino de História. Parte 1. **Salto para o Futuro**. Rio de Janeiro: TV Escola, [S.d.]. Programa de televisão. Disponível em: <https://www.youtube.com/watch?v=IBC9dWlj2Tk>. Acesso em: 20 jul. 2018.

LUGARES de memória: espaços educativos e ensino de História. Parte 2. **Salto para o Futuro**. Rio de Janeiro: TV Escola, [S.d.]. Programa de televisão. Disponível em: <https://www.youtube.com/watch?v=N9u1yuttew4>. Acesso em: 20 jul. 2018.

LUGARES de memória: espaços educativos e ensino de História. Parte 3. **Salto para o Futuro**. Rio de Janeiro: TV Escola, [S.d.]. Programa de televisão. Disponível em: <https://www.youtube.com/watch?v=JgiFEuXT1aE>. Acesso em: 20 jul. 2018.

Assista a essa edição do programa *Salto para o Futuro*, da TV Escola, para saber mais sobre a relação entre a memória e o ensino de História.

Atividades de autoavaliação

1. De acordo com as discussões apresentadas no capítulo sobre a memória, suas criações e ressignificações, assinale a alternativa correta:
   a) A memória tem por costume apenas reter os acontecimentos trágicos do passado. É por isso que raramente nossas lembranças costumam idealizar o que se passou.
   b) Assim como a memória, a produção historiográfica é livre para recriar o passado com base em juízos de valor e idealizações.

c) Podemos perceber que o enquadramento da memória geralmente engloba todas as versões possíveis a respeito de um acontecimento, visando divulgar uma perspectiva ampla e diversificada sobre dados do passado.

d) As dinâmicas da memória dependem essencialmente do contexto em que as lembranças são acionadas. A memória tem a capacidade de transformar o passado em função do presente.

2. A respeito das questões que envolvem a construção de memórias oficiais e não oficiais, indique quais afirmações a seguir são verdadeiras (V) ou falsas (F):

( ) Quanto mais as identidades coletivas (nacionais, religiosas etc.) estão em disputa, menos artifícios e artefatos memoriais são criados.

( ) Para servir a interesses específicos do presente, a memória e também a história em diferentes contextos foram conceituadas e ideologizadas.

( ) Após a segunda metade do século XX, historiadores começaram a investigar o processo de construção da história, buscando perceber como, ao longo do tempo, ela construiu e encarnou diferentes tipos de memórias coletivas.

( ) A fixação de uma memória oficial automaticamente extingue as disputas com outros tipos de memórias (memórias concorrentes, subterrâneas etc.).

Agora, assinale a alternativa que corresponde corretamente à sequência obtida:

a) V, V, F, F.
b) F, V, F, V.

c) F, V, V, F.
d) V, F, V, F.

3. O esquecimento também faz parte da memória. A respeito dessa discussão, é correto afirmar:
   a) A noção de dever de memória consiste em vincular uma memória oficial a ser seguida, o que implica ocultar e silenciar outras memórias.
   b) Os mecanismos que buscam silenciar memórias consideradas proibidas ou denegá-las podem ser considerados abusos de esquecimento.
   c) O processo de perdão pode ser obtido de forma fácil e rápida com o trabalho sobre memórias ressentidas.
   d) Memórias que são uma vez caladas pela instituição de censuras e imagens oficiais opostas são enterradas definitivamente e não conseguem mais vir à tona.

4. Sobre os lugares de memória, considere as seguintes proposições:
   i) Os lugares de memória são os espaços que guardam os vestígios das ações passadas, que imortalizam o tempo e impedem o esquecimento.
   ii) Em muitas ocasiões, os lugares de memória estão associados à criação de identidades, sejam elas nacionais, regionais, comunitárias, familiares, civis ou religiosas.
   iii) Existem lugares de memória que são imateriais, mas repletos de significados, como um minuto de silêncio.
   iv) Os usos dos lugares de memória permanecem sempre os mesmos – geralmente não são alterados, nem deles é feito uso político.

Agora, assinale a alternativa que contém somente as afirmações corretas:

a) I, III e IV.
b) II, III e IV.
c) I, II e III.
d) I, II e IV.

5. Conforme o que foi abordado sobre as políticas de memória, marque a alternativa que melhor define a realidade brasileira:
   a) No Brasil, existem projetos conflitantes. Tradicionalmente, construiu-se uma memória homogeneizadora que valorizou a ação dos grupos mais poderosos, os vencedores. Entretanto, no contexto da democratização brasileira, principalmente por conta da ação de movimentos sociais, têm emergido memórias subterrâneas que procuram dar voz aos grupos tradicionalmente silenciados, como afro-descendentes, indígenas, perseguidos políticos, entre outros.
   b) No Brasil, as políticas de memória estão associadas a interesses econômicos, prevalecendo aqueles dos grupos dominantes com maior representatividade na economia.
   c) As comemorações no Brasil contemplam a memória de eventos que valorizam a pluralidade étnica, cultural, social e religiosa. Assim, afro-descendentes, indígenas, trabalhadores rurais, mulheres, pobres, sertanejos e caboclos são valorizados nas políticas de memória.
   d) Memória e esquecimento são faces da mesma moeda. No Brasil, têm prevalecido a verdade, a justiça e a memória dos grupos vencidos nos últimos anos, por

meio de um intenso programa de reparação promovido pelo Estado que buscou indenizar as vítimas dos crimes cometidos no passado, tais como a escravidão e a violência policial de Estado.

Atividades de aprendizagem

Questões para reflexão

1. Leia o trecho a seguir, extraído do livro *Lembrar escrever esquecer*, de Jeanne Marie Gagnebin:

    > *Devemos lembrar o passado, sim; mas não lembrar por lembrar, numa espécie de culto ao passado. No texto de Adorno, que é judeu e sobrevivente [do Holocausto], a exigência de não esquecimento não é um apelo a comemorações solenes; é, muito mais, uma exigência de análise esclarecedora que deveria produzir – e isso é decisivo instrumento de análise para melhor esclarecer o presente.* (Gagnebin, 2006, p. 103)

    a) Quem foi Theodor Adorno, filósofo citado por Gagnebin?

    b) Por que, para Adorno, a mera lembrança e as comemorações não são suficientes para nos livrar do esquecimento?

Atividade aplicada: prática

1. Identifique em sua cidade um ou mais lugares de memória física e busque informações de como eles se constituíram. Em seguida, selecione um deles e produza um texto de 10 a 15 linhas sobre a memória a que se refere o lugar escolhido. Pode ser uma praça, um museu, um acervo, um logradouro, uma instituição pública ou privada, um obelisco, uma fonte, uma estátua, uma edificação, entre outros.

Capítulo 4
História oral

A discussão sobre história e memória é densa e tem suscitado inúmeros debates. Neste livro, estamos partindo do pressuposto de que elas não estão em campos opostos; muito pelo contrário, a memória é constantemente apropriada pela história. Não há como opor uma e outra, pois a história passa necessariamente pela memória, que, por sua vez, é filtrada pela primeira. Portanto, elas mantêm relações entre si, sendo difícil separá-las, pois são interdependentes.

Neste capítulo, examinaremos algumas questões relativas à história oral. Assim, destacaremos o que é história oral, o processo de constituição das fontes orais, como estas conquistaram espaço e têm sido usadas nas pesquisas acadêmicas. Apresentaremos também uma breve discussão a respeito do uso dessa metodologia, bem como da constituição dos arquivos orais e de suas potencialidades na pesquisa histórica.

(4.1)
História oral: usos e definições

A história oral pode ser definida como "um procedimento metodológico que busca, pela construção de fontes e documentos, registrar por meio de narrativas induzidas e estimuladas, testemunhas, visões e interpretações sobre a história em suas múltiplas dimensões: factuais, temporais, espaciais, conflituosas e consensuais" (Delgado, 2006, p. 16). Em outras palavras, a história oral consiste em realizar entrevistas com pessoas que vivenciaram determinados processos da história contemporânea; que foram testemunhas de momentos marcantes; que fizeram parte de instituições, grupos, partidos ou organizações. Ela também pode ser utilizada para compreender modos de vida do passado, formas de pensar, hábitos, transmissão de saberes, crenças, entre outros aspectos. Além disso, é uma forma de dar voz aos sujeitos anônimos, negligenciados e marginalizados da história e pode se constituir em uma maneira de oferecer outra visão sobre determinado evento ou tema – o que, muitas vezes, não é possível por meio das fontes escritas.

Como metodologia, a história oral passou a existir após a invenção do gravador. Assim, para que ocorra a produção da fonte oral, torna-se necessária sua transformação em documento. Portanto, é indispensável sua gravação e posterior transcrição para uso em pesquisas.

Neste capítulo, partiremos do pressuposto de que a história oral se constitui como uma metodologia. No universo acadêmico, existe uma discussão sobre o estatuto da história oral: se ela é uma técnica, uma metodologia ou uma disciplina. Na apresentação do livro *Usos e abusos da história oral*, as organizadoras Marieta de Moraes Ferreira e Janaína Amado (2006) apresentam uma importante reflexão sobre o *status* da história oral, identificando e caracterizando três linhas de atuação nessa área do conhecimento.

Uma primeira linha de análise entende a história oral como uma **técnica** preocupada muito mais com as experiências de gravação, transcrição e conservação de entrevistas. Defensores dessa linha geralmente são pessoas ligadas à tarefa de salvaguardar memórias de perda, sem uma preocupação analítica, negando, portanto, qualquer pretensão teórico-metodológica.

Uma segunda linha de análise defende que a história oral é uma **disciplina**, pois considera que esta inaugurou técnicas específicas de pesquisa e conta com um conjunto próprio de conceitos, que originou investigações e preocupações características da história oral. Nesse sentido, constituem-se como objeto de preocupação: as relações entre escrita e oralidade; o conhecimento de trajetórias individuais; a incorporação do presente como perspectiva temporal das narrativas;

uma visão da história pelos olhos das pessoas comuns – que extrapola, inclusive, os muros da academia, com grande apelo público –, entre outros. Também, nessa perspectiva, há uma grande valorização da narrativa, que requer caminhos alternativos de interpretação.

Por fim, uma terceira linha de análise defende a história oral como uma **metodologia** que tem a capacidade de estabelecer e ordenar procedimentos de trabalho, formular hipóteses e suscitar questões, mas não pode resolvê-las, pois isso deve ser buscado na teoria da história. Assim, seguindo a linha de análise da maioria dos autores consultados, partilhamos desse princípio, pois a história oral está em constante diálogo com as diferentes áreas do conhecimento – história, sociologia, psicologia, filosofia, antropologia, entre outras – e muitas vezes empresta seus conceitos para operacionalizar suas pesquisas.

Com relação às definições que pertencem à metodologia de história oral, é importante diferenciar **fonte oral**, **história oral** e **tradição oral**. Tais expressões têm assumido um caráter ambíguo e, por vezes, contraditório. Portanto, para tornarmos mais clara a distinção entre esses conceitos, vamos apresentar as especificidades de cada um deles.

As expressões *fonte oral* e *história oral* têm sido entendidas por alguns autores como sinônimas, mas por outros como diversas. Verena Alberti (1996), em seus textos, as considera como sinônimas. Já José Carlos Meihy e Fabíola Holanda (2001) fazem distinções: para esses autores, fonte oral é mais que história oral – refere-se ao registro de qualquer recurso que guarda vestígios de manifestação da oralidade humana. Entrevistas esporádicas feitas sem propósito explícito, gravações de músicas, pronunciamentos, discursos, enfim, absolutamente tudo o que é gravado e preservado se constitui como documento oral. Assim, um documento guardado em um arquivo oral que será usado por um pesquisador é uma fonte oral. A entrevista, porém, é a história oral em sentido estrito, pois, para que ela ocorra, depende da existência de um projeto que é feito no tempo presente tendo em vista questões daquele momento. Quando realiza uma entrevista, um pesquisador parte de um problema, de uma proposta de pesquisa. As escolhas do que e de como perguntar obedecem a um propósito e têm um objetivo. Assim, a história oral tem como finalidade a produção de fontes e sua respectiva análise sobre a vida social de pessoas. Tal procedimento segue um método e sempre diz respeito à história do tempo presente, pois se trata de fragmentos do passado que são atualizados. Como destaca Tania Maria Fernandes (2001, p. 92),

> *A narrativa gravada em uma entrevista não constitui-se na memória propriamente, pois esta é inacessível; configura-se como a construção de uma determinada vivência a partir da memória. Durante o processo de rememoração, o depoente estabelece relações entre suas próprias experiências que o permite reconstruir seu passado segundo uma determinada estrutura, consciente ou não. É o tecer de uma teia na qual suas vivências vão sendo reorganizadas, proporcionando a cada ato de rememorar uma nova construção através de um encadeamento de ideias, estruturado pela valoração simbólica de sua própria personalidade e viabilizado mediante a construção do relato. Desta forma, o relato se estrutura a partir da memória, não se constituindo, no entanto, por seu conteúdo puro.*

Podemos concluir que a fonte oral é parte do processo de constituição da história oral. Como esse debate é amplo e, por ora, não nos convém nos aprofundarmos nele, é importante esclarecermos que estamos usando o termo *fonte oral* (ou *fontes orais*) para nos referirmos ao produto decorrente da metodologia da história oral (entrevistas).

Já a tradição oral não deve ser confundida com a história oral. A primeira tem sido entendida como o processo pelo qual um conjunto de informações é transmitido às gerações seguintes (e atualizado). Em muitos casos, especialmente em se tratando de cultura popular, confunde-se com o folclore. A tradição oral tem sido usada para o estudo de saberes, tradições, costumes e crenças de grupos e/ou comunidades e, principalmente, para a busca da compreensão da história, em especial dos grupos que não dispõem de escrita ou cujos registros são relativamente recentes – como os grupos indígenas no Brasil ou as diversas sociedades africanas[1]. A tradição oral também é comumente encontrada no processo de construção das entrevistas, uma vez que é comum as pessoas trazerem em suas memórias eventos e situações que ultrapassam o tempo vivido, retirados, portanto, de um passado, real ou inventado, que se perde no tempo.

Mas como surgiu a história oral moderna? Vamos examinar, a seguir, como se caracterizou o uso da oralidade ao longo da história, qual foi o percurso da história oral como metodologia de pesquisa e de que forma ocorreu sua afirmação nos estudos acadêmicos.

(4.2)
Breve percurso da história oral

Desde as últimas décadas, o uso da história oral na produção do conhecimento histórico tem sido cada vez mais frequente. Atualmente, várias associações se dedicam a registrar, conservar e analisar documentos orais, reunindo profissionais de diferentes áreas. A história oral, como técnica moderna de documentação, está diretamente ligada ao aparecimento do gravador. Entretanto, muito tempo antes da existência do gravador, historiadores e outros estudiosos já se valiam da oralidade. Aliás, ainda nos tempos atuais, muitos povos

---

1 Para saber mais sobre esse tema, consulte Cruikshank (2006).

que não dispõem de escrita, como os *griots*, na África, utilizam a oralidade para transmitir sua cultura e contar sua história.

Na verdade, a gênese da documentação escrita se fazia a partir da tradição oral. Desde tempos antigos, ela sempre teve um papel de prestígio na construção do saber histórico. Exemplo disso foi Heródoto e seu método de escrever suas *Histórias*, no século V a.C.: procurar testemunhas oculares e interrogá-las rigorosa e minuciosamente (Thompson, 1992). Até o século XIX, a escrita da história levava em conta muitas informações retiradas da tradição oral. O testemunho do vivido frequentemente era utilizado para comprovar um fato. O século XIX assistiu à ascensão da tradição documental em detrimento da tradição oral. O Iluminismo, com seu ceticismo negativista, o romantismo, com seus sonhos relativos à formação dos grandes arquivos, e o positivismo solidificaram a história profissional como aquela apoiada em documentos escritos e oficiais (Thompson, 1992). Da ascensão da escola positivista até os anos de 1960, a oralidade como fonte histórica foi relegada à marginalidade.

Nas últimas décadas do século XX, com a pluralização de temas e metodologias de produção do conhecimento histórico, a recorrência à memória e o uso da metodologia da história oral entraram em cena. Certamente, o que favoreceu a expansão da história oral foi, sobretudo, o contato interdisciplinar. Como já analisamos, com a renovação da historiografia, especialmente com a emergência da Escola dos Annales e de outras vertentes historiográficas, cada vez mais conceitos foram agregados a partir de outras áreas. Lembremo-nos da já citada obra pioneira *A memória coletiva*, do sociólogo francês Maurice Halbwachs, autor que, partindo das posições da filosofia de Henri Bergson e da sociologia de Émile Durkheim, elaborou o conceito de memória coletiva (uma memória histórica, do grupo), distinguindo-a da memória individual (íntima, pessoal). Para Halbwachs (2006), as lembranças são, ao mesmo tempo, individuais e coletivas. É no interior do grupo que as lembranças individuais são ativadas, selecionadas e processadas mediante as informações do presente. Para isso, é necessário que o indivíduo se reconheça como pertencente ao grupo, pois "não basta reconstruir pedaço a pedaço a imagem de um acontecimento passado para obter uma lembrança. É preciso que esta reconstrução funcione a partir de dados ou noções comuns que estejam em nosso espírito e também no dos outros" (Halbwachs, 2006, p. 39). O conceito de memória coletiva de Halbwachs foi lapidado e apropriado por diversos autores para explicar os fenômenos da memória, inclusive no campo da história oral.

Ao se associar a outras áreas do conhecimento, como psicologia, antropologia, sociologia e etnografia, essa metodologia foi reconquistada nas pesquisas acadêmicas. A história oral surgiu como uma técnica moderna num período de transição (o pós-guerra), em um momento em que uma geração inteira estava desaparecendo. Portanto, havia necessidade de salvaguardar importantes fontes de informação. Nesse sentido, a história oral foi vista como salvaguarda, especialmente em relação às memórias que não teriam como ser registradas via outros meios.

Inicialmente, nos anos de 1950, a história oral se preocupou em registrar a história de pessoas ilustres da sociedade norte-americana (a história oral como técnica moderna de documentação apareceu pela primeira vez em 1948, na Universidade de Colúmbia, nos Estados Unidos, com a criação da Oral History Association) – primeira geração dos pesquisadores em história oral.

No fim da década de 1960 e início da de 1970, com a efervescência dos movimentos culturais e de novas discussões no âmbito da historiografia, a história oral passou a ser cada vez mais usada para combater o tradicional e apresentar a visão dos excluídos da história.

Dessa maneira, ela se constituiu como uma metodologia inovadora, pois deu preferência a uma "história vista de baixo".

Contudo, ainda antes desse período, iniciativas de preservação da memória oral já se destacavam. No México, por exemplo, houve a criação de arquivos sonoros do Instituto Nacional de Antropologia, que buscou realizar, em 1956, um trabalho para preservar memórias referentes às comemorações dos 50 anos da Revolução Mexicana. Na Itália, também houve uma grande preocupação em torno da cultura popular. No entanto, essa segunda geração não foi constituída por profissionais, mas por militantes, e teve a intenção de dar voz aos sujeitos anônimos. Assim, foram criados os primeiros arquivos de história oral, com o objetivo de preservar a memória daqueles sem voz na história: mulheres, iletrados, negros, minorias, operários, entre outros.

Na Itália, com o surgimento de um projeto historiográfico de história oral a partir da iniciativa de historiadores turineses como Luisa Passerini e Alessandro Portelli, que buscaram estudar as classes populares, houve a difusão do modelo da história oral para outros países, que passaram a pensá-la de forma problematizada, como objeto de estudo, o que caracterizou a chamada *terceira geração*. Em 1975, a realização de uma mesa-redonda intitulada "A História Oral como uma Nova Metodologia para a Pesquisa Histórica", no XIV Congresso Internacional de Ciências Históricas de São Francisco, e, em 1976, o primeiro congresso internacional de história oral em Bolonha, na Itália, foram considerados os grandes marcos da afirmação dessa corrente no campo da pesquisa.

Nessa fase de crescimento da história oral, o inglês Paul Thompson foi um dos autores de maior relevância para a geração. Ele criou a linha de estudo intitulada *oral history* e foi pioneiro na elaboração de um método de como trabalhar a história oral – sua obra intitulada *A voz do passado: história oral* é considerada fundadora da metodologia da história oral que se disseminou pelo mundo. O francês Phillipe Joutard, um dos fundadores do Instituto de História do Tempo Presente, na França, foi um dos pioneiros desses estudos no país.

A década de 1980 foi marcada pela realização de vários colóquios internacionais que permitiram a criação de uma verdadeira comunidade de história oral, com pesquisadores de diversos países.

Na América Latina, estudos com o uso da história oral vinham se destacando antes mesmo do observado na Europa. Além do México, destacaram-se trabalhos em países como Costa Rica, que, no início dos anos 1980, lançou um projeto ambicioso de reconstituir a história do país desde a época pré-colombiana por meio de narrações populares. Outros países como Bolívia, Equador e Peru também organizaram projetos de pesquisas orais para pensar a educação sob o ponto de vista camponês.

No Brasil, em 1975, foi criado, na Fundação Getulio Vargas, o primeiro programa de história oral destinado à coleta de depoimentos dos líderes políticos desde 1920: o Centro de Documentação e Pesquisa da História Contemporânea do Brasil[2] (CPDOC). Inicialmente, a organização de arquivos orais tinha caráter mais elitista, isto é, não havia grande preocupação com as massas anônimas. No mesmo ano, na Universidade Federal de Santa Catarina (UFSC), foi criado o Laboratório de História Oral, coordenado pelo professor Carlos Humberto P. Corrêa, que, junto aos seus alunos, coletou e organizou depoimentos sobre a colonização estrangeira em Santa Catarina, bem como a respeito da história política republicana[3].

---

2   Para saber mais sobre o CPDOC, consulte: <http://cpdoc.fgv.br/acervo/historiaoral>. Acesso em: 20 jul. 2018.
3   Para saber mais sobre o Laboratório de História Oral da UFSC, consulte: <http://labhoral.paginas.ufsc.br/laboral>. Acesso em: 20 jul. 2018.

A introdução da história oral em pesquisas acadêmicas se deu a partir dos anos de 1970. Porém, isso não ocorreu por iniciativa apenas dos historiadores, mas também de pesquisadores de outras áreas e estudiosos de fora do mundo acadêmico. Um trabalho pioneiro com o uso de entrevistas foi feito no campo da psicologia social por Ecléa Bosi (1994), intitulado *Memória e sociedade: lembrança de velhos*, obra que exigiu uma minuciosa pesquisa sobre a vivência de pessoas comuns de São Paulo, destacando sua atuação na política e no mundo do trabalho.

Apesar do progresso da história oral desde os anos de 1970, seu uso ainda foi tímido nas pesquisas acadêmicas. Foi somente a partir da década de 1990 que a história oral ganhou maior visibilidade no Brasil, com a criação da Associação Brasileira de História Oral (ABHO), em 1994, e de grupos regionais. Desde seu surgimento, a ABHO tem organizado, a cada dois anos, um congresso nacional (anos pares) para discutir o tema. Também a cada dois anos, por meio de suas seções regionais, a associação promove encontros regionais (anos ímpares) que têm reunido diversos pesquisadores das mais variadas áreas do conhecimento (antropologia, história, sociologia, educação, ciências da saúde, educação física, entre outras) que utilizam a história oral em suas pesquisas. Destacamos também a criação da revista *História Oral*, mantida pela ABHO, que publica dossiês temáticos anuais desde 1998 e semestrais desde 2005[4].

Atualmente, existem diversos laboratórios e acervos de história oral espalhados pelas universidades brasileiras. No último Encontro Nacional de História Oral, realizado em 2016, em Porto Alegre, o Fórum de Coletivos de História Oral reuniu representantes de 21 laboratórios/ núcleos de história oral, centros de documentação e outras instituições responsáveis por projetos de guarda e preservação de fontes orais.

---

4   *Para saber mais sobre a revista, consulte: <http://revista.historiaoral.org.br/index.php?journal=rho>. Acesso em: 20 jul. 2018.*

(4.3)
Constituição da fonte oral

As fontes orais apresentam características um pouco diferenciadas em relação às fontes escritas, tradicionalmente usadas pelos historiadores. O profissional que trabalha com fontes escritas normalmente encontra uma documentação que não foi produzida para a história, mas ele a encontra inteiramente constituída (Becker, 1996). Já com as fontes orais, em geral, ocorre o contrário – usando a expressão de Jacques Ozouf (citado por Becker, 1996, p. 27), elas são "arquivos provocados", portanto não se trata de uma documentação objetiva. Geralmente, antes de serem interrogadas, as pessoas fazem uma reflexão prévia sobre aquilo de que vão falar. Muitas vezes, selecionam suas lembranças e ocultam outras. Além disso, como arquivo provocado, a fonte oral é constituída depois do acontecimento.

Verena Alberti (1996) explica que as fontes orais são, ao mesmo tempo, um relato de ação e um resíduo de uma ação. Para tornarmos mais clara essa diferença, vamos usar o próprio exemplo dado pela autora no artigo "O que documenta a fonte oral? Possibilidades para além do passado".

O **resíduo de ação** se refere ao clássico documento de arquivo (pedaço de uma ação passada), enquanto o **relato de ação** é algo posterior, como uma carta que informa alguém sobre uma ação passada ou, ainda, memórias e autobiografias (Alberti, 1996). Uma entrevista de história oral é, ao mesmo tempo, um relato das ações passadas e resíduos de uma ação. Resíduo porque se trata de rememorar certos elementos do passado; relato porque o ato de rememorar desencadeia uma ação. Para ocorrer uma entrevista, há a necessidade de um entrevistador e de um entrevistado. Portanto, são duas pessoas que produzem esse tipo de fonte. Por mais que o entrevistador fale pouco e deixe o entrevistado narrar suas vivências, é ele quem lança o tema, quem conduz a entrevista para determinados caminhos. Enfim, tanto um quanto o outro são direcionados por ações que geralmente estão ligadas aos interesses do pesquisador (do sujeito que conduz a entrevista). Logo, os resultados das entrevistas são ações sobre o passado.

Uma entrevista nunca será um relato puro ou fiel do passado. As memórias são atualizadas pelas experiências que o sujeito vivenciou e também pelas questões do presente. Muitas vezes, o narrador pode relatar coisas que ele não viveu ou presenciou, mas que lhe foram contadas ou que imaginou. A título de exemplo, podemos mencionar um artigo muito interessante escrito por Janaína Amado (1995) com base em uma experiência peculiar da autora com a história oral. Trata-se do texto "O grande mentiroso: tradição, veracidade e imaginação em história oral", em que a historiadora explora uma mentira no interior de uma entrevista. A análise que a autora fez dessa entrevista acabou por revelar como tradição, imaginação e culturas erudita e popular se combinaram para produzir um depoimento "mentiroso" que, na verdade, revelou-se muito rico e fértil para a análise histórica.

Perceba que o produto final de uma entrevista depende de diferentes variantes: local da entrevista; confiança do entrevistado em relação ao entrevistador; intimidação perante o gravador; questões de gênero e idade (um rapaz de 25 anos entrevistando uma senhora de 80 é diferente de uma mulher de 50 entrevistando a mesma senhora); grupos sociais do entrevistador e do entrevistado. Além disso, a recordação de um mesmo tema pode ter resultados variados dependendo da postura do entrevistador. Por isso, é fundamental a sensibilidade do pesquisador. Afinal de contas, trata-se de pessoas que estão lhe cedendo parte de seu tempo e que o estão recebendo em suas casas ou em seus locais de trabalho.

Para que uma entrevista se torne uma fonte passível de ser utilizada em uma pesquisa, duas coisas são imprescindíveis: a gravação e sua transcrição. É importante destacarmos que o entrevistado deve concordar que sua narrativa seja gravada. Por questões éticas, jamais se pode fazer uma entrevista com o gravador escondido ou sem a ciência do entrevistado.

Devemos ressaltar também que a pesquisa de observação e anotação (em caderneta própria) de práticas, fazeres, rituais, costumes e crenças é atividade da etnografia, campo do conhecimento da área da antropologia, que não deve ser confundido com a história oral, mas que pode ser um auxílio para o historiador oral. Os instrumentos teóricos e metodológicos usados pelos etnógrafos são diferentes daqueles que os historiadores orais utilizam.

Apesar de todas as potencialidades que a história oral oferece (aprofundaremos esse argumento mais à frente), trabalhar com história oral não é algo simples; pelo contrário, trata-se de uma tarefa complexa e que envolve vários cuidados. Alberti (1996) observa que, na prática científica, deve-se evitar o desperdício. Isso quer dizer que o recurso à metodologia da história oral deve ocorrer somente "quando os resultados puderem efetivamente responder às nossas perguntas e quando não houver outro tipo de fonte disponível – mesmo entrevistas já realizadas – capaz de responder às nossas perguntas" (Alberti, 1996, p. 2).

Feita a entrevista, é hora de transformá-la em um documento escrito, ou seja, em um texto. O processo de transcrição da entrevista envolve alguns cuidados que devem ser tomados pelo pesquisador. A oralidade ou discurso oral e o texto escrito são processos distintos. As mudanças no tom de voz e na postura, as expressões faciais, os silêncios, os sussurros, as pausas, entre outros elementos do ato de falar, não podem ser transcritos. Na mesma direção, é preciso ter em mente que a linguagem falada apresenta uma estrutura bastante diversificada da escrita. Assim, uma transcrição literal da fala com todas as suas digressões, repetições, erros de concordância, uso da linguagem coloquial, entre outras características da oralidade, poderia transformar-se em um texto incompreensível. Na mesma direção, fragmentos de pensamentos ou frases não concluídas comuns nas entrevistas nem sempre podem ser transcritos de forma literal, pois se tornariam ininteligíveis.

Por conta dessas dificuldades, alguns autores, a exemplo de Fernandes (2001), defendem a edição do texto da entrevista para seu uso nas pesquisas. A autora destaca que a transcrição da entrevista deve procurar lapidá-la para que possa ser lida fluentemente, mas sem alterar seu conteúdo. O mais importante não é manter-se fiel à forma, mas ao conteúdo (Fernandes, 2001).

Após a edição do texto, especialmente em caso de publicação da narrativa, é necessário que o entrevistado aprove (ou não) o trabalho de edição e autorize seu uso para publicação ou fins de pesquisa. Isso deve ser explicado antes de se iniciar o processo de gravação. A entrega do resultado final ao entrevistado é importante, pois, em alguns casos, o sujeito não se reconhece no texto que lê, pode sentir necessidade de alterar algo ou, ainda, acrescentar outras informações de que no momento da entrevista não se recordou. Além disso, existem os filtros de censura que no momento da entrevista são acionados. Durante a leitura do texto, o entrevistado pode rever esses filtros de censura e solicitar o corte de determinados trechos.

Outro elemento importante no processo de fabricação da fonte oral, seu arquivamento e utilização diz respeito à forma como os entrevistados devem ser referenciados. O uso do prenome, do nome e do sobrenome, das iniciais ou de um pseudônimo deve ser acordado entre entrevistador e entrevistado e, preferencialmente, registrado no documento de cessão do direito de uso da entrevista. Esse procedimento é importante para evitar situações constrangedoras, especialmente em se tratando de recordações envolvendo a esfera íntima, tais como: envolvimento em transgressões – seja às normas morais-religiosas, seja à justiça; relacionamentos amorosos; relações com familiares ou vizinhos; questões de trabalho, entre outras.

Como mencionamos, a história oral é um procedimento metodológico que envolve muitos cuidados, mas que também oferece muitas potencialidades e caminhos de pesquisa. Vamos analisar, a seguir, algumas abordagens possíveis na história oral.

(4.4)
ABORDAGENS EM HISTÓRIA ORAL

Trabalhar com história oral não significa simplesmente ligar um gravador e solicitar aos entrevistados que falem sobre seu passado. As entrevistas se constituem com base em determinados propósitos, vinculados a projetos de pesquisa. A escolha do que e como perguntar está ligada a um propósito maior, pois diz respeito às questões para as quais o pesquisador quer resposta, aos objetivos a serem alcançados em sua pesquisa. Em suma, a entrevista deve partir de um projeto de pesquisa com um problema definido e objetivos claros.

O trabalho com história oral pode ser dividido em gêneros narrativos. Segundo Meihy e Ribeiro (2011), são três os principais tipos: a história oral de vida, a história oral testemunhal e a história oral temática.

A **história oral de vida** começou a se desenvolver no Brasil a partir da recepção da cultura anglo-saxônica de história oral, especialmente com os trabalhos de Paul Thompson. Esse gênero da história oral se constitui em um processo de maior duração e versa sobre aspectos continuados da experiência das pessoas. Nesse gênero narrativo, o entrevistador não deve conduzir a conversa por meio de um questionário rígido. Ao contrário, ele deve oferecer estímulos para que o colaborador fale de suas experiências individuais e coletivas. A história oral de vida não deve ser confundida com a biografia. Nesta, o processo de construção de si ocorre por meio de diferentes documentos que são responsáveis por "arquivar o eu": cartas íntimas, fotografias, diários, objetos pessoais, escritos autobiográficos, publicações, enfim, documentos diversos, muitos deles escritos, sobre a trajetória de alguma pessoa de destaque. A biografia é um gênero narrativo que pode ser trabalhado tanto com pessoas já falecidas como com pessoas ainda vivas.

Na história oral de vida, o processo de condução da entrevista precisa ocorrer de maneira mais livre, pois nem sempre se obtém uma narrativa organizada sob um viés cronológico. Muitas vezes, os entrevistados partem de momentos mais marcantes de sua trajetória para elaborar suas narrativas. Convém destacarmos que, nessa dinâmica, por serem relatos mais longos, quem determina a duração da narrativa é o entrevistado. É comum a necessidade de o entrevistador retornar várias vezes ao entrevistado, até obter todas as informações pertinentes.

Trabalhar com história oral de vida é lidar com a experiência pessoal de alguém em seus múltiplos aspectos: sua subjetividade, seu imaginário, seus medos, desejos, sonhos, anseios e sentimentos. Portanto, esse tipo de narrativa exige sensibilidade para ouvir as experiências do entrevistado e compreender aquilo que está sendo narrado. Nesse sentido, o narrador deve ser o centro das atenções – deve-se deixá-lo falar à vontade. O entrevistador apenas dá o direcionamento, oferece estímulos para que seu interlocutor rememore suas experiências em seus múltiplos aspectos. Não compete ao entrevistador buscar a verdade, pois esta depende exclusivamente de quem está concedendo a entrevista. Por exemplo: se o entrevistado se considera a reencarnação de outra pessoa, essa afirmativa deve ser respeitada, pois se está lidando com convicções religiosas pessoais. O mesmo deve ocorrer se um colaborador afirmar ter visto extraterrestres, a despeito das crenças particulares do entrevistador. O mais importante é procurar compreender o universo mental dos narradores e como eles revivem as experiências reais e aquelas que acreditam ter vivido.

Outro gênero narrativo da história oral e que guarda muitas semelhanças com o gênero que acabamos de comentar é a **história oral testemunhal**, que busca dar voz exclusivamente às pessoas que viveram tragédias individuais ou coletivas. Nesse espectro, encontram-se as vítimas de eventos motivados por causa humana (guerras, revoltas, genocídios, regimes de segregação étnico-racial, governos xenófobos, perseguição religiosa) e as vítimas de desastres ambientais (*tsunamis* e terremotos) ou de alterações climáticas (grandes enchentes e grandes secas).

Na história oral testemunhal, trabalha-se com pessoas que vivenciaram uma situação-limite e que muitas vezes estão em busca de reparação, seja de cunho político – no caso das vítimas de perseguições orquestradas por governos autoritários e ditatoriais –, seja de cunho social-econômico – no caso das vítimas de desastres naturais. Esse gênero de história oral normalmente é marcado pelo trauma, por experiências extremamente negativas e que exigem um cuidado especial por parte do entrevistador no trato com questões que afetam diretamente o lado sensível dos entrevistados. Questões como o silêncio ou o ocultamento diante de situações de violência, tortura e morte, que são grandes traumas no ato de rememorar, devem ser respeitadas. O narrador deve se sentir à vontade para poder falar aquilo que lhe convém, que considera importante sobre as tragédias vivenciadas. Como são situações em que predomina a narrativa do drama, cabe ao entrevistador deixar que essa exposição caminhe para onde os entrevistados querem direcioná-la, considerando a maneira como o colaborador se sente mais confortável para lidar com memórias tão dolorosas. No entanto, o entrevistador não pode perder de vista o cerne de sua atividade, que é obter o relato testemunhal a respeito de uma tragédia, um drama pessoal ou coletivo.

Por fim, o terceiro gênero narrativo a ser mencionado aqui é a **história oral temática**. Essa perspectiva tem sido a mais usada nas pesquisas acadêmicas, sobretudo porque elas presumem a existência de um projeto de pesquisa, a definição de um tema, bem como de quantas e quais serão as pessoas entrevistadas (faixa etária, grupo de pertencimento, gênero) e do que será perguntado. A entrevista temática parte de critérios mais objetivos, uma vez que deve ser embasada em roteiros estruturados ou semiestruturados no qual se explicitam as questões que deverão ser abordadas durante a narração. Ao contrário da história de vida, em que são oferecidos estímulos para o processo de rememoração, na história oral temática, parte-se de perguntas. Assim, é o entrevistador quem conduz o processo de narração do entrevistado por meio de indagações a respeito de um tema. Portanto, essa modalidade considera pessoas que tenham vivenciado determinado evento e que tenham condições de dar informações a respeito de tal processo histórico.

Nessa modalidade de história oral, a intenção é entrevistar um determinado número de pessoas de modo a compor um quadro de informantes sobre um mesmo tema, evento ou processo histórico. Logo, as falas dos diferentes colaboradores podem ser cruzadas para que se confrontem as diferentes visões sobre tal evento. Nesse tipo de projeto, é comum também o uso de outros documentos históricos para compor um quadro mais amplo do tema estudado.

Nas entrevistas temáticas, o entrevistador pode recorrer à utilização de um questionário de modo a organizar as informações que busca apreender. Se o caso é entrevistar alguém sobre sua experiência universitária, pode-se partir de um bloco de questões como o que consta no exemplo a seguir:

1. Por que escolheu tal curso?
2. Como foram seus primeiros dias na universidade?
3. Quais eram suas impressões sobre a universidade?
4. Quais eram seus principais colegas?
5. Teve algum problema de adaptação ao ambiente acadêmico?
6. Quais atividades desenvolveu?
7. Participou de algum movimento estudantil, centro acadêmico ou outra instância discente?
8. Como era sua relação com os professores?
9. Como se dava sua sociabilidade em eventos ocorridos no espaço estudantil, a exemplo de festas e celebrações?
10. Quais eram suas expectativas em relação ao futuro?

Com a utilização de um questionário, objetiva-se conduzir o entrevistado a responder às perguntas que se referem diretamente ao tema de pesquisa proposto, sem que divague sobre outras questões.

Antes de conceder a entrevista, o colaborador pode solicitar o questionário de modo a se preparar melhor quanto ao que responder. Embora as entrevistas em história oral temática sejam mais curtas, ocorrem situações em que é necessária uma nova conversa: para esclarecer pontos dúbios, obter respostas a outras perguntas ou acrescentar algo que não foi dito.

Independentemente do gênero a ser utilizado, o processo de construção das memórias orais precisa necessariamente ser pautado por relações éticas. Como estamos tratando de fontes que não se constroem automaticamente, mas por meio de uma relação dialógica entre duas pessoas, precisamos falar da ética em história oral. É esse o tema que examinaremos a seguir.

(4.5) ÉTICA EM HISTÓRIA ORAL

"A História Oral é uma ciência e arte do indivíduo", escreveu Alessandro Portelli (1997b, p. 15). Apesar de usar procedimentos que se assemelham aos de áreas do conhecimento como antropologia e sociologia, que têm como fundamento a análise de processos coletivos, a história oral se torna impossível sem os contatos individuais diretos. Ou seja, ela inexiste sem o trabalho de campo e, nesse sentido, as conversas devem necessariamente ser pautadas por relações éticas. A capacidade de reter, guardar e depois expressar lembranças é exclusiva do ser humano. Embora as memórias estejam inseridas naquilo que chamamos de *memória coletiva*, ou seja, digam respeito a um contexto histórico específico, o modo como lembramos, assim como as impressões digitais, é único. Por mais que tratem de uma mesma lembrança, jamais as vozes de duas pessoas serão exatamente iguais.

Mas o que se entende por *ética* em história oral? O termo *ética* tem origem na Grécia – muito presente nos textos de Platão – e refere-se à ciência da conduta, ou seja, à maneira pela qual a conduta dos seres humanos deve ser orientada, considerando-se os meios para atingir tal fim, bem como a forma de orientá-la e discipliná-la[5]. Como o historiador oral trabalha com pessoas vivas, a forma por meio da qual se valerá dos registros orais deve ser pautada no respeito e na

---

5   Ver o verbete ética em Abbagnano (2007).

seriedade no trato de informações que lhe serão cedidas de maneira gentil e desinteressada.

Segundo Portelli (1997b), uma das primeiras lições de ética no trabalho de campo na história oral é o respeito e o valor associados a cada indivíduo. Há uma tendência nas ciências sociais, e mesmo na história, de buscar os padrões, os comportamentos coletivos, a homogeneização. Na análise de séries documentais como registros paroquiais, testamentos, inventários, processos criminais, documentos escolares, cartas, missivas e diários, há uma preocupação em compreender determinados padrões, pensar os sujeitos no coletivo. Na história oral, porém, isso é diferente. Cada entrevistado é único, pois as histórias individuais contêm marcas específicas.

É certo que não se trata de indivíduos isolados, pois cada um traz em sua narrativa um amálgama de experiências vivenciadas no coletivo. No entanto, a forma como cada pessoa lembra é diferente, porque tais experiências vêm à luz entremeadas de sentimentos, emoções e afetividades que são próprias do indivíduo, de sua subjetividade. Assim, no momento de compor um quadro de análise e reunir as falas dos entrevistados, cabe ao pesquisador pensar em um contexto no qual figuram diferentes vozes, em uma multiplicidade de experiências que se unem por elementos em comum, mas que, ao mesmo tempo, apresentam traços específicos. A metáfora da colcha de retalhos seria a mais adequada para traduzir o respeito à individualidade[6] – estar aberto à compreensão da visão do outro, da alteridade, em sua crença ou opinião.

---

6   *Em história oral, a metáfora da colcha de retalhos se refere à composição de um contexto em que figuram falas de diferentes sujeitos, mas que não são percebidos como anônimos ou desprovidos de individualidade. Assim, as narrativas de cada um representam diferentes cores em uma única colcha, isto é, particularidades que são levadas em consideração e que no todo conferem um colorido especial à trama proposta.*

Voltando a Portelli (1997b), se a história oral é a ciência e a arte do indivíduo, ela também deve ser pensada como do coletivo. Afinal de contas, se todas as pessoas são únicas, não podemos esquecer que vários elementos são comuns aos grupos e possibilitam a composição de um coletivo. Diferença, individualidade, igualdade e coletividade são faces de uma mesma moeda denominada *liberdade*. Nesse sentido, a liberdade significa

> *a possibilidade de escolhermos nossas próprias diferenças, mas essa escolha só se torna viável em um estado igualitário. A diferença se transformará em hierarquia e em opressão, a menos que essa liberdade de escolha seja compartilhada por todos, nas mesmas proporções: as diferenças universais têm como base os direitos universais iguais (exceto, é claro, se estivermos nos referindo apenas à "liberdade" individualista e competitiva de fazer prevalecer a diferença de um ser humano sobre os direitos de outros). Não teremos condições de reivindicar nossas diferentes identidades, se formos todos iguais, e tampouco conseguiremos procurar a diferença por nós escolhida, se alguém tiver poder para nos impingir uma igualdade forçada (assimilação) ou uma diferença imposta (racismo e sexismo). Na busca pela diferença, não podemos nos esquecer de que também acalentamos um sonho de compartilhar, de participar, de comunicar-nos e de dialogar.*
>
> *É isso que implica o caráter dialógico da História Oral, bem como seu trabalho de campo: a fim de sermos totalmente diferentes, precisamos ser verdadeiramente iguais e não conseguiremos ser verdadeiramente iguais se não formos totalmente diferentes.* (Portelli, 1997b, p. 19)

A questão da igualdade/diferença é um elemento que se faz presente em todos os momentos de uma entrevista. Certamente, conversar com uma pessoa de semelhante condição social, nível de escolaridade e pouca diferença de idade é mais fácil, cômodo e confortável.

Por sua vez, entrevistar pessoas mais humildes, analfabetas ou com baixa escolaridade expõe certas diferenças (considerando-se que as condições do entrevistador sejam, de fato, diferentes).

Nesses casos, como o entrevistador deve se portar? Seria correto recorrer a uma linguagem mais coloquial para que o entrevistado se sinta mais à vontade para falar? Mas isso não pareceria artificial? E, em se tratando de uma elite culta e letrada, a situação não se inverteria? O entrevistador deveria empregar um vocabulário rebuscado que não usa cotidianamente? Mas essa escolha também não pareceria forçada? Então, como fazer de fato com que a entrevista seja um momento em que as diferenças não fiquem tão pronunciadas e não prejudiquem seu andamento? No caso de entrevistas com determinados grupos, como *hippies*, grafiteiros, quilombolas, indígenas, sem-teto, o entrevistador deveria aprender e usar expressões do cotidiano delas para que se sintam mais à vontade? Para uma entrevista com um profissional do sexo, expressões de espanto (muitas vezes involuntárias) por parte do entrevistador poderiam constranger o entrevistado e dificultar a narração?

Esses são dilemas éticos com que muitas vezes o entrevistador se depara em diferentes situações. Cabe ao pesquisador usar de sua sensibilidade para perceber o melhor caminho para conduzir a entrevista.

Além das diferenças de posição social entre o entrevistador e o narrador, a questão do espaço é também desafiadora. Realizar uma entrevista em uma região violenta, a exemplo de uma favela, ou em condições adversas, como no caso de moradores de áreas de invasão ou de rua, também exige sensibilidade do entrevistador. Tal sensibilidade também deve se manifestar quando a conversa é realizada com pessoas que passaram por situações traumáticas (violentadas sexualmente, torturadas, presas) ou que experienciaram tragédias individuais, familiares ou coletivas.

Embora não exista uma receita para se fazer entrevista, é preciso ter em mente que solicitar uma entrevista é invadir, mesmo que momentaneamente, a privacidade das pessoas, roubando-lhes certo tempo. Portanto, deve-se tornar esse momento o mais confortável possível, respeitando a individualidade de cada um com quem se fala. Se um indivíduo entrevistado oferecer algo ao entrevistador, será de boa educação aceitar. Mesmo que não se goste de café, por exemplo, é importante não recusá-lo, caso seja oferecido. Isso ajudará a tornar o clima mais ameno. Além disso, negar uma oferta dessa natureza poderá gerar um efeito contrário, caso algum entrevistado encare a recusa como uma ofensa. Por isso, é necessário considerar que a entrevista é um momento de expectativas, em que tanto o entrevistador como o entrevistado estão analisando seu espectador.

O cuidado também deve se estender ao local em que a entrevista será realizada. Nem sempre as pessoas receberão o entrevistador em suas casas. Afinal, para todos os efeitos, trata-se de estranhos. Desse modo, ao ser convidado a entrar na casa da pessoa a ser entrevistada, o pesquisador não deve reparar se o ambiente está ou não organizado, se a cadeira para se sentar está limpa ou, ainda, torta e com risco de se quebrar. As pessoas normalmente se preocupam com isso, o que pode alterar o andamento da entrevista. Até mesmo as roupas usadas pelo entrevistador podem influenciar no processo. Ninguém vai de terno e gravata fazer uma entrevista na periferia nem usar salto alto para entrevistar trabalhadores sem-terra.

Fazer história oral não é esperar que o entrevistado responda a todas as perguntas – na maioria das vezes, isso não acontece e pode frustrar o entrevistador. Pelo contrário, este deve estar aberto ao que o outro tem a dizer, saber ouvir, respeitar seus silêncios, suas pausas, buscar compreender suas omissões. Do outro lado do gravador não estão apenas sujeitos aptos a responder, mas seres humanos com lembranças plenas de emoções e sentimentos alegres ou dolorosos, que selecionam suas lembranças e decidem o que deve ser dito e o que deve ser esquecido. Enfim, eles acreditam que têm algo a oferecer e por isso se dispuseram a ajudar.

> **Saiba mais**
>
> Se as ciências ocultas e esotéricas são privilégio dos "mestres da faca" e dos chantres dos deuses, a música, a poesia lírica e os contos que animam as recreações populares, e normalmente também a história, são privilégios dos *griots*, espécie de trovadores ou menestréis que percorrem o país ou estão ligados a uma família.
>
> Sempre se supôs – erroneamente – que os *griots* fossem os únicos "tradicionalistas" possíveis. Mas quem são eles?
>
> Classificam-se em três categorias:
>
> - os *griots* **músicos**, que tocam qualquer instrumento (monocórdio, guitarra, cora, tantã, etc.). Normalmente são excelentes cantores, preservadores, transmissores da música antiga e, além disso, compositores.
> - os *griots* **"embaixadores"** e cortesãos, responsáveis pela mediação entre as grandes famílias em caso de desavenças. Estão sempre ligados a uma família nobre ou real, às vezes a uma única pessoa.
> - os *griots* **genealogistas**, historiadores ou poetas (ou os três ao mesmo tempo), que em geral são igualmente contadores de história e grandes viajantes, não necessariamente ligados a uma família.

> A tradição lhes confere um *status* social especial. Com efeito, contrariamente aos *Horon* (nobres), têm o direito de ser cínicos e gozam de grande liberdade de falar. Podem manifestar-se à vontade, até mesmo impudentemente e, às vezes, chegam a troçar das coisas mais sérias e sagradas sem que isso acarrete graves consequências. Não têm compromisso algum que os obrigue a ser discretos ou a guardar respeito absoluto para com a verdade. Podem às vezes contar mentiras descaradas e ninguém os tomará no sentido próprio. "Isso é o que o *dieli* diz! Não é a verdade verdadeira, mas a aceitamos assim". Essa máxima mostra muito bem de que modo a tradição aceita as invenções dos *dieli*, sem se deixar enganar, pois, como se diz, eles têm a "boca rasgada".

Fonte: Bâ, 2010, p. 193.

Síntese

Neste capítulo, demonstramos que a história oral como procedimento metodológico emergiu com o aparecimento do gravador, nos anos de 1950. Entretanto, a oralidade sempre foi um mecanismo importante para a transmissão da história.

No século XIX, houve a ascensão da história como disciplina que valorizou os documentos escritos como os "verdadeiros testemunhos" do passado. Assim, outras formas de vestígios do passado, como a oralidade, foram relegadas à marginalidade. Com a renovação dos temas e dos métodos historiográficos, especialmente a partir das décadas de 1960 e 1970, a história oral conquistou espaço no universo acadêmico principalmente em relação ao estudo dos grupos tradicionalmente marginalizados da sociedade: imigrantes, mulheres, camponeses, operários, analfabetos, negros, pobres, comunidades tradicionais, entre outros. Em nossa abordagem, mostramos que, com a vantagem de priorizar a recuperação de eventos vividos com base nos relatos de quem os viveu, a história oral passou a ser vista como uma metodologia que oferece outra visão do passado, muitas vezes não encontrada nas fontes tradicionais. Assim, com a multiplicação de pesquisas possibilitadas pela história oral, tornou-se necessário afinar instrumentos teóricos e metodológicos de modo a melhor operacionalizar uma fonte que envolve muitos cuidados, uma vez que o trabalho é realizado diretamente com testemunhos vivos da história.

Também argumentamos que buscar no presente a memória do passado através da fala de interlocutores é certamente um procedimento complexo e delicado que envolve a heterogeneidade das experiências humanas, mas que, ao mesmo tempo, apresenta um campo de pesquisa fértil com potencialidades múltiplas de olhares e interpretações.

Indicações culturais

Documentário

SOTIGUI Kouyaté: um griot no Brasil. Direção: Alexandre
    Handfest. Brasil: Sesc TV, 2007. 57 min. Disponível em:
    <https://www.youtube.com/watch?v=sJd1te_3pjI>. Acesso em:
    20 jul. 2018.

Dirigido por Alexandre Handfest, esse documentário trata da importância dos *griots* na transmissão da cultura, dos valores, das crenças e das histórias das populações africanas. Apresenta as narrativas do *griot* alternando com imagens e cenas de manifestações culturais africanas.

Filmes

NARRADORES de Javé. Direção: Eliane Caffé. Brasil: Bananeira Filmes, 2003. 100 min.

Esse filme conta a história de um vilarejo fictício localizado no interior da Bahia e que está prestes a ser inundado pela construção da barragem de uma usina hidrelétrica. Para impedir que a história do lugar desapareça, um grupo local decide escrever um livro. Entretanto, como a maioria das pessoas é analfabeta, os representantes do grupo delegam essa atividade a Antônio Biá, um dos poucos letrados do lugar. Biá sai pelo vilarejo recolhendo informações, principalmente por meio de entrevistas, e se depara com uma variedade de versões sobre a história do lugar contadas por seus moradores. O filme é um bom exemplo para explorar o uso das narrativas orais na produção do conhecimento histórico, bem como para pensar a relação entre história/memória oficial e a visão dos excluídos.

UMA LIÇÃO de vida. Direção: Justin Chadwick. Reino Unido, 2014. 120 min.

Esse filme conta a história real de Kimani Ng'ang' Maruge, um queniano que, aos 84 anos, luta pelo direito de aprender a ler e escrever. A emocionante trama mostra o africano sendo alfabetizado ao lado de crianças em uma escola primária do Quênia, ao mesmo tempo que retoma suas memórias de luta pela liberdade do país.

Vídeos

MEIHY, J. C. S. B. **O que é história oral? Professor Sebe explica**. Disponível em: <https://www.youtube.com/watch?v=rl8CDDXFmTE&t=1s>. Acesso em: 20 jul. 2018.

Nesse vídeo, o professor José Carlos Sebe Bom Meihy tece considerações sobre o que é a história oral.

MURAKAMI, A. I. **Exemplo de uma entrevista de história oral**. Arthur Murakami entrevistado por Cole Kawana. Disponível em: <https://www.youtube.com/watch?v=IkEMaUuSnqA>. Acesso em: 21 jul. 2018.

O vídeo traz um trecho de entrevista pelo método de história oral feita por Cole Kawana, aluno da 6ª série de uma escola norte-americana, com seu tio-avô, Arthur Ichiro Murakami, sobrevivente da explosão da bomba atômica em Hiroshima em 1945.

Atividades de autoavaliação

1. Neste capítulo, adota-se a definição da história oral como:
   a) uma técnica.
   b) uma disciplina.
   c) uma metodologia.
   d) um estudo de caso.

2. Sobre o trabalho de campo realizado pelo pesquisador em história oral, considere as seguintes proposições:
   i) Questões de gênero, classe social e idade não afetam a relação entre entrevistador e entrevistado.
   ii) O cuidado ético deve ser levado em conta durante a realização de uma entrevista.
   iii) O uso do gravador é opcional na realização de uma entrevista.
   iv) Para utilizar a entrevista em uma pesquisa, é importante realizar a edição do texto resultante da entrevista gravada, para torná-lo mais acessível ao leitor.

   Agora, assinale a alternativa que contém somente as afirmações corretas:

   a) I e II.
   b) II e IV.
   c) III e IV.
   d) I e III.

3. A respeito da diferença entre tradição oral e história oral, é correto afirmar:
   a) Tradição oral é o processo pelo qual um conjunto de informações é transmitido às gerações seguintes, e história oral é um procedimento metodológico de criação e arquivamento de entrevistas feitas a partir de uma intenção.
   b) *Tradição oral* e *história oral* são expressões sinônimas e referem-se ao processo de coleta de depoimentos orais a de pessoas, grupos e povos sem escrita.

c) A tradição oral diz respeito às práticas folclorísticas, e a história oral é uma técnica de pesquisa.

d) Tradição oral é um conjunto de saberes e fazeres que podem também ser escritos, e história oral é uma disciplina que produz e analisa entrevistas.

4. Existem diferentes abordagens em história oral que têm como resultados encaminhamentos diversos para a realização de entrevistas. Entre elas, destacam-se alguns tipos, tais como:
   a) autobiografia e biografia.
   b) história oral de vida, história temática e história testemunhal.
   c) depoimentos individuais e coletivos.
   d) memórias verdadeiras e memórias falsas.

5. Sobre os procedimentos para a construção de uma entrevista, considere as seguintes proposições:
   i) Definição de um tema de pesquisa.
   ii) Escolha do(s) colaborador(es) a ser(em) entrevistado(s) e das perguntas a serem feitas.
   iii) Solicitação de autorização para gravação e uso dos resultados.
   iv) Transcrição e edição da entrevista.

   Agora, assinale a alternativa que contém somente as proposições corretas:

   a) II, III e IV.
   b) Todas são corretas.
   c) Apenas I e IV.
   d) Apenas II e III.

Atividades de aprendizagem

Questões para reflexão

1. Neste capítulo, foi apresentado um extrato de texto sobre os *griots*, identificados como os guardiões da tradição oral em muitas sociedades africanas. Aliás, em tais sociedades, a oralidade desempenha um papel muito importante na transmissão da história. Estabelecendo um paralelo com o contexto brasileiro, identifique qual é o lugar da oralidade na transmissão de saberes, histórias, práticas e crenças a partir de exemplos de pessoas que exercem funções similares à dos *griots* africanos. Qual é a importância da oralidade na transmissão desses saberes tanto para os povos africanos quanto no contexto nacional?

2. A história oral é um procedimento metodológico que busca a recuperação do vivido por quem vivenciou determinada experiência. Entretanto, a lembrança é apenas um relato do passado – e não o passado em si –, pois a memória é atualizada por eventos e experiências vivenciados *a posteriori* e revivificados no presente. Além disso, as lembranças comumente vêm à tona entremeadas por sentimentos bons ou ruins, além de despertarem sensações de alegria, tristeza e autocensura e de estimularem a tensão entre o dizer e o não dizer. Assim, reflita sobre como a história oral pode contribuir para uma interpretação diferenciada do passado.

Atividade aplicada: prática

1. Neste capítulo, analisamos os procedimentos básicos para a realização de uma entrevista. Agora, é a sua vez.

   Para os propósitos desta atividade, você deverá realizar uma entrevista curta sobre algum tema de seu interesse (aproximadamente 20 minutos). Portanto, deverá selecionar:

   a) o entrevistado;
   b) o tema a ser abordado;
   c) as questões a serem perguntadas (faça um roteiro prévio daquilo que você pretende descobrir).

   Lembre-se de que o entrevistador precisa saber ouvir. Assim, deixe seu entrevistado falar à vontade. Portanto, não faça um roteiro muito longo nem fique muito preso a ele. Deixe a entrevista fluir naturalmente. Seja atencioso com o entrevistado, não desvie o olhar e ouça atentamente.

   A seguir, apresentamos algumas dicas que poderão facilitar o processo durante a entrevista:

1. Explicite os objetivos da entrevista.

2. Anote possíveis interrupções, mudanças de humor, expressões faciais ou outras situações peculiares que o gravador não é capaz de captar.

3. Solicite permissão e grave a entrevista.

4. Depois, transcreva-a e edite-a para tornar o texto mais acessível ao leitor.

5. Combine com o entrevistado como ele prefere ser citado (uso de prenome, nome e sobrenome, iniciais ou pseudônimo).

Capítulo 5
História oral, memória e identidade

O ato de rememorar o passado é complexo e envolve uma multiplicidade de questões que devem ser levadas em conta pelo pesquisador que vai lidar com essa temática. Neste capítulo, discutiremos alguns conceitos importantes que estão diretamente vinculados ao ato de rememorar e que não podem ser pensados como elementos à parte. Examinaremos as relações entre memória e identidade – a memória nas formas individual e coletiva –, bem como a importância dessas relações para problematizarmos tanto o passado como o presente. Analisaremos também a questão do tempo em sua multiplicidade de formas na construção da memória e discutiremos como estas apresentam marcas de tempos específicos. Além disso, abordaremos os diferentes elementos que influenciam na construção das memórias, tais como as questões de gênero, classe e geração, bem como a função dos ritos de recordação e das dimensões da memória. O objetivo é que você compreenda as múltiplas facetas da memória e os diferentes elementos que interagem especialmente quando se trata de história oral.

(5.1)
Memória e identidade

Memória e identidade são dois conceitos complexos e fundamentais para as ciências humanas. Como define o antropólogo Joël Candau (2012), ambos estão indissoluvelmente ligados. A memória é elemento constituinte das identidades, sejam individuais, sejam coletivas.

Neste livro, já analisamos o conceito de memória. Agora, vamos abordar o conceito de identidade e, na sequência, mostrar como ele se relaciona com a memória, sobretudo com a história oral.

Em primeiro lugar, devemos ter em mente que o termo *identidade* tem um sentido bastante amplo e que, na qualidade de um conceito sociológico, é preferível que seja usado no plural. Falamos de diferentes **tipos de identidades**: identidade pessoal, social, religiosa, étnica, de ego etc. Entretanto, as identidades não se manifestam por acaso. O sociólogo Zygmunt Bauman (2005), pautado na própria experiência, afirma que o indivíduo não pensa em identidades a menos que seja forçado a fazer isso. Elas são marcadas pela diferença, ou seja, emergem em um contexto de alteridade. No caso da identidade nacional, ela é mobilizada principalmente quando estamos em um contexto diferente, pois existem diversos signos que nos identificam como pertencentes ao nosso país (idioma, forma de se vestir, hábitos alimentares, entre outros). O mesmo se aplica ao pertencimento a uma cidade ou a um Estado. Para que haja a mobilização dessa identidade, é preciso o confronto com o outro, com o diferente. Nesse sentido, identidade e diferença estão em uma estreita dependência, ou seja, uma não pode existir sem a outra. Ambas resultam de um processo de produção simbólica e discursiva (Silva, 2013, p. 74-81).

O sociólogo Stuart Hall (2005), em seu trabalho *A identidade cultural na pós-modernidade*, procura compreender os processos de mudanças identitárias por meio da denominada *crise identitária* presenciada na sociedade global a partir do final do século XX. O autor destaca que as identidades passaram por processos de transformação ao longo do tempo em função das constantes mudanças sociais. Para exemplificar esse processo de descentramento do sujeito, Hall (2005) distingue três concepções muito diferentes de sujeitos:

- **O sujeito do Iluminismo**: fundamentado em uma concepção de peso como indivíduo, totalmente centrado, unificado e dotado das capacidades de razão, consciência e ação.
- **O sujeito sociológico**: não autônomo, formado nas relações com pessoas consideradas importantes para ele – alguém que transita entre os universos pessoal e público.

- **O sujeito pós-moderno**: que pertence a múltiplos grupos, com uma identidade fragmentada, formada e transformada constantemente e, muitas vezes, contraditória.

Como podemos perceber, as identidades são fluidas, muitas vezes frágeis e podem ser transitórias. Além da alteridade, elemento fundamental para a construção das identidades e entendida como o contraponto da identidade, devemos levar em consideração, como bem destaca Hall (2005), que as identidades não são atributos imutáveis dos indivíduos ou das coletividades. Ao contrário, são constantemente construídas, reconstruídas e renovadas nas trocas sociais. Portanto, não existem identidades estanques, especialmente no mundo globalizado. Conforme salienta o sociólogo Jean-Claude Ruano-Borbalan (2004), a identidade não é como uma substância, um atributo imutável do indivíduo ou das coletividades. As identidades comunitárias ou políticas se elaboram, são construídas e atualizadas incessantemente com as interações entre os indivíduos, grupos e suas ideologias. Assim, um indivíduo pode estar ligado a vários grupos de pertencimento (família, profissão, grupo étnico, comunidade religiosa), de modo que o grupo funciona como catalisador da identidade individual. Na construção da identidade, tanto individual como grupal, os rituais de memória, a cultura e as crenças (principalmente as religiosas) constituem vetores privilegiados de socialização e identificação do indivíduo.

Os múltiplos pertencimentos se verificam com mais intensidade na realidade contemporânea. Em tempos de globalização, que se caracteriza pela velocidade no processamento de informações e pela sociedade em rede, costuma-se falar de identidades fluidas, que são cada vez mais descentradas, deslocadas ou fragmentadas (Hall, 2005). Nessa direção, tem feito cada vez mais sentido o termo *identidade líquida*, atribuído ao sociólogo Zygmunt Bauman (2005) para tratar da efemeridade dos laços de pertencimento e da velocidade de construção e reconstrução de novos vínculos na sociedade globalizada.

As identidades contemplam um processo de construção de significados. Portanto, elas são dinâmicas – como mencionamos, elas são construídas, atualizadas e reconstruídas ao longo do tempo. Também são permeadas por tensões e relações de poder, marcadas por processos de negociação e conflito. Nesse sentido, a memória, seja individual, seja coletiva, constitui-se em uma de suas matérias-primas fundamentais. É a memória que alimenta as identidades. É ela quem nos modela e por nós também é modelada (Candau, 2012). É por meio da memória que os sujeitos fazem escolhas entre o que deve ser lembrado e o que deve ser esquecido, chegando, assim, à composição de sua individualidade. Como explica Michael Pollak (1992, p. 204, grifo do original), "Podemos portanto dizer que **a memória é um elemento constituinte do sentimento de identidade**, tanto individual como coletiva, na medida em que ela é também um fator extremamente importante do sentimento de continuidade e de coerência de uma pessoa ou de um grupo em sua reconstrução de si".

Já comentamos que um sujeito sem memória é alguém sem identidade, o que pode ser facilmente constatado nos casos de pessoas que perdem a memória (como em casos de acidentes e doenças degenerativas). Quando elas têm suas memórias apagadas, vão perdendo a referência de quem são e não se reconhecem mais em seu grupo de convívio. Já na Antiguidade os gregos identificavam o passado esquecido com a morte, uma vez que os mortos não têm lembranças. Portanto, a memória é peça-chave na constituição da pessoa, do ser e de sua existência.

Como já mencionamos, as relações entre memória e identidade definem a escolha entre o que deve ser lembrado e o que deve ser esquecido para a composição da identidade futura, e isso é muitas vezes feito de maneira voluntária e consciente. Conforme Candau (2012, p. 72), "o ato de rememorar experiências passadas é feito de adesões e rejeições, consentimentos e negações, aberturas e fechamentos, aceitações e renúncias, luz e sombra ou, dito mais simplesmente, de lembranças e esquecimentos". Assim, uma memória traumática ou dolorosa pode ameaçar a constituição da identidade individual.

Tragédias pessoais como a morte de entes queridos ou cenas de violência vivenciadas na infância podem afetar o processo de constituição de si e muitas vezes são silenciadas para darem lugar a memórias menos dolorosas. O mesmo ocorre com comunidades que passaram por experiências trágicas (por exemplo, as que sofreram sob o comando dos nazistas). Pollak (1989, p. 6) destaca que, apesar da abundante literatura produzida sobre o tema, especialmente no período pós-guerra, essa questão permaneceu sendo um grande tabu nas histórias individuais, nas conversas familiares e mesmo nas biografias de líderes públicos na Alemanha e na Áustria. Os sentimentos de culpa e vergonha podem ser lidos nos silêncios ou na tentativa de esquecimento do passado.

Falar em memória coletiva é tratar de algo complexo, pois esta não tem um só narrador. Aliás, os diferentes agentes influenciam de variadas formas a construção da memória coletiva. A memória, ao definir o que é comum a um grupo, também serve como veículo de diferença em relação aos demais, além de fundamentar e reforçar os sentimentos de pertencimento e as fronteiras socioculturais. Assim, a memória comum cumpre o papel de reforçar a coesão social, não pela coerção – embora ela exista –, mas pela adesão afetiva ao grupo, podendo ser definida como uma comunidade afetiva (Pollak, 1989, p. 3). Desse modo, entendemos que a memória é a base construtora de identidades e solidificadora de consciências individuais e coletivas.

"É elemento constitutivo do autorreconhecimento como pessoa e/ou como membro de uma comunidade pública, como uma nação, ou privada, como uma família" (Delgado, 2006, p. 38).

A forma como um indivíduo narra suas memórias envolve a identidade desse sujeito e depende da maneira como ele se relaciona ou se relacionava com o grupo – dependendo da situação, essa relação pode ser tensa. Por isso, muitas pessoas, ao envelhecerem, podem se tornar mais falantes ou mais silenciosas. A recusa em falar do passado ou se expressar de forma espontânea exprime o papel das memórias no processo de reconstrução da identidade pessoal ou coletiva.

Na próxima seção, analisaremos como as lembranças são ativadas e de que forma esse processo se refere à constituição das identidades. Existem diferenças na maneira como homens e mulheres rememoram o passado? E entre classes sociais? E entre gerações? Essas perguntas serão problematizadas a seguir.

(5.2)
Como lembramos o passado

"A consciência do passado é, por inúmeras razões, essencial ao nosso bem-estar", escreveu o professor David Lowenthal (1998, p. 64). Segundo esse pensador, o conhecimento do passado conta, sobretudo, com três origens: a história, a memória e os fragmentos. Essas três fontes de conhecimento revivem continuamente nossa consciência do passado. Mas o que podemos conhecer do passado não é o passado em si; não podemos conhecê-lo tão bem como conhecemos o presente. Da mesma forma, o que conhecemos hoje como "o passado" não é o que alguém experimentou como "o presente". A metáfora do país estrangeiro, onde tudo é feito de modo diferente, serve bem para ilustrar essa ideia (Lowenthal, 1998).

No processo de conhecimento do passado, a memória tem papel fundamental na composição de nossa consciência. Mas a forma como lembramos o passado tem muito de nossa individualidade, de nossa subjetividade. Essa perspectiva levou alguns autores a estudar as dificuldades de se pensar em uma memória coletiva, pois cada um recorda de forma diferente um evento vivenciado de maneira coletiva. Independentemente dessa discussão, as recordações não são isoladas, pois estão constantemente impregnadas das experiências alheias. De acordo com Lowenthal (1998, p. 81), "muitos acontecimentos que pensamos recordar a partir de nossa própria experiência, na realidade nos foram contados e então tornaram-se parte indistinta de nossa memória".

O ato de rememorar o passado, como mencionamos, é algo subjetivo, portanto envolve a heterogeneidade das experiências humanas, as quais variam conforme o gênero, a idade, a condição social, o pertencimento étnico, entre outros fatores determinantes. Tais experiências, especialmente quando estamos lidando com a história oral, vêm à tona permeadas por emoções, sentimentos, afetividades e lembranças que são únicos no ato de recordar, pois fazem parte da forma subjetiva de ser. Portanto, a maneira como cada um lembra o passado depende muito das experiências vividas, bem como de sua condição como ator social em um dado momento histórico.

No que toca à questão de gênero, a forma como homens e mulheres lembram o passado tem suas particularidades. Para Michelle Perrot (1989, p. 14), "A memória feminina, assim como a escrita feminina, é uma memória familiar, semioficial". Trata-se de uma memória íntima que está relacionada "ao seu lugar na família e na sociedade" (Perrot, 1989, p. 15). Temas como vestimentas, cuidado com a família e educação dos filhos e mesmo questões mais íntimas, como namoro e matrimônio, são comumente encontrados na fala de mulheres.

"Em geral, são elas que estabelecem uma relação mais sensível com determinados objetos e lembranças que devem ser arquivados. São as guardiãs da memória que no ato de lembrar acabam por assumir uma postura importante e ativa no processo de narração das experiências passadas" (Scarpim, 2017, p. 41-42).

No caso dos homens, as memórias sobre as questões íntimas são atrofiadas pelas recordações da vida pública (Perrot, 1989). Geralmente, eles falam de trabalho, negócios, eventos esportivos, exprimem satisfação pelas realizações obtidas, comentam sobre política ou eventos contemporâneos de que participam. Enfim, as memórias masculinas estão atreladas às "experiências relacionadas aos espaços públicos. A memória masculina, em geral, se prende menos a detalhes e mais aos acontecimentos que envolvem o coletivo. Isso não quer dizer que memórias sobre aspectos do privado não sejam encontradas nas narrativas masculinas" (Scarpim, 2017, p. 42).

O pertencimento profissional também influi na forma como os sujeitos fazem a reconstrução de si. Operários tendem a falar de suas experiências de lutas; empresários comentam sobre suas trajetórias de sucesso; trabalhadores rurais mencionam as dificuldades no trabalho com o campo quando a tecnologia era escassa ou como esta alterou as relações de trabalho; profissionais do magistério versam sobre as mudanças de valores e de comportamento no suceder das gerações de estudantes. Enfim, a memória é carregada de elementos que identificam a trajetória e o lugar de cada um num determinado grupo, em espaço e tempo específicos.

Outro elemento que impacta a rememoração do passado é a geração. Jean-François Sirinelli (1996) destaca que pensar a geração pressupõe aparentemente considerar um fato biológico, natural; por outro lado, ela é cultural e modelada por acontecimentos que nos levam a uma autorrepresentação na condição de pertencentes a uma faixa etária com forte identidade diferencial. Assim, a constatação do pertencimento a diferentes gerações, de pessoas que vivenciaram momentos históricos diferenciados e que presenciaram mudanças significativas em sua vida, impacta a forma como os sujeitos fazem a reconstrução de si. Para exemplificar, pessoas que, quando jovens, vivenciaram a revolução sexual da década de 1960[1] têm memórias diferenciadas em relação àquelas que eram, nesse contexto, adultas – especialmente, se eram casadas.

Outro exemplo se refere às experiências de voto no Brasil contemporâneo. Certamente, uma pessoa de 45 anos relatará memórias diferentes de alguém de 70 anos que tenha passado parte de sua experiência como eleitor durante a ditadura civil-militar. São pessoas que naquele momento pertenciam a gerações diferentes.

O espaço onde se vive também influencia, sobremaneira, a forma de lembrar o passado. Muitas pessoas que viveram no campo nos anos de 1970 provavelmente não têm lembranças de Elvis Presley ou dos Beatles, diferentemente daquelas que viviam no meio urbano, em especial em grandes cidades. Do mesmo modo, se entrevistarmos pessoas de cidades pequenas e de cidades grandes sobre as mudanças da moda nos anos posteriores à Segunda Guerra Mundial – a exemplo das calças boca de sino, do uso dos vestidos decotados ou da maquiagem –, obteremos respostas que denotarão diferentes perspectivas. Certamente, serão narrativas bastante diferenciadas.

---

1 O termo revolução sexual *tem sido empregado nas ciências sociais para se referir às transformações que ocorreram no mundo ocidental a partir dos anos de 1960 e que possibilitaram mudanças nos comportamentos sexuais, tais como: a difusão da pílula contraceptiva, a adoção de leis favoráveis ao divórcio, a legalização do aborto, a despatologização da homossexualidade, uma maior aceitação das relações sexuais fora do casamento, entre outras.*

O elemento étnico-racial também é outro diferencial no processo de construção das memórias. Conversar com pessoas de diferentes origens étnicas (italiana, japonesa, alemã, polonesa, africana etc.) provavelmente produzirá memórias que ressaltem aspectos de tal pertencimento. Nas memórias, tais aspectos podem ser positivados, negativados ou, até mesmo, silenciados, dependendo do tema a ser tratado na entrevista. Como exemplo, podemos citar o caso de descendentes de alemães que vivenciaram o período da Segunda Guerra Mundial ou dos ex-combatentes que lutaram nos campos de batalha da Itália. Muitas memórias trazem marcas profundas desse momento histórico, as quais podem traduzir-se em exaltação, silêncio, esquecimento ou vergonha. O mesmo pode ocorrer com homens e mulheres de origem afrodescendente submetidos a processos de exclusão social, em que o critério étnico-racial transparece como causa de pobreza, abandono ou desemprego.

O pertencimento político também é elemento diferenciador no processo de construção das memórias. A militância, o engajamento, a participação em partidos, sindicatos ou agremiações, a prisão, o exílio e a violência constituem-se em marcas profundas no processo de reconstrução de si, as quais podem ser rememoradas de diferentes maneiras: por meio do silêncio, se tal lembrança recordar um trauma; da exaltação, se houver orgulho ou paixão; da recusa, se for algo muito doloroso. Enfim, tais lembranças podem ser ativadas de várias maneiras, dependendo do tipo de emoção que elas despertam.

O processo de reconstrução do passado por meio da memória é atravessado por várias categorias: raça, gênero, geração, pertencimento social etc. Entretanto, existe outro elemento que no processo de construção da memória é variável e múltiplo. Trata-se do tempo, fundamental para a ciência histórica, que será abordado na sequência.

(5.3)
O TEMPO NA HISTÓRIA ORAL

Já comentamos que a memória não equivale ao passado em si, mas a fragmentos dele que são acionados em função de interesses distintos. Portanto, a memória transforma o passado vivido naquilo que pensamos que ele deveria ter sido, privilegiando aquilo que gostaríamos que tivesse ocorrido e eliminando as cenas indesejáveis (Lowenthal, 1998). Nesse processo de lembrar, esquecer e revisar, o tempo tem função especial. Já apontamos, no Capítulo 1, que o tempo da memória não é o mesmo da história. Rupturas, continuidades, descontinuidades, simultaneidades, curta duração, longa duração, diacronia, sincronia, entre outros, são conceitos comuns ao tempo histórico, não ao da memória.

Com relação à memória, a forma como revivemos nosso passado não se refere a uma sequência contínua. Ao contrário, determinados eventos são selecionados tendo em vista sua importância em nosso passado, e a forma como os ordenamos pode escapar à linearidade do tempo. Na história oral, um dos desafios é perceber as múltiplas temporalidades na fala dos entrevistados, visto que, em uma determinada narrativa, é um jovem do passado que fala pela voz de um adulto do tempo presente.

Assim, "o passado da memória não é uma cadeia temporal consecutiva, mas um conjunto de momentos descontínuos içados da corrente do tempo" (Lowenthal, 1998, p. 87). Por exemplo: na fala de um operário, diversas temporalidades se entrecruzam – da fábrica em que trabalha; da cidade em que a empresa está inserida; do país em seu atual momento; do próprio movimento operário. Em comparação com um trabalhador de outra cidade, em um mesmo contexto histórico, certamente alguns elementos em comum seriam evidenciados, mas também certas especificidades poderiam ser entrelaçadas. Nesse sentido, devemos ter em mente que o tempo da memória também tem suas dimensões individual e coletiva. Comumente as pessoas se apropriam de eventos regionais, nacionais ou internacionais para compor suas memórias individuais. Assim, fala-se de tempos diversos: o tempo da guerra; a época do rádio; o período em que a estrada de ferro foi construída; a época da TV em preto e branco; o tempo em que não havia carros; a década de 1960 etc.

O adulto traz em si memórias de suas experiências pessoais, mas também lembranças que ele não viveu, mas que foram a ele repassadas por outros. Trata-se de lembranças que fazem parte de outras memórias e que podem ser referentes ao momento em que ele viveu ou até mesmo a outras gerações. Fala-se em um tempo sobre outro tempo. "Enfim registram-se sentimentos, testemunhos, visões, interpretações em uma narrativa entrecortada pelas emoções do ontem renovadas ou ressignificadas pelas emoções do hoje, do tempo do momento da entrevista" (Delgado, 2006, p. 18). Desse modo, o tempo da memória muitas vezes ultrapassa o tempo de vida individual exclusivo dos depoentes, ou seja, de sua geração, pois, em muitos casos, eles trazem gravadas em sua memória histórias de família, de amigos, de instituições ou comunidades às quais estão ou foram vinculados.

Nas narrativas orais estão presentes elementos que constituem a memória de temporalidades que ultrapassam o tempo vivido. É o que Michael Pollak (1992) chama de *memória herdada* e que está presente naquilo que Pierre Bourdieu (1983) denomina *habitus*[2]. Muitas

---

[2] *Para Bourdieu (1983), o conceito de* habitus *é criado para pôr fim à oposição comumente encontrada na sociologia entre indivíduo e sociedade, a partir da necessidade de compreender as relações de afinidade entre o sujeito e as estruturas e os condicionantes sociais. Em outras palavras, o* habitus *é a capacidade de o sujeito aprender em sua forma de agir, sentir e pensar determinada estrutura social.*

entrevistas transmitem e "reelaboram vivências individuais e coletivas de informantes com práticas sociais de outras épocas e grupos" (Amado, 1995, p. 135).

Os relatos orais sobre o passado referem-se a experiências subjetivas – daí a dificuldade de se distinguir a dimensão temporal. As memórias vêm carregadas de sentimentos, afetividades e sensibilidades que extrapolam a dimensão temporal. Não se constituem como algo linear, tampouco objetivo, e sim subjetivo. Isso não significa que é impossível identificar um passado cronológico nas memórias, mesmo porque muitas lembranças são datadas e dizem respeito a eventos conhecidos e vivenciados de forma mais ampla.

A memória introduz o passado no presente e o atualiza. Ao lidar com as narrativas de um tempo já vivido, o entrevistador deve ter a consciência de que não pode tomar a fala dos depoentes como reprodução pura e fiel do passado, pois a memória é um fenômeno construído por processos que "podem tanto ser conscientes como inconscientes" (Pollak, 1992, p. 204).

No caso das lembranças pessoais, o pesquisador não deve ter como objetivo comprovar verdades, mas compreender como o passado tem sido apropriado e reelaborado pelo narrador em sua fala e em sua imaginação. Como e por que em um determinado conjunto de lembranças algumas são selecionadas para serem guardadas e outras não? É o que David Lowenthal (1998) chama de **relíquia**. Assim, essas lembranças selecionadas ganham significado, e são justamente esses significados atribuídos pelo narrador que devem ser problematizados. Na construção das entrevistas, o objetivo não é reproduzir o passado, mesmo porque ele por si só é inacessível. Ao contrário, a intenção é rememorar no presente, por meio de palavras, imagens e discursos, as experiências vividas.

A memória é inseparável da vivência da temporalidade. O tempo da memória, como afirmamos, é fluido e entrecruza tempos múltiplos. A lembrança do tempo passado e a forma como ele é percebido são aspectos flutuantes. Portanto, reconhecer a temporalidade na fala de um depoente requer o confronto com outras falas e, muitas vezes, também com outros documentos, pois lembrar-se de algo é, na melhor das hipóteses, considerá-lo provável, uma vez que muitas lembranças somente podem ser comprovadas se forem comparadas com outras recordações do passado, mas nunca com o passado em si. Pensando-se nesse sentido, quando se faz uma pesquisa com a metodologia da história oral, é possível utilizar também a documentação escrita ou visual.

História oral e pesquisa documental não são excludentes. Pelo contrário, elas caminham juntas e se auxiliam mutuamente. Na verdade, a relação entre elas é bidirecional e complementar, pois tanto a história oral quanto a pesquisa documental fornecem simultaneamente subsídios e informações uma à outra, tornando o processo de construção de fontes orais extremamente desafiante e rico. Desse modo, concordamos com Portelli (1997b) quando ele afirma que os dois tipos de fontes não são mutuamente excludentes – ao contrário, eles compartilham características autônomas e funções específicas.

A forma como lembramos o passado em sua multiplicidade temporal geralmente é marcada por momentos de maior intensidade que trazem à tona memórias mais fortes: sejam elas felizes, dolorosas, marcadas por revolta e indignação ou permeadas de nostalgia de um tempo que não volta mais. Tais memórias vêm à tona graças a ritos de recordação, tema que examinaremos a seguir.

(5.4)
Rituais de recordação

O ato de recordar é uma característica inerente ao ser humano. No processo de rememorar o passado, os ritos de recordação, particularmente os comemorativos, desempenham papéis fundamentais na constituição do eu, da identidade, da subjetividade e de um sentimento de coerência da pessoa. Anteriormente, comentamos que a identidade é uma construção social que ocorre em um processo contínuo de interação entre os indivíduos e os grupos marcados pela diferença, entre aqueles que são e os que não são, os que pertencem e os que não pertencem. O núcleo primário de formação da pertença e também de rememoração do passado é estabelecido na família. É nela que se estrutura a condição básica do indivíduo que marcará profundamente seu ser e sua forma de se lembrar de si.

O historiador português Fernando Catroga (2001), apoiando-se na discussão do antropólogo francês Joël Candau sobre memória e identidade, chama atenção para os suportes de memória que são ritualisticamente compartilhados. Para Catroga, não pode haver uma memória de grupo sem que se revivam os ritos. Assim, os ritos têm função privilegiada no ato de rememorar. Nesse sentido, é na família que ocorre o processo de **identificação, distinção** e **transmissão** e a respectiva interiorização das práticas como normas (Catroga, 2001). As festas familiares, os ritos de passagem, a narração de histórias, a transmissão de saberes culinários, a posse de fotografias ou de objetos antigos, entre outros elementos, são condições necessárias para a criação de um sentimento de pertença em que cada subjetividade se autorreconhece numa cadeia genealógica que vai do passado e se projeta para o futuro. As chamadas **liturgias de recordação**, nas quais a memória tem papel fundamental, servem para conectar os indivíduos em um recorte sincrônico e diacrônico no tempo e têm como propósito principal criar a sensação de pertencimento. Nas palavras de Catroga (2001, p. 50-51, grifo do original):

> *Na Modernidade – uma certa psicanálise afirma ser desde sempre –, o núcleo social em que, paradigmaticamente, tudo isto se concretizou foi a Família. E, é a este nível que melhor se poderá surpreender o elo entre* **identificação, distinção, transmissão** *e respectiva interiorização como* **norma***: recorda-se o espírito de Família, porque é necessário retransmiti-lo e reproduzi-lo. De facto, as reminiscências comuns e as repetições rituais (festas familiares), a conservação de saberes e de símbolos (fotografias e respectivos álbuns, a casa dos pais ou dos avós, as campas e mausoléus, os papéis de família, os odores, as canções, as receitas de cozinha, os nomes), a par da responsabilidade da* **transmissão** *e do conteúdo das* **heranças** *(espirituais ou materiais) são condições necessárias para a criação de um* **sentimento de pertença***, em que cada subjetividade se autorreconhece filiada em totalidades genealógicas que, vindas do passado, se projectam no futuro.*

Os ritos de recordação, que têm a família como núcleo básico, representam marcos importantes para narrar as experiências do passado. Em história oral, essas referências são comumente encontradas para conectar experiências individuais a experiências coletivas e para criar o sentimento de pertença ao grupo. Assim, memórias com pontos definidos no tempo comumente servem de referência para demarcar o processo de reconstrução de si: "quando entrei na escola"; "quando fiz a primeira comunhão"; "quando me casei"; "quando nos mudamos"; "quando ganhei minha primeira bicicleta"; "quando fiz 15 anos"; "quando saí de casa"; "quando comecei a trabalhar fora" etc.

Na mesma direção, objetos, fotografias, móveis, lugares e odores são suscitadores de lembranças: os chamados *mnemagoghi*[3].

Falar da infância tendo como palco a escola ou o lugar onde se brincava; conversar sobre a família mostrando as fotografias; comentar a respeito de algum amigo, parente ou ente querido ao se referir a certos objetos e móveis; rememorar sabores por meio de receitas tradicionais... Enfim, as memórias comumente são suscitadas por e através de ritos de recordação.

Para discutir a noção de liturgia de recordação, Catroga (2001) se apropria das ideias de Pollak, para quem o lugar, o indivíduo e o acontecimento estão entrelaçados. Nesse sentido, um grupo enquadra uma memória elegendo e excluindo, lembrando e esquecendo. Os indivíduos, por sua vez, são modelados de acordo com regras sociais. Assim, a liturgia de recordação seleciona lembranças que devem ser arquivadas e também as que devem ser esquecidas.

Logo, certas memórias são recorrentes na fala de pessoas que pertencem a uma mesma família ou grupo, tais como: lembranças de festas comunitárias; relações de vizinhança; solidariedades coletivas; formas de ajuda mútua; práticas de religiosidade; lideranças comunitárias, entre outras. Por outro lado, lembranças mais dolorosas, como tragédias, mortes, assassinatos, suicídios e calamidades públicas, podem ou não ser mencionadas. Ao serem indagadas sobre o passado, as pessoas trazem à tona em suas memórias referências comuns ao grupo, as quais são acionadas por **rituais de recordação**.

Um exemplo importante para problematizarmos a força dos ritos de recordação diz respeito às festas comemorativas, ou à "obsessão comemorativa", como alerta Pierre Nora (1993). Homenagens a

---

3   Mnemagoghi *são "conectores entre a realidade presente e a experiência passada – que assim como construídos em nossos processos de reelaboração através do tempo – são os 'suscitadores de memória'" (Levi, citado por Beneduzi, 2004, p. 259-260).*

padroeiros, aniversários de municípios, festividades étnicas, entre outros eventos, são momentos importantes de (re)afirmação dos vínculos coletivos, de celebração das tradições e de manifestação das identidades coletivas. Por isso, tais momentos ocupam lugar especial e, muitas vezes, servem como marcadores da memória dos envolvidos, constituindo-se como elementos relevantes para a definição do sentimento de pertença, de identidade. A referência ao passado serve para manter a coesão de grupos e instituições, mas, ao mesmo tempo, em um contexto de alteridade, pode ser usada para manifestar oposição a ele.

Eventos traumáticos também ocupam lugar importante nos atos de rememorar e comumente se servem de símbolos e lugares como demarcadores de memórias trágicas. Por exemplo: lugares em que ocorreram grandes tragédias, igrejas, cemitérios, oratórios, grutas e pontos de estradas são normalmente carregados de signos e referências que fazem lembrar pessoas, lugares e eventos. Assim, são marcadores importantes para reconstruir marcos temporais e espaciais nas memórias individuais ou coletivas.

Por ora, consolidamos a noção de que as memórias individual e coletiva são indissociáveis, assim como o são a memória e a identidade. Mas como ocorre o processo de passagem das formas individuais às formas coletivas de memória e identidade? É o que analisaremos a seguir.

(5.5) Dimensões da memória

A memória é uma atividade paradoxal. De maneira simplificada, podemos dizer que ela é formada de matéria consciente (que se configura por meio do esforço) e inconsciente (que surge de forma automática, por meio das chamadas *imagens mnêmonicas*). Desde Platão até Freud, ou seja, da Antiguidade grega até o século XIX, tem-se valorizado muito mais o aspecto consciente da memória, isto é, o elemento intelectual relativo à atividade de lembrar. Especialmente a partir do século XX, diferentes autores, especialmente filósofos e literatos, têm debatido outras dimensões da memória.

O antropólogo Joël Candau (2012), pautado nas concepções do filósofo Henri Bergson e do sociólogo Maurice Halbwachs, propôs uma taxonomia das diferentes manifestações da memória. Assim, ele as dividiu em três níveis: a **protomemória**, a **memória propriamente dita** e a **metamemória**.

A primeira forma de memória é aquela de baixo nível, denominada *protomemória*, que nos indivíduos constitui os saberes e as experiências mais resistentes e compartilhadas pelos membros de uma sociedade, o que na concepção do filósofo francês Henri Bergson – na qual Candau se apoia – refere-se à memória repetitiva ou memória-hábito. A protomemória é imperceptível, ocorre sem tomada de consciência, ou seja, ela é garantida pela memória familiar, que constitui os saberes e as práticas mais íntimas que vão sendo enraizados no indivíduo desde cedo. Para Bergson, o verdadeiro ato de lembrar é espontâneo, ligado às memórias que mais afetam a pessoa – isto é, é permeado pela subjetividade. A protomemória está associada ao que Bourdieu chamou de *habitus*. Como exemplo, podemos pensar nas diversas formas por meio das quais as pessoas falam (o sotaque) e que são apreendidas no grupo de convívio. Esse processo de aprendizagem da forma de emitir os sons está associado à protomemória.

O segundo tipo é a de alto nível, denominada *memória propriamente dita,* que essencialmente diz respeito a uma memória de recordação ou reconhecimento. Na concepção de Bergson, é a memória-lembrança. Refere-se ao ato de recordar: a "evocação deliberada ou invocação involuntária de lembranças autobiográficas ou pertencentes a uma memória enciclopédica (saberes, crenças, sensações, sentimentos etc.) e que também pode ser uma memória de esquecimento" (Candau, 2012, p. 23). Esses dois tipos de memória fundamentados na teoria de Bergson sugerem que, no caso da memória-hábito ou metamemória, "o passado é ativado e incorporado ao presente sem distância" (Dosse, 2003, p. 279), enquanto na memória-lembrança ou memória propriamente dita "a anterioridade dos acontecimentos rememorado é marcada" (Dosse, 2003, p. 279).

Já o terceiro tipo de memória é o que Candau (2012) chama de *metamemória*. Por um lado, ela se refere à representação que cada indivíduo faz da própria memória, o conhecimento que ele tem dela. Por outro, refere-se ao que ele diz dela, às dimensões em que um indivíduo se filia ao seu passado e à forma como constrói e explicita sua identidade (Candau, 2012). Em suma, a metamemória é a leitura que cada ser humano faz de si mesmo, considerando-se como as lembranças são acionadas e atualizadas pelo presente. Nessa direção, a expressão *memória coletiva* designa uma representação, uma forma de metamemória, um enunciado que membros de um grupo vão produzir a respeito de uma memória supostamente comum a todos os integrantes desse grupo (Candau, 2012). Conforme o autor, "não poderá haver memória coletiva se as memórias individuais não se abrirem umas às outras, visando objetivos comuns" (Candau, 2012, p. 48). Portanto, as memórias individual e coletiva estão em um constante processo de interação.

Refletindo sobre a função da memória no processo de construção das identidades coletivas, uma vez que não podemos falar de identidade sem a memória, é importante pensarmos também naquilo que Candau (2012) chamou de **memória forte** e **memória fraca**. Para o autor, uma memória forte é uma memória organizadora, no sentido de que se trata de uma dimensão importante da estruturação de um grupo e da representação que ele vai ter da própria identidade. Uma memória forte é compartilhada mais massivamente pelo grupo, sendo mais facilmente encontrada em grupos menores. Geralmente, ela vem à tona entremeada por sentimentos (positivos ou negativos), os quais devem ser captados pela sensibilidade do pesquisador tanto na hora de fazer a entrevista como no momento de se apropriar dela para a produção de uma narrativa histórica. A memória forte se refere, portanto, a eventos que marcaram de alguma forma a vivência do grupo: uma festa, o recebimento de um prêmio, a visita de alguém importante, uma tragédia, um crime, um acontecimento inesperado, a trajetória de alguém que se destacou no grupo por suas realizações e atitudes etc.

Já memória fraca, pelo contrário, é uma memória mais difusa, desorganizada, sem contornos definidos e que não é compartilhada massivamente pelo grupo. Ela pode muito mais servir para desorganizar a identidade coletiva do que para criar a pertença. As memórias fracas, muitas vezes, não trazem coesão social.

Além desses dois tipos de memória, há também a **memória voluntária** e a **memória involuntária**. A primeira é sempre uma memória artificial, pois, para ser acionada, há necessidade de um estímulo, isto é, a lembrança precisa ser forçada. Já a segunda é espontânea, ou seja, não é esperada, e está relacionada às lembranças que irrompem sem qualquer esforço. No processo de construção das fontes orais, em uma entrevista, comumente o entrevistador estimula o colaborador a se lembrar de certos eventos do passado. Ocorre que, nesse processo de estímulo, memórias involuntárias podem vir à tona no momento da entrevista, assim como podem vir depois dela.

Outra dimensão fundamental da memória a ser considerada, à qual já nos referimos, é o **esquecimento**. Já discutimos, principalmente com base na obra de Paul Ricoeur (2007), como o esquecimento se constrói e atua para impedir que traumas e processos dolorosos já passados se tornem memoráveis. Citemos o exemplo da experiência do italiano Primo Levi (1988), no campo de Auschwitz, narrada em suas obras, em especial no livro intitulado *É isto um homem?* A experiência traumática foi tão forte que ele tenta se lembrar dela, mas não consegue. Para tornar a vida possível no presente, por vezes o esquecimento é necessário. No entanto, sempre é preciso um trabalho de luto, que passa pela rememoração, para que se possa realmente seguir no presente e não recalcar as lembranças.

> **Saiba mais**
>
> **Dimensões da memória**
>
> Existe um relativo consenso acerca da necessidade da *anamnesis* na formação das identidades pessoais e sociais. Mas, um estudo recente (Joël Candau, Memória e Identidade) destaca num claro propósito de superar o dualismo bergsoniano, a existência de três tipos de memória: a *protomemória*, fruto, em boa parte, do *habitus* e da socialização, e fontes do automatismo do agir que tendem a diluir a distanciação entre o passado e o presente; *a memória propriamente dita*, que enfatiza a *recordação* e o *reconhecimento*; e a *metamemória*, conceito que define as representações que o indivíduo faz da sua própria memória e o conhecimento que tem e afirma ter desse facto. Esta acepção remete, portanto, para a maneira como cada um se filia no seu próprio passado e como, explicitamente, constrói a sua *identidade* e a sua distinção em relação aos outros. Dir-se-ia que a *protomemória* e a memória propriamente dita têm uma actualização mais subjectiva e

> subconsciente, enquanto esta última e a *metamemória* se expressam como rememoração; por sua vez, à metamemória cabe, sobretudo, o papel de acentuar as características inerentes à *memória social* ou *colectiva* e às modalidades de sua construção e reprodução. No entanto, todos eles se interligam, num processo estruturante do próprio eu, conquanto seja erro de perspectiva reduzir a memória à autarcia do sujeito: ela recebe sempre uma sobredeterminação social.

Fonte: Catroga, 2001, p. 43-44, grifo do original.

Síntese

Neste capítulo, analisamos os conceitos de memória e identidade, que estabelecem uma relação intercambiável e se constituem como matéria-prima da história. Sem memória, não há identidade nem história. Entretanto, pensar em história, memória e identidade requer necessariamente que outros elementos sejam levados em consideração, tais como a alteridade, o individual e o coletivo, as formas de rememorar e de esquecer, as maneiras de narrar o passado, os rituais de recordação, o tempo e a relação entre passado, presente e futuro.

Também procuramos problematizar o quanto esses conceitos são pertinentes e estão em permanente interação. Refletir a respeito da relação entre o vivido e o apreendido e entre o vivido e o transmitido é pensar em questões de tempo, de memória e identidade e de sua função no processo de reconstrução da trajetória de si e dos outros. São conceitos complexos e paradoxais, mas fundamentais para problematizar a história de grupos, pessoas, eventos e temas do passado que dizem muito sobre a vida no presente. Buscar no presente a memória do passado por meio da fala de pessoas, de lugares, de objetos, de leituras e releituras é um procedimento delicado que envolve a heterogeneidade das experiências humanas, mas que, ao mesmo tempo, apresenta potencialidades múltiplas de olhares e interpretações, uma vez que é possível conceber aspectos do passado mediados pela visão de quem vivenciou aquele processo. Assim, revela-se uma história sob o ponto de vista das pessoas comuns, da leitura que elas fazem do passado entremeada pela sua subjetividade e pelos seus sentimentos, considerando-se a forma como selecionam aquilo que deve ser lembrado e o que deve ser esquecido.

Indicações culturais

Vídeos

ALANIZ, A. G. G. **Cantinho da História 62**: história, memória e Paul Ricouer. 2 dez. 2013. Disponível em: <https://www.youtube.com/watch?v=T3UG1M2QveU>. Acesso em: 23 jul. 2018.

Nesse vídeo, a Professora Anna Gicelle Garcia Alaniz apresenta algumas informações sobre a relação entre história, memória e esquecimento com base nas lições de Paul Ricouer.

HISTÓRIA, memória e temporalidade. 2015. Disponível em: <https://www.youtube.com/watch?v=oRmBI9g6Z_Y>. Acesso em: 23 jul. 2018.

Assista ao vídeo com a mesa-redonda entre os professores Angela de Castro Gomes (UFF), Benito Schmidt (UFRGS) e Eliana Dutra (UFMG), sobre as relações entre história, memória e temporalidade.

NA ÍNTEGRA: Jeanne Marie Gagnebin – memória. 2009. Disponível em: <https://www.youtube.com/watch?v=b_v0-t2vnWY>. Acesso em: 23 jul. 2018.

Trata-se de uma entrevista com Jeanne Marie Gagnebin, professora de Filosofia da Pontifícia Universidade Católica de São Paulo (PUCSP) e livre-docente em Teoria Literária na Universidade Estadual de Campinas (Unicamp). A pesquisadora fala sobre o tema da memória conforme os principais autores estudados por ela.

Atividades de autoavaliação

1. As _____ são fabricadas por meio da marcação da diferença, a qual ocorre tanto por meio de sistemas simbólicos de representação quanto por meio de formas de exclusão. Assim, elas não são o oposto da diferença, mas dependem dela.

    A palavra que completa o espaço em branco é:

    a) representações.
    b) identidades.
    c) apropriações.
    d) memórias.

2. Sobre a discussão em torno do conceito de memória, considere as seguintes proposições:
    i) Memória individual e coletiva são processos distintos e que não estão interligados.
    ii) A memória é uma das matérias-primas fundamentais da identidade.

iii) Para Michel Pollak, os acontecimentos vividos por tabela são eventos vivenciados por uma pessoa no grupo ao qual ela sente pertencer, mas do qual nem sempre participou.
iv) A subjetividade influencia o modo de narrar as lembranças do passado, mesmo que estas sejam coletivas.

Agora, assinale a alternativa que contém somente as afirmações corretas:

a) I, II e III.
b) II, III e IV.
c) I, III e IV.
d) I, II e IV.

3. Sobre as relações entre história, memória e identidade, considere as seguintes proposições:
   i) O ato de rememorar o passado, aquilo que é lembrado ou esquecido, depende muito do contexto histórico de cada época, dos interesses envolvidos e das relações de poder.
   ii) A forma como lembramos o passado está relacionada com nossa subjetividade.
   iii) Categorias como gênero, raça, classe e geração não têm peso significativo na forma como uma determinada memória/identidade é produzida.
   iv) O perdão é uma das etapas do esquecimento, segundo Paul Ricoeur.

Agora, assinale a alternativa que contém somente as afirmações corretas:

a) I e III.
b) I, II e IV.

c) II.
d) I.

4. Considere o seguinte trecho:

   A recuperação da memória é raramente sequencial; localizamos os acontecimentos recordados por associação e não por um trabalho metódico, avançando ou recuando no tempo, e tratamos o passado como "um museu arqueológico de fragmentos... casualmente justapostos".

   Seja ordenado ou casual, o passado relembrado diverge substancialmente da experiência original. (Lowenthal, 1998, p. 101)

   Uma das questões fundamentais no ato de rememorar o passado se refere ao tempo, pois nem sempre o tempo das lembranças apresenta uma sequência cronológica de fatos. A respeito desse tema, o que deve ser considerado em uma entrevista?

   a) O tempo deve ser desconsiderado, pois é impossível captar sua precisão na fala dos interlocutores.
   b) Em história oral, as falas dos narradores devem ser confrontadas com outras falas ou documentos, para comprovar sua veracidade.
   c) Em história oral, um dos desafios é perceber as múltiplas temporalidades na fala dos entrevistados, visto que o tempo da memória não traz uma cadeia temporal consecutiva, mas um conjunto de momentos descontínuos içados da corrente do tempo.
   d) As falas de homens e mulheres são diferentes em relação ao tempo, pois as mulheres geralmente apresentam uma narrativa cronológica, e os homens, uma narrativa sincrônica.

5. Para o historiador Fernando Catroga, os rituais de recordação têm papel fundamental nos processos de rememoração do passado e de reconstrução de si. Para ele, onde ocorre o núcleo primário de formação da pertença e também de rememoração do passado?
   a) Na família.
   b) Nas instituições que preservam a memória.
   c) Na igreja.
   d) Nas festas comemorativas.

Atividades de aprendizagem

Questões para reflexão

1. Neste capítulo, afirmamos que memória e identidade são faces de uma mesma moeda, isto é, ambas não podem ser pensadas de maneira independente. Produza um pequeno texto usando um exemplo prático (uma fonte histórica ou uma situação-problema) em que fique evidenciada a relação entre memória e identidade.

2. A memória conta com diferentes níveis. De acordo com Candau (2012), existe a protomemória, a memória propriamente dita e a metamemória. Mas também há as memórias voluntárias e as involuntárias, bem como a memória forte e a memória fraca. Dê um exemplo de um desses níveis de memória. Para facilitar seu trabalho, você poderá usar a entrevista que realizou na atividade prática do capítulo anterior. Você poderá também optar pelo uso de outra fonte; nesse caso, deverá justificar essa escolha.

Atividade aplicada: prática

1. Para David Lowenthal (1998, p. 103), a "função fundamental da memória não é preservar o passado, mas sim adaptá-lo a fim de enriquecê-lo e manipular o presente". Portanto, lembranças não são reflexões prontas do passado, mas reconstruções ecléticas, seletivas, baseadas em ações e percepções posteriores e em códigos que são constantemente alterados, por meio dos quais delineamos, simbolizamos e classificamos o mundo à nossa volta. Assim, com base na entrevista realizada no capítulo anterior, elabore um texto que reflita sobre como a pessoa que você entrevistou faz o processo de reconstrução de si. Leve em consideração as questões abordadas ao longo deste capítulo: como ocorre a narração do tempo; quais são os suscitadores de memória; como o narrador se lembra do passado; se é possível captar silêncios e ocultações. Enfim, em seu texto, deixe transparecer seu faro de pesquisador na análise de uma memória oral.

Capítulo 6
A memória e suas abordagens
em sala de aula

Memória e história estão em campos opostos? Durante muito tempo, buscou-se definir o que é terreno da história e o que pertence ao território da memória. As vertentes teóricas mais recentes discutem a impossibilidade de se pensar a história sem a memória, pois esses campos estão em constante interação. Mas, com relação ao ensino de História, qual é o lugar da memória?

Neste capítulo, discutiremos como a relação entre história e memória tem aparecido no ensino, bem como quais são as potencialidades para o trabalho com a memória, no que se refere à memória histórica, aos lugares de memória ou à história oral em sala de aula. Aqui, o intuito é apresentar um panorama do percurso do ensino de História em relação às questões relativas à memória, além de algumas possibilidades para abordar esse tema em aulas de História no ensino fundamental e no ensino médio.

(6.1)
Dimensão histórica do ensino de História e de suas relações com a memória

O século XIX representou uma época de intensas mudanças na sociedade ocidental. A queda das monarquias absolutistas e a afirmação da ordem liberal burguesa, a Revolução Industrial, o desenvolvimento tecnológico e a emergência da ciência foram fenômenos marcantes desse contexto. Entre tantas mudanças, nesse século ocorreu também a profissionalização da disciplina de História, que conquistou definitivamente os espaços universitários e se diferenciou de outras áreas do conhecimento. Assim, esse campo do saber foi se revestindo cada vez mais de um caráter científico, impregnando-se do positivismo. A afirmação da história como disciplina com método próprio se identificou cada vez mais com objetivos políticos e de construção da identidade nacional. Nessa direção, aprofundou-se também a divisão entre história e memória, bem como seus propósitos no ensino de História.

Pierre Nora (1993), ao se referir à problemática dos lugares de memória, ensina que, embora sejam inseparáveis, história e memória apresentam características e usos distintos. Nesse sentido, observamos como a memória é viva, carregada por grupos vivos e está em permanente evolução, aberta à lembrança e, ao mesmo tempo, ao esquecimento, vulnerável a manipulações, deformações, ausências ou repetições; já a história é uma operação intelectual e laicizante que demanda análise, discurso e crítica (Nora, 1993).

O século XIX também é considerado o século da pedagogia, período em que se disseminaram tanto os debates sobre a educação laica, pública e gratuita quanto a criação dos sistemas escolares. A disciplina de História passou a se constituir como obrigatória na escola. Mas que tipo de história era ensinada e qual era sua relação com a memória? Quais eram os propósitos do ensino de História? Vamos analisar a seguir como essa dinâmica se construiu no Brasil.

No contexto brasileiro, a História como disciplina escolar surgiu com a criação do Colégio Pedro II, no Rio de Janeiro, em 1837. Nesse mesmo ano, foi criado também o Instituto Histórico e Geográfico Brasileiro (IHGB), que instituiu a História como disciplina acadêmica, um campo do conhecimento. Alguns dos primeiros professores do Colégio Pedro II também faziam parte do IHGB e foram responsáveis por elaborar os conteúdos escolares e os manuais didáticos utilizados. Tais produções receberam a influência do positivismo, que buscou construir uma história com base na linearidade, no uso das fontes oficiais e sob o ponto de vista das elites. Era um modelo que colocava o Brasil em uma trilha eurocêntrica, como um apêndice da história europeia.

Além dessas instituições, foi criado o Arquivo Público, em 1838, e o Museu Imperial, em 1842. Todas elas resultaram da "necessidade de elaboração da memória e da preservação da história nacional" (Schlichta, 2006, p. 10). Assim, podemos afirmar que o modelo de história e de memória que se buscava construir era voltado para a construção da nação e contemplava interesses específicos: os da elite tradicional portuguesa, herdeira de uma tradição iluminista que reconhecia a jovem nação brasileira como continuidade da tarefa civilizadora iniciada pelos portugueses (Guimarães, 1988).

O modelo de nação e a busca por uma identidade nacional não contemplavam a maior parte dos habitantes do Brasil naquele contexto: índios e afrodescendentes. Ao contrário, veiculava-se a ideia de nação a partir do ponto de vista de uma elite branca e aristocrática que procurava amalgamar monarquia, Estado e nação. Nesse sentido, o processo de construção da nação acabou por constituir o "outro" – nesse caso, o indígena e o africano – pelo olhar do branco, relegando ao exótico ou ao esquecimento as contribuições desses povos para a formação nacional. A ideia de uma nação idealizada foi sendo forjada no âmbito de um projeto de homogeneização, que se baseou no ideal do branqueamento e dos valores europeus e que mobilizou vários recursos: a literatura, os símbolos nacionais, a arte, a escolha de heróis e a criação de uma história e de uma memória comum com base no ponto de vista dos vencedores.

Essa visão idealizada da história foi mantida com a Proclamação da República, em 1889. Mesmo com o fim da escravidão e a busca pelo rompimento de vínculos que uniam Brasil e Portugal, prevaleceu uma história que enfatizava a presença europeia. O Colégio Pedro II continuou sendo um modelo de orientação de conteúdos e, com relação à disciplina de História, predominava o ensino da história europeia em detrimento da brasileira.

O período da Primeira República Brasileira (1889-1930) foi marcado pela busca da modernização do país e de uma identidade nacional. Apesar dos esforços de artistas e intelectuais em valorizar elementos da cultura nacional – inclusive indígenas e africanos – e elementos regionais, estes não se traduziram em uma mudança no ensino de História.

A partir dos anos de 1930, o ensino de História foi novamente ressignificado, mas, dessa vez, com conteúdo e interesses políticos. Durante o primeiro governo de Getúlio Vargas (1930-1945), buscou-se construir um projeto nacionalista de nação em que a escola e o ensino de História teriam função importante. A educação primária como um dever do Estado, conforme a Constituição de 1934, não era desinteressada. Pelo contrário, adquiriu como função primordial a veiculação de valores morais e cívicos. Por outro lado, os intelectuais também foram cooptados pelo regime político para serem representantes das massas e da consciência nacional (Veloso, 1987). O ensino de História e a memória que se buscou construir tinham como principais funções criar a consciência nacional e glorificar a nação. Exemplos disso foram o desenvolvimento do Panteão dos Inconfidentes, em Ouro Preto (mencionado no Capítulo 3), e a oficialização do carnaval como elemento da cultura popular.

Na década de 1930, foi também fundamental a influência de educadores e intelectuais que tiveram importância para a aprovação da obrigatoriedade do ensino público e gratuito pela Constituição de 1934. Educadores como Fernando de Azevedo (1894-1974) e Anísio Teixeira (1900-1971) encabeçaram o Manifesto dos Pioneiros da Educação Nova, documento assinado por 25 educadores/escritores e entregue ao então presidente da República, Getúlio Vargas. O manifesto expressava os desejos de renovação pedagógica, formação de professores e ampliação do acesso à educação. Para Maria Auxiliadora

Schmidt (2012), a atuação desses intelectuais foi de extrema importância para o processo de pedagogização da História, resultado de um diálogo com outras ciências, como a psicologia e a sociologia.

A Reforma Francisco Campos (1931), por exemplo, influenciada pelas diretrizes da Escola Nova, procurou valorizar o aspecto crítico no ensino de História (Schmidt, 2012). Onze anos depois, na Reforma Capanema (1942), no tocante à instrução secundária, também influenciada pela Escola Nova norte-americana, discutiu-se a possibilidade de fundir as disciplinas de História e Geografia em uma única: a de Estudos Sociais. Isso, no entanto, não ocorreu. História do Brasil e História Geral eram disciplinas específicas dos cursos colegiais.

O período de 1945 a 1964, identificado como de democratização da sociedade brasileira, foi marcado também por debates e políticas de valorização e ampliação da escola e da oferta da instrução. Avançou-se na formação de professores. Exemplo disso foi a criação de cursos universitários para formação de professores em vários estados. Nesse contexto também surgiram cursos universitários de História e debates em torno das funções dessa disciplina na escola, considerando-se os conteúdos que deveriam ser ensinados e as metodologias que deveriam ser empregadas. Em 20 de dezembro de 1961, foi criada a Lei n. 4.204, primeira Lei de Diretrizes e Bases da Educação Nacional (LDBEN), depois de 13 anos de debates no Congresso Nacional.

A partir de 1964, com o golpe militar, as tentativas do uso da criticidade no ensino de História passaram a ser coibidas. O modelo de ensino defendido para a disciplina era aquele de caráter estritamente político, pautado no estudo de fontes oficiais e narrado apenas do ponto de vista factual, com ênfase na memória dos grandes heróis e nas datas comemorativas, os quais deveriam ser cultuados como símbolos da nação. O modelo de História apresentado era herdeiro da tradição positivista, no qual figuravam o Estado e as elites como agentes da história. Novamente, as ações dos grupos populares (mulheres, pobres, indígenas, afrodescendentes, entre outros), as lutas e as resistências foram relegadas ao esquecimento.

Essa situação foi agravada com a reforma universitária de 1968 e a reforma educacional de 1971, que criou o ensino de 1º e 2º graus. O 1º grau tinha a duração de 8 anos; o 2º, de 3 anos, com características profissionalizantes, na intenção de formar mão de obra para o mercado de trabalho. A estratégia do governo visava minar a ação de estudantes e professores, um dos principais focos de contestação ao regime militar. Assim, as disciplinas vinculadas às ciências humanas perderam espaço nos currículos.

No 1º grau, História e Geografia foram condensadas sob a disciplina de Estudos Sociais, dividindo ainda a carga horária com o ensino de Educação Moral e Cívica (EMC). Já no 2º grau, a História teve sua carga reduzida, além de ter de dividir espaço no currículo com a disciplina de Organização Social e Política Brasileira (OSPB). Para suprir a demanda de professores, proliferaram-se cursos universitários de licenciatura curta em Estudos Sociais com formação abreviada, o que se concretizou como empobrecimento intelectual e condensamento de conteúdos. Com essas medidas, o Estado buscava exercer um controle maior sobre a educação, de modo a impedir o questionamento das ações tomadas no âmbito político. Nesse sentido, a função do ensino de História tornou-se estimular o cumprimento das ações patrióticas pelos cidadãos, o louvor à ordem, o orgulho dos heróis e a defesa do progresso da nação. Era uma visão linear, cronológica e harmônica da história, sem levar em consideração o pensamento crítico, as trajetórias de lutas e resistências e as contribuições dos diferentes sujeitos históricos.

Nos anos de 1980, com o processo de reabertura política e a proliferação de diversos movimentos sociais e intelectuais, ocorreram vários debates sobre o retorno da História como disciplina escolar obrigatória em todos os níveis de ensino, bem como a respeito de uma maior aproximação entre a história produzida no mundo acadêmico e o ensino de História nas escolas. Em 1961, no contexto democrático, havia sido criada a Associação de Professores Universitários de História (APUH), que se transformou em Associação Nacional dos Professores Universitários de História (ANPUH) em 1971.

No contexto da ditadura, as ações da ANPUH em relação ao ensino de História foram limitadas, mas nos anos de 1980, com o processo de abertura política e redemocratização, novos debates em torno de uma nova constituição e das demandas de diferentes grupos sociais estimularam a discussão a respeito do caráter que deveria ser atribuído ao ensino de História, contestando a visão tradicional que glorificava a ação do Estado e das elites em detrimento das lutas e resistências populares.

Na década de 1990, como continuidade a esse processo, os debates a respeito da reforma da LDBEN (Lei n. 9.394, de 20 de dezembro de 1996) impulsionaram uma revisão do ensino de História, bem como lutas pelo reconhecimento da memória de grupos tradicionalmente excluídos. É o que apresentaremos a seguir.

(6.2)
TENDÊNCIAS CONTEMPORÂNEAS NOS DEBATES ENTRE HISTÓRIA E MEMÓRIA EM SALA DE AULA

A redemocratização do Brasil na década de 1980 abriu espaço para o questionamento de modelos de ensino enraizados na educação, entre eles o ensino de História. O modelo de ensino dessa disciplina até então predominante foi questionado. Assim, buscou-se maior aproximação com a historiografia, que desde a década anterior vinha demonstrando especial apreço pelos sujeitos tradicionalmente marginalizados do passado. Entre as transformações mais significativas dos anos de 1990 para a reformulação do modo de ensinar história, destacam-se o fim das disciplinas Educação Moral e Cívica (EMC) e Organização Social e Política Brasileira (OSPB) nos diferentes níveis de ensino, bem como as mudanças na formação de professores – houve, por exemplo, a extinção progressiva dos cursos superiores de licenciatura curta em Estudos Sociais. Na mesma direção, ocorreram o fortalecimento dos cursos superiores de História, especialmente nas universidades públicas, e a ampliação dos programas de pós-graduação *stricto sensu* (mestrado e doutorado).

Também na década de 1990, com os debates que culminaram na aprovação da nova LDBEN (Lei n. 9.394/1996), foram criados os Parâmetros Curriculares Nacionais (PCN), implantados a partir de 1997. Com relação ao ensino de História, a organização curricular desenvolvida nos PCN incluiu eixos temáticos, desdobrados em subtemas.

Os anos iniciais do ensino fundamental ficaram encarregados de abarcar o estudo da história do Brasil e das realidades locais com base em dois eixos temáticos. O primeiro contempla a história local e do cotidiano, subdividida em dois subitens: localidade e comunidades indígenas. Já o segundo sugere o trabalho com a história das organizações populacionais a partir dos deslocamentos populacionais, das organizações e lutas de grupos sociais e étnicos e da organização histórica e temporal (Brasil, 1997).

Para os anos finais do ensino fundamental, os PCN também propuseram outros dois eixos temáticos. O primeiro, focado na história das relações sociais, da cultura e do trabalho, é subdividido em relações sociais e relações de trabalho. O segundo privilegia a história das representações e das relações de poder e desdobra-se nos seguintes itens: nações, povos, lutas, guerras e revoluções e cidadania e cultura no mundo contemporâneo (Brasil, 1998b).

Para o ensino médio, o documento publicado em 2000 não prevê eixos temáticos, mas indica as principais categorias a serem trabalhadas: sujeitos históricos, temporalidades históricas, cultura, trabalho, poder, memória e cidadania. Além disso, os documentos curriculares estabelecem temas transversais, tais como ética, saúde, meio ambiente, orientação sexual, pluralidade cultural, trabalho e consumo (Brasil, 2000b).

Do ponto de vista metodológico, os PCN sugerem o trabalho com diferentes documentos históricos, bem como a visita a museus, a sítios arqueológicos, a exposições, a comunidades tradicionais, entre outras possibilidades. Os documentos preconizam o estudo da História de forma problematizada, de modo que os estudantes reconheçam sua importância para o exercício do senso crítico e da cidadania:

> *é fundamental que aprendam a reconhecer costumes, valores e crenças em suas atitudes e hábitos cotidianos e nas organizações da sociedade; a identificar os comportamentos, as visões de mundo, as formas de trabalho, as formas de comunicação, as técnicas e as tecnologias em épocas datadas; e a reconhecer que os sentidos e significados para os acontecimentos históricos e cotidianos estão relacionados com a formação social e intelectual dos indivíduos e com as possibilidades e os limites construídos na consciência de grupos e de classes. Assim o trabalho com diferenças e semelhanças, bem como continuidades e descontinuidades, tem o objetivo de instigá-los à reflexão, à compreensão e à participação no mundo social.*
> (Brasil, 1998b, p. 77)

De acordo com Fonseca (2010, p. 3), "A organização dos currículos de História por temas e problemas é fruto de um intenso debate curricular ocorrido no Brasil, nos anos 1980, em diálogo com experiências europeias". Apesar de haver uma aproximação dos debates acadêmicos com a forma como a história deveria ser ensinada (ênfase na criticidade, abertura de espaço para maior visibilidade dos sujeitos excluídos, ampliação do conceito de fonte histórica, definição das múltiplas temporalidades), as diretrizes presentes nos PCN ainda apontam para uma ênfase na história europeia.

Nesse sentido, uma das críticas que têm sido feitas ao ensino de História é a presença de um currículo ainda "colonizado". Como exemplo, podemos citar a inserção de conteúdos relativos à África e à América e, mesmo, à História do Brasil de maneira integrada ao ensino quando se estudam os povos europeus que fizeram contato com tais localidades.

Nos conteúdos ensinados, geralmente o tema indígena desaparece das produções didáticas após os estudos sobre a colonização da América. O mesmo ocorre em relação à África e aos africanos, que deixam de ser citados nos conteúdos escolares após o estudo da escravidão. No mesmo sentido, os próprios termos comumente usados para tratar dos contatos entre europeus e ameríndios amenizam o impacto da conquista. Utiliza-se *colonização da América*, em vez de *invasão da América* – revelando-se como uma herança de uma memória colonizada.

O uso da divisão quadripartite da história (História Antiga, Medieval, Moderna e Contemporânea), bem como a adoção da chamada *História Integrada*, é outro elemento que tem se constituído como marca predominante nas produções didáticas e mesmo nos currículos atuais. Para tentar dar maior visibilidade a espaços e grupos tradicionalmente relegados ao esquecimento ou à mera curiosidade, algumas ações importantes foram desenvolvidas. Merece destaque a aprovação da Lei n. 10.639, de 9 de janeiro de 2003, que tornou obrigatório o ensino da História da África e da cultura afrobrasileira.

O texto legal, no entanto, foi alterado pela Lei n. 11.645, de 10 de março de 2008, que acrescentou a obrigatoriedade de estudo da temática indígena. Com essas duas leis, povos africanos e indígenas passaram a ter maior visibilidade na disciplina de História, o que exigiu uma revisão dos materiais didáticos, que passaram a dar mais ênfase a esses grupos étnicos.

Contemporaneamente à aprovação dessas leis, surgiram várias iniciativas que buscaram trazer à tona a história e a memória dos grupos tradicionalmente silenciados e/ou esquecidos. Exposições, praças, estátuas e museus foram elaborados para dar maior visibilidade a esses grupos e reconhecer suas contribuições à sociedade e à cultura brasileira. Na mesma direção, ocorreram ações afirmativas voltadas a afrodescendentes e indígenas quanto ao ingresso em cursos superiores, bem como a criação de grupos de estudo e pesquisa relacionados à história, à memória, às manifestações culturais, às línguas e aos saberes de tais sujeitos. Essas iniciativas têm se constituído como ferramentas importantes para rever conceitos, desconstruir estereótipos e buscar alternativas para minimizar a discriminação e o preconceito. Elas possibilitam uma visão mais plural do passado e a problematização da forma como a história tem sido escrita.

Com relação aos conteúdos, a recente discussão em torno da Base Nacional Comum Curricular (BNCC) para o ensino de História avançou no sentido de dar maior espaço para o protagonismo de indígenas e africanos, apesar de ainda ter prevalecido, no texto final relativo ao ensino fundamental, uma ênfase maior na cronologia e nas sociedades europeias. A maior inserção de conteúdos de história da África e da América pode ser entendida como uma tentativa de propor um currículo menos "colonizado" e com uma distribuição mais paritária dos temas considerados importantes no ensino da disciplina.

É claro que essa discussão ainda não teve fim. No momento atual (considerando-se o período de produção deste livro), ainda está sendo discutido como será o ensino de História no ensino médio para os próximos anos. Diante da complexidade das sociedades humanas e das demandas pelo passado em função das discussões presentes, os debates em torno do que ensinar na disciplina sempre geram muita polêmica. Aliás, isso não é exclusivo de nossa realidade – também está presente em vários outros países.

Na sequência, analisaremos como se apresentam as relações entre história e memória no ensino e indicaremos algumas possibilidades de problematização desses conceitos em sala de aula.

(6.3)
A memória, seus usos e o ensino de História

A memória está cotidianamente presente no ensino de História. Mas que tipo de memória tem vigorado? Como é possível compreender a memória histórica e, assim, problematizar no ensino uma memória plural que contemple a atuação e a contribuição dos diferentes sujeitos históricos?

Desde o século XIX, a memória faz parte do ensino de História. Nesse contexto, predominou uma visão elitizada que buscou construir a identidade nacional e que se valeu da escola, sobretudo do ensino da disciplina, para operacionalizá-la. Dessa maneira, trata-se de uma memória que expressou os interesses das elites e que se constituiu como uma forma de legitimação do poder dos grupos dominantes. A memória do passado que se quis preservar durante muito tempo se confundiu com a noção de patrimônio histórico-cultural (móvel ou imóvel) e com os feitos de grandes personagens – portanto, com aquilo que era considerado digno de ser preservado. Estátuas, obeliscos, museus, monumentos, casarões e igrejas coloniais, edifícios públicos, arquivos e heróis nacionais construídos com seus nomes e bustos espalhados pelas ruas e praças do país acabaram por expressar a visão de uma memória de dominação que representa instituições tradicionais como o Estado, a Igreja e as elites político-econômicas.

A memória histórica como representação do passado acabou perpetuando uma história contada através da visão das elites, dos vencedores. Aos vencidos restaram apenas o esquecimento e a exclusão da história e da política preservacionista (Oriá, 1998). Nessa direção, foram poucos os esforços por parte dos poderes públicos para preservar, por exemplo, as moradias dos trabalhadores, as senzalas, as habitações indígenas, as vilas operárias ou mesmo objetos de uso do cotidiano de operários, artesãos, trabalhadores do campo, entre outros.

Nos anos de 1980, com o processo de redemocratização da sociedade brasileira após duas décadas de governos militares e as discussões em torno da elaboração da nova constituição, emergiram diversos movimentos sociais (pelos direitos das mulheres, dos indígenas, dos quilombolas, à terra, entre outros) que reivindicaram políticas de direito à preservação de suas memórias. Esse movimento caminhou junto à renovação da historiografia brasileira, que procurou cada vez mais dar voz aos excluídos da história oficial.

No âmbito das ações governamentais, a Constituição Federal de 1988, em seu art. 215, parágrafos 1º e 2º, estabeleceu que a obrigação de proteger as manifestações da cultura popular é do Estado:

Art. 215. O Estado garantirá a todos o pleno exercício dos direitos culturais e acesso às fontes da cultura nacional, e apoiará e incentivará a valorização e a difusão das manifestações culturais.

§ 1º O Estado protegerá as manifestações das culturas populares, indígenas e afro-brasileiras, e das de outros grupos participantes do processo civilizatório nacional.

§ 2º A lei disporá sobre a fixação de datas comemorativas de alta significação para os diferentes segmentos étnicos nacionais. (Brasil, 1988)

O estabelecimento do dever do Estado de proteger as manifestações da cultura popular como patrimônio nacional, na forma da lei, foi fundamental na tentativa de se construir uma memória do país de forma mais abrangente e plural, contemplando a participação dos diferentes segmentos sociais e étnicos na formação da história do Brasil. Exemplo disso é o tombamento da Serra da Barriga, em Alagoas, local que serviu para a construção do Quilombo dos Palmares – o maior símbolo da resistência escrava. Da mesma maneira, a instituição da data de 20 de novembro como Dia da Consciência Negra, em 2003, remete a um direito de memória dos afrodescendentes e quilombolas, grupos tradicionalmente excluídos das comemorações oficiais. Aliás, está em trâmite o Projeto de Lei n. 6.787/2013, de autoria do Deputado Renato Simões (PT/SP), para transformar essa data em feriado nacional.

No âmbito estadual, há outros exemplos, como no caso da Bahia: a transformação do local onde foi construído o Arraial de Canudos, um dos mais importantes movimentos sociais da história do Brasil, em patrimônio estadual. Destaca-se também a construção de memoriais dedicados às vítimas de repressões políticas durante o regime militar, a exemplo do Memorial da Resistência em São Paulo (veja Capítulo 3, Seção 3.5).

O direito a uma memória histórica plural, que contemple a contribuição dos diferentes sujeitos históricos, foi sendo percebido como um exercício de cidadania. Entretanto, esse é um processo recente na história do Brasil. A memória é fundamental no processo de construção da identidade cultural de um determinado grupo. A cidade é um exemplo de como ocorre o processo de evocação de memórias, pois, normalmente, ela se constitui no espaço de rememoração de experiências sociais, de lutas cotidianas, de reivindicações, de trajetórias de vida e de espaços de sociabilidade. Na maioria das cidades brasileiras, muitos dos referenciais históricos das pessoas comuns sucumbiram à ação do tempo ou foram destruídos por conta do desinteresse de seus donos ou dos poderes públicos, da especulação imobiliária ou de uma concepção desenvolvimentista que entende o antigo como sinônimo de atraso. Assim, na maior parte dos casos, restaram apenas os lugares de memória que dizem respeito às elites, como edifícios públicos, igrejas e praças que representam o passado. São lugares que se referem às elites, mas que estão representados como uma memória que se refere a toda a sociedade.

O contraponto entre a memória oficial que representa tradicionalmente as elites e o direito à memória dos grupos tradicionalmente marginalizados pode ser problematizado nas aulas de História. Os PCN para o ensino fundamental (Brasil, 1998) e para o ensino médio (Brasil, 2000a) indicam enfaticamente a valorização de uma memória plural como pré-condição para o exercício da cidadania plural e da tolerância e para o apreço da alteridade.

> *O **direito à memória** faz parte da **cidadania cultural** e revela a necessidade de debates sobre o conceito de preservação das obras humanas. A constituição do Patrimônio Cultural e sua importância para a formação de uma memória social e nacional sem exclusões e discriminações é uma abordagem necessária a ser realizada com os educandos, situando-os nos "lugares de memória" construídos pela sociedade e pelos poderes constituídos, que estabelecem o que deve ser preservado e relembrado e o que deve ser silenciado e "esquecido".*

Introduzir na sala de aula o debate sobre o significado de festas e monumentos comemorativos, de museus, arquivos e áreas preservadas, permeia a compreensão do papel da memória na vida da população, dos vínculos que cada geração estabelece com outras gerações, das raízes culturais e históricas que caracterizam a sociedade humana. Retirar os alunos da sala de aula e proporcionar-lhes o contato ativo e crítico com as ruas, praças, edifícios públicos e monumentos constitui excelente oportunidade para o desenvolvimento de uma aprendizagem significativa. (Brasil, 2000a, p. 26-27, grifo do original)

Tendo em vista essas orientações, a discussão em torno da memória, especialmente da memória local, gera diversas potencialidades para o ensino de História. Quando problematiza aspectos da realidade social em que o aluno está inserido, o professor consegue desconstruir a ideia da história apenas como um passado congelado e, portanto, sem importância – infelizmente, alguns alunos compartilham dessa noção. Assim, ele pode tornar o ensino de História algo mais concreto, mais próximo das vivências cotidianas de seus discentes.

Problematizar determinados lugares e espaços da cidade, como um bairro, uma praça, nomes de ruas, edifícios públicos, igrejas, museus, sítios arqueológicos e suas transformações, requer alguns cuidados por parte do professor. Tais lugares muitas vezes dizem respeito à realidade local. Maria Auxiliadora Schmidt e Marlene Cainelli (2005), ao se referirem à história local e ao ensino de História, salientam algumas questões que devem ser levadas em consideração. Embora as autoras discutam o conceito de história local, podemos entender que os apontamentos delas servem também para a abordagem da memória local. Afinal, a história local se serve da memória local para construir seus discursos, seus símbolos e imaginários.

Em primeiro lugar, uma realidade local não contém em si mesma a chave para a própria explicação, pois ela não paira sobre um determinado espaço, isto é, não existe por si mesma. Ao contrário, ela diz respeito às suas ligações com realidades regionais, nacionais e internacionais que devem ser levadas em conta. Por exemplo: se uma determinada cidade conta com várias casas com um estilo arquitetônico peculiar, fruto do desenvolvimento de uma atividade econômica específica (ouro, café, pecuária, algodão, soja, erva-mate, madeira etc.), e que são marcos importantes da memória e da história da cidade, essas construções devem ser contextualizadas em relação ao período histórico regional ou nacional.

Perguntas como "Em que ano foram construídas?"; "Quem eram seus proprietários e quem são hoje em dia?"; "Que usos essas casas tiveram ao longo do tempo?"; "Existem outras casas similares em outros lugares?"; "Por que foram preservadas?"; "Como é sua divisão interna (se foi ou não alterada em relação ao que era no passado)?" podem servir como um roteiro para pensar a importância e o reconhecimento desses lugares como testemunhos do passado.

Em segundo lugar, devemos levar em conta que, ao propor a memória e seus lugares como signos de construção da identidade local, é preciso considerar que tais signos têm marcos referenciais que devem ser situados. Por exemplo: no caso de uma cidade que mantém um memorial de vítimas de um determinado conflito ou revolta, o evento abordado nesse memorial precisa ser contextualizado em uma dimensão mais ampla: "Quando ocorreu a revolta?"; "Por quais motivos?"; "Quem foram os sujeitos históricos que participaram dela?"; "Qual foi o desfecho?"; "Quando foi construído o memorial?"; "Por quem?"; "Com quais intenções?". Essas questões são exemplos que podem guiar a problematização da constituição dos lugares de memória e da construção da identidade local.

Sendo a memória algo dinâmico, que é atualizado em função das necessidades do presente e das expectativas sobre o futuro, ela também revela diferentes leituras do passado que podem ser problematizadas nas aulas de História. Vejamos o caso da figura de Getúlio Vargas.

Getúlio Dornelles Vargas (1882-1954) foi o presidente que governou o Brasil por mais tempo. Foram quase duas décadas no poder (1930-1945 e 1951-1954), as quais dizem respeito a contextos históricos nacionais e internacionais distintos, os que marcaram também posturas diferenciadas na condução da presidência.

As memórias construídas dessa figura política foram variadas ao longo dos mais de 60 anos após seu suicídio. No ano de 2004, quando se comemorou meio século de sua morte, houve uma profusão de eventos, programas de televisão, exposições de memoriais, textos e artigos dedicados a homenageá-lo, a revisitar a Era Vargas e/ou a analisar seu legado. A historiadora Marieta de Moraes Ferreira (2006) destaca o fato de as comemorações terem se referido, sobretudo, ao segundo governo. O Presidente Vargas comumente lembrado é aquele que se tornou uma referência política para o país ao defender um projeto nacionalista e desenvolvimentista em que o Estado tinha um aspecto central. A ênfase das celebrações em relação ao segundo governo se explica pelo fato de esse período ter se caracterizado como de conciliação entre crescimento econômico, ampliação do mercado de trabalho e funcionamento das instituições democráticas, uma combinação de fatores que encontrou ressonância no momento de festejo do cinquentenário de sua morte.

A imagem de um presidente ditatorial que perseguiu inimigos políticos, instituiu a censura e adotou uma agenda política inspirada nos programas totalitários europeus foi relegada ao esquecimento. Entretanto, conforme Ferreira (2006), essa imagem positivada nem sempre foi lembrada dessa forma. Mesmo após sua morte, em agosto de 1954, quando deixou uma famosa carta-testamento que despertou um imenso clamor e comoção pública, Getúlio Vargas continuou exercendo influência política. Os presidentes Juscelino Kubitschek e João Goulart, seus sucessores, deram continuidade à sua política desenvolvimentista-nacionalista. Em 1964, esse processo foi interrompido com o golpe militar. Nessa direção, houve mudanças também na forma como a memória de Vargas foi evocada: de um presidente desenvolvimentista-nacionalista a uma figura autoritária e centralizadora. Assim, diversos usos foram feitos de sua memória, e não só aspectos positivos do legado de Vargas foram ressaltados, mas também elementos que remontam ao autoritarismo de seu governo, especialmente por parte de alguns setores sociais, como forma de crítica ao próprio regime militar.

Nos anos de 1980, no contexto da redemocratização política do país, a memória de Vargas foi acionada como forma de unificar a nação em um momento de divisão política, em função dos desafios de lançar um candidato civil, após a derrota da campanha pelas eleições diretas (Ferreira; Franco, 2009). Tancredo Neves e Leonel Brizola usaram a memória de Vargas em suas campanhas políticas e valeram-se de seu legado para defender uma proposta de futuro para o país. Já na década de 1990, a memória do Presidente Vargas foi novamente reavaliada. Em um contexto de abertura econômica e de adoção de políticas neoliberais, questionava-se a viabilidade de um modelo estatista como aquele adotado nos anos de 1950. A frase *A Era Vargas acabou* sintetizou o tom de crítica em relação ao seu legado naquele momento histórico (Ferreira; Franco, 2009).

Como podemos perceber ao comparar diferentes contextos históricos, a relação entre história e memória é dinâmica. A forma como a memória de um lugar, de um evento ou de um personagem histórico é construída pode representar um caminho muito instigante para problematizar como determinados momentos da história são apropriados e narrados em outros tempos, considerando-se os interesses, as relações de poder envolvidas e as diferentes formas de comemoração.

(6.4)
História oral em sala de aula

No capítulo anterior, mostramos que a história oral se constitui como uma metodologia de pesquisa que busca produzir uma visão da história concebida por pessoas comuns, sujeitos que durante muito tempo foram marginalizados da história oficial. Em sala de aula, a história oral pode se tornar uma estratégia poderosa para aproximar os temas estudados, as experiências trazidas pelos alunos e as realidades vivenciadas por eles.

No ensino de História, um dos objetivos é fazer os alunos se sentirem partícipes dos processos históricos, de modo a eliminar a visão tradicional da história como estudo de um passado distante e congelado no tempo. As experiências deles ou que lhes foram contadas pelos pais, pelos avós, por amigos, conhecidos ou parentes podem contribuir para discutir e problematizar diversos temas comumente estudados nas aulas de História.

Ao propor uma história plural, da qual todos nós participamos, o professor deve ter em mente que as vivências dos alunos não estão alheias aos processos históricos coletivos, sejam eles regionais, nacionais ou internacionais. Pelo contrário, é necessário situar as experiências dos alunos, da escola, das famílias ou da comunidade no âmbito de processos maiores de mudanças e continuidades e, assim, conectar esses elementos micro-históricos às realidades e experiências macro-históricas vividas pela humanidade.

Como mencionamos, a história oral como metodologia de pesquisa deve partir de um projeto. Portanto, para utilizá-la em sala de aula, o professor precisa considerar que não pode simplesmente propor aos alunos que realizem entrevistas aleatórias. Pelo contrário, estas devem partir de um propósito com objetivos definidos. Junto aos alunos, o professor primeiramente deve escolher que tipo de projeto pretende desenvolver e de que maneira fará uso das memórias colhidas nesse processo. Podemos citar alguns exemplos de projetos que podem ser considerados:

a) história oral da escola;
b) história oral do bairro, da comunidade ou da cidade;
c) história oral da infância dos pais e/ou dos avós;
d) entrevistas com pessoas com pouca ou nenhuma instrução escolar;
e) história oral de profissões em via de desaparecimento ou transformação (a exemplo de sapateiros, parteiras, ferreiros e ourives);
f) entrevistas com pessoas idosas com o objetivo de estudar as mudanças da cidade/localidade ou eventos históricos do passado;
g) história oral com testemunhas de tragédias (provocadas pelo ser humano ou pela natureza);
h) história oral sobre um determinado evento importante;
i) história oral de grupos étnicos ou religiosos (imigrantes, quilombolas, indígenas, grupos de uma denominação religiosa específica etc.);
j) estudo de um determinado tema com base nas experiências do passado, como mudanças e continuidades (saberes culinários, crenças em relação à morte, festas, matrimônio, namoro, participação política, vida escolar, entre outros).

Após a seleção do tema e a definição do projeto de pesquisa, cabe ao professor organizar como as entrevistas serão feitas e qual será o nível de envolvimento dos estudantes. É importante formular um roteiro, além de considerar o número de pessoas a serem entrevistadas, a faixa etária, a quantidade de homens e mulheres, o local em que serão feitas as entrevistas e os responsáveis por elas (aluno e professor, apenas um aluno ou se poderá ocorrer a participação de mais de um entrevistador).

Durante a condução das entrevistas, é necessário que sejam tomados alguns cuidados, como dar uma explicação mínima aos entrevistados a respeito dos objetivos da entrevista, de modo a esclarecer para que ela será usada. É fundamental, também, ficar atento para que as gravações tenham uma qualidade mínima, devendo-se verificar qual equipamento será usado (celular, gravador, câmera ou outro). Além disso, o ambiente de gravação deve ser, preferencialmente, silencioso e livre da interferência de barulhos externos ou da aglomeração de muitas pessoas.

Outra etapa importante é a transcrição, que deve ser feita de maneira cuidadosa. Para que as entrevistas não fiquem muito díspares, é essencial que o professor avalie bem o roteiro e, junto a seus alunos, seja objetivo em relação ao resultado esperado. Lidar com várias entrevistas com duração de uma hora no ensino fundamental demanda várias horas de análise e bastante tempo em sala de aula. Portanto, é necessário estudar bem os objetivos a serem atingidos, para que a história oral não se torne uma armadilha na prática docente.

Feitas as gravações e as transcrições, passa-se à etapa de análise das entrevistas. Essa fase é bastante importante, pois diz respeito ao momento de confronto entre as diferentes vozes ouvidas. Na análise, os professores e os alunos devem questionar: Há diferenças entre as narrativas de homens e mulheres? E entre pessoas de idades distintas?

Os narradores se lembram da mesma forma um determinado evento importante ou existem diferenças? O confronto das diferentes vozes é importante para que os alunos percebam o funcionamento da memória, os conflitos entre as memórias individual e coletiva, bem como a questão do esquecimento, dos ditos e não ditos. Também é interessante que eles compreendam que a memória não retrata a verdade, mas diferentes visões e interpretações do passado. Da mesma forma, o professor deve salientar que o que os narradores contam sobre o passado não é o passado em si, mas como as pessoas se lembram dele no presente. Assim, resgata-se a memória de um determinado tempo ou evento permeado pela subjetividade da pessoa ou do grupo no presente.

As entrevistas também podem ser confrontadas com informações de outros documentos históricos, como jornais, fotografias, objetos e cartas, bem como com informações contidas no próprio livro didático. Analisando diferentes fontes de informação, os estudantes podem perceber a maneira como a pesquisa histórica é produzida e as diferentes interpretações que um evento ou fato histórico pode suscitar.

Fazer atividades com o uso da história oral certamente contribui para uma identificação mais profunda dos estudantes com a história. Mas não cabe só à disciplina de História a utilização da metodologia da história oral – projetos desenvolvidos na escola podem envolver várias disciplinas (Geografia, Literatura, Sociologia, Ciências etc.), dependendo do tema que se pretende abordar. Pesquisas com relatos sobre as transformações do espaço urbano podem ser realizadas em conjunto com a Geografia. Da mesma forma, mudanças no consumo de bens culturais (teatro, cinema, literatura, música, televisão) podem ser associados à Sociologia, assim como as questões relativas ao meio ambiente e ao desmatamento podem ser abordadas na disciplina de Ciências.

Encerradas as atividades, o que fazer com os arquivos (áudios e transcrições) gerados no projeto? É importante que o professor, junto com os diretores e responsáveis pela escola, pense em um espaço para armazenar tais materiais, com o objetivo de que eles possam ser usados em atividades futuras. Os arquivos sonoros, por exemplo, podem ser guardados nos arquivos eletrônicos da escola, e o material impresso resultante do desenvolvimento do projeto, na biblioteca. Também pode ser feito um registro fotográfico do projeto realizado, para servir de influência a futuros projetos desenvolvidos por outros professores e alunos.

O trabalho com história oral em sala de aula contribui para um maior estreitamento das vivências discentes com a história, além de poder estimular o desenvolvimento de uma consciência mais ampla sobre a importância de se preservar o patrimônio. Na mesma direção, desperta igualmente atitudes de maior respeito e valorização em face das experiências de pessoas mais velhas ou que tiveram pouco contato com a escola ou com saberes formais, mas que possuem grande riqueza de experiências para serem narradas, colaborando para delinear uma outra visão da história.

A seguir, apresentamos duas sugestões de trabalho com a história oral em sala de aula.

Sugestões de trabalho com história oral em sala de aula

Tema I: Profissões em via de desaparecimento e/ou transformação

Objetivos:
- compreender como as mudanças sociais no mercado de trabalho e o emprego de novas tecnologias têm transformado determinadas profissões;
- conhecer o trabalho desses profissionais e sua importância no passado e no presente;
- possibilitar formas de preservação da história e da memória relacionadas a esses saberes profissionais.

Procedimentos:
Os alunos, conduzidos pelo professor, deverão:
- identificar profissões que estão em via de desaparecer ou que estão sendo profundamente modificadas;
- localizar pessoas entre seus familiares, amigos, conhecidos e parentes que exerceram ou ainda exercem tais profissões;
- recolher informações sobre a forma de aprendizagem profissional relacionada a essas profissões, bem como a respeito de como são exercidas e qual é demanda por tais serviços, seja em nível local, seja em nível regional;
- reconhecer a importância desses profissionais e de suas profissões no presente e no passado;
- identificar mudanças ocorridas no exercício dessas profissões;
- conhecer quais eram/são os instrumentos usados para a prática profissional e se houve adoção de novas ferramentas/objetos ao longo do tempo;
- expor oralmente em sala de aula os resultados da pesquisa realizada;
- produzir textos, inventários, dossiês, cartazes, *banners* ou outros materiais que registrem os resultados das atividades propostas;
- arquivar em local apropriado na escola os registros orais e as eventuais fotografias realizadas.

Tema II: Saberes culinários

Objetivos:
- conhecer a transmissão de saberes culinários ao longo das gerações;
- identificar nas receitas os alimentos típicos e seus significados culturais e/ou religiosos;
- possibilitar formas de preservação da história e da memória desses saberes, de modo a destacar sua importância como fonte de conhecimento sobre um determinado grupo.

Procedimentos:
Os alunos, conduzidos pelo professor, deverão:
- identificar receitas tradicionais que contenham elementos que dizem respeito a uma memória familiar ou étnica ou que evoquem lembranças de eventos, pessoas ou momentos históricos;
- conhecer como ocorre a transmissão dessas receitas, de que forma foram aprendidas e como são ensinadas;
- identificar se houve mudanças na maneira de produzir as receitas em relação a como eram feitas no passado (adição/subtração de ingredientes, uso de produtos industrializados etc.);
- reconhecer na comida uma forma de compreender a história e a identidade de um grupo ou de uma pessoa;
- identificar a relação entre o consumo dos alimentos e determinados períodos: estações do ano, datas festivas ou religiosas (como Páscoa e Natal) etc.;
- identificar no consumo dos alimentos a relação saúde/doença e suas (im)possíveis misturas no imaginário popular: os alimentos que fazem bem e os que fazem mal;
- expor oralmente em sala de aula os resultados da pesquisa realizada;
- produzir textos, inventários, dossiês, cartazes, *banners* ou outros materiais que registrem os resultados das atividades propostas;
- arquivar em local apropriado na escola os registros orais e as eventuais fotografias realizadas.

(6.5)
A MEMÓRIA, O CINEMA E O ENSINO DE HISTÓRIA

O cinema, surgido em 1895, tem sido apontado como um dos mais importantes fenômenos culturais do século XX. Inicialmente, os filmes reproduzidos eram mudos. Na década de 1920, o cinema ganhou voz e, a partir disso, a produção cinematográfica só se expandiu. O cinema já foi usado para diversos fins. Da religião à política, a sétima arte esteve presente na veiculação dos mais diferentes discursos: político-nacionalistas, nostálgicos, de propaganda, de desqualificação do outro, para exprimir incertezas sobre o futuro, para falar de eventos históricos, para reconstruir personagens importantes e de obras da literatura, entre outros.

No ensino de História, os filmes foram pensados como estratégias didáticas desde seu início. Já como fonte histórica, o cinema tardou a ser reconhecido pelos historiadores. Marc Ferro, nos anos de 1970, foi um dos primeiros a usar filmes como fontes históricas, chamando atenção para as potencialidades do cinema na articulação entre o contexto histórico e o contexto social de produção, bem como para a necessidade de análise crítica do filme e do modo como ele transmite ideias e valores. Ferro sugeriu que os filmes são um artefato cultural que pode fornecer uma contra-análise da sociedade (Rosenstone, 2015). Entretanto, o cinema pode se constituir como uma linguagem para transmitir a história, como "uma forma de pensamento histórico" (Rosenstone, 2015, p. 25), além de contribuir para o entendimento sobre o passado, segundo o historiador norte-americano Robert Rosenstone (2015).

Fábio Augusto Scarpim | *Mariana Bonat Trevisan*

Rosenstone defende a ideia de que o filme histórico propõe uma visão da história que recria o passado e leva os espectadores a experienciá-lo. "O filme quer mais do que apenas ensinar a lição de que a história 'dói', ele quer que você, o espectador, vivencie a dor (e os prazeres) do passado" (Rosenstone, 2015, p. 34).

A imagem em movimento é um recurso didático que não pode ser negligenciado no atual ensino de História. Comumente os alunos trazem referências de eventos históricos por meio de filmes a que já assistiram. Por isso, é importante que, quando houver essa possibilidade, o professor faça uso do cinema em suas aulas. Sabemos das dificuldades de trabalhar um filme na íntegra (há grande quantidade de conteúdos a serem enfocados, são poucas aulas por semana, normalmente são produções longas etc.). Assim, uma saída para uso do cinema em sala de aula é a seleção de determinados trechos de um filme, devidamente contextualizados pelo professor, que deverá previamente ter visto a produção na íntegra.

Apesar de suas potencialidades, o uso do cinema em sala de aula deve ser tratado com cautela. Não se pode simplesmente utilizá-lo para preencher horas de trabalho escolar ou transmiti-lo sem a devida intervenção do professor, de modo a ser tomado pelos alunos como uma verdade sobre o passado. O professor deve ter em mente que nenhum filme é neutro em relação ao momento histórico de sua produção. Pelo contrário, sempre traz objetivos que podem estar explícitos ou implícitos na narrativa fílmica. O destaque para determinados personagens na cena, o jogo de luz e sombra, a música, as cores, o cenário, os discursos, entre outros, são elementos importantes para serem problematizados.

Com relação aos filmes históricos, eles podem ser pensados de duas formas ou de acordo com dois eixos temáticos: uma leitura histórica do filme – ou seja, analisar o filme à luz de seu período de produção – e uma leitura cinematográfica da história – como o passado é lido pelo cinema. Em ambos os casos, é necessário prestar atenção aos valores, às ideias, aos discursos, aos símbolos e ao imaginário suscitado que aquele filme transmite.

Muitos filmes históricos têm recebido assessoria de historiadores profissionais, e vários cineastas têm feito minuciosas pesquisas a respeito dos personagens e contextos mostrados. Alguns até mesmo se utilizam de estratégias comumente usadas na pesquisa histórica: quando há carência de vestígios ou de informações para completar os relatos históricos, pode-se, por exemplo, recorrer à imaginação, bem como fazer relações ou aproximações com outras informações que digam respeito a um mesmo evento ou personagem. Rosenstone (2015), ao tratar dos trabalhos da historiadora Natalie Zemon Davis como analista e assessora de filmes históricos, reitera as potencialidades do filme como um discurso sobre a história:

> *Tendo em mente "as diferenças entre filme e prosa profissional", a autora diz que podemos levar os filmes a sério "como uma fonte de uma visão histórica valiosa e até mesmo inovadora". Podemos "até fazer perguntas sobre filmes históricos que são paralelas às que fazemos aos livros históricos".* (Davis, citada por Rosenstone, 2015, p. 47)

Assim como a história produzida pelos historiadores, os filmes são interpretações sobre o passado, porém com linguagens diferentes, tendo em vista as questões postas pelo presente. Muitas vezes, um filme entendido como histórico trata muito mais de seu contexto de produção do que propriamente do período histórico destacado na trama. Os filmes sobre o holocausto judeu, por exemplo, suscitam constantes revisões e problematizações acerca da culpa, do silêncio, da colaboração, da reparação. Da mesma forma, os filmes norte-americanos produzidos nos anos de 1980 e 1990 sobre a Segunda Guerra

Mundial ou sobre a Guerra do Vietnã transmitem certos valores, visões de mundo e imaginários referentes ao momento histórico vivenciado pelos Estados Unidos (de conflitos no Oriente Médio, como a Guerra do Golfo).

Outro aspecto positivo dos filmes ao narrarem a história é possibilitar aos espectadores uma representação dos diferentes personagens do passado, na esteira das preocupações metodológicas da pesquisa histórica nas últimas décadas, que propiciaram a construção de uma visão ampla e complexa da humanidade por meio das vozes daqueles que por tanto tempo foram silenciados (mulheres, escravos, operários, camponeses, minorias sexuais, deficientes). Graças ao cinema, "agora, também temos a oportunidade não somente de ouvir essas pessoas, mas também de vê-las" (Rosenstone, 2015, p. 19).

Embora os historiadores se interessem muito mais pelos filmes históricos, é importante destacarmos que não são apenas as produções que tratam da história que podem ser usadas em sala de aula. Obras cinematográficas de ficção científica, dramas, documentários, entre outros gêneros, também apresentam potencial de análise. Tais filmes expressam, por trás de seus enredos, medos, desejos, preocupações, expectativas de futuro ou problemas que são típicos do momento histórico vivido: insegurança, violência, ameaças nucleares, entre outros.

O tema da memória, de sua manipulação e do esquecimento também é um campo rico para ser abordado em aulas de História. Como exemplo, apresentaremos, no item a seguir, duas propostas sobre o uso do cinema em sala de aula tendo em vista a problemática da memória: o filme alemão *Uma cidade sem passado* (1990), para pensar a temática da memória sobre o Holocausto, e a produção brasileira *Que bom te ver viva* (1989), para problematizar o tema da ditadura militar.

6.5.1 Uma cidade sem passado (Alemanha, 1990)

A trama de *Uma cidade sem passado* (*Das schreckliche Mädchen*)¹ acontece na Alemanha da década de 1970, em plena Guerra Fria, e o país está dividido entre Alemanha Ocidental e Alemanha Oriental. O filme se inicia com a personagem principal, Sonia, narrando a história e mostrando os locais em que viveu. Ela mora com os pais em Pfilzing, na Alemanha Ocidental, uma cidade bastante conservadora. A menina se interessa por participar de um concurso de redação, após o convite de uma professora. Seu texto, intitulado "Liberdade na Europa", vence o concurso, e como prêmio ela ganha uma viagem a Paris. Essa experiência desperta seu interesse pela pesquisa.

Em um segundo concurso, Sonia decide pesquisar sobre a participação de sua cidade natal no Terceiro Reich. O acesso aos arquivos disponibilizados da cidade sugerem que Pfilzing fez parte da resistência ao nazismo, personificada na figura do Dr. Juckenack, professor universitário, diretor do arquivo local e diretor-redator do jornal da cidade. Desconfiada, a moça começa a sondar parentes e amigos sobre um padre que havia sido fuzilado por ser contra as leis racistas. Eles recomendam que ela fale com um de seus professores, mas ela não obtém nenhum resultado. Pesquisando em jornais da época, Sonia encontra informações truncadas, cifradas e confusas que omitem detalhes importantes. Ela então tenta procurar no Arquivo Municipal, mas não consegue acesso, que só é permitido a pessoa autorizadas. Em depoimentos de pessoas próximas, ela percebe a possibilidade de famílias da elite local terem colaborado com o nazismo, o que a deixa cismada quanto às dificuldades para acessar os arquivos. Diante desse cenário, Sonia acaba desistindo de participar do concurso.

---

1   UMA CIDADE sem passado. Direção: Michael Verhoeven. Alemanha: Filmverlag der Autoren, 1990. 94 min.

O tempo passa e Sonia se casa com seu ex-professor de Física, tem duas filhas com ele e entra para a universidade para estudar teologia, história e alemão. Nesse momento, decide retomar a pesquisa que havia interrompido quando era mais jovem. Assim, ela busca novos dados nos jornais e vai descobrindo mais pistas de pessoas que foram presas por ajudarem judeus, bem como casos de pessoas da cidade que haviam colaborado de alguma forma com o nazismo. A jovem, agora acadêmica da universidade local, consegue mais oportunidades de entrevistas, mas as barreiras de acesso aos documentos persistem. O prefeito é um dos que mais dificultam seu trabalho.

A família de Sonia começa a receber ameaças por telefone, em virtude dos possíveis resultados da pesquisa da acadêmica, que ameaçam a manutenção da integridade de várias pessoas da cidade. Então, ela processa a cidade para conseguir acesso aos documentos necessários à pesquisa, porém só consegue a liberação depois de levar o caso à imprensa televisiva. Assim, Sonia descobre que a cidade de Pfilzing havia mantido um campo de concentração e promovido uma caça aos judeus.

Tempos depois, ela apresenta a conclusão de sua pesquisa na universidade, ganhando fama e reconhecimento. Vêm à tona os nomes de muitas pessoas da elite, inclusive de membros atuais do governo local e de religiosos que haviam se envolvido na perseguição aos judeus. A pesquisa lhe rende um processo em que Juckenack a acusa de difamação, mas é derrotado. A prefeitura decide homenageá-la pela pesquisa, mas Sonia se nega a aceitar o prêmio, pois questiona a intenção de quem o havia oferecido. Na opinião dela, tal prêmio camuflaria o medo de que ela desenterrasse mais coisas obscuras. No fim do filme, a mulher, em fuga de seus perseguidores, aparece com o filho nos braços buscando refúgio na "árvore dos milagres", um local onde todos fazem pedidos e orações a Deus, um lugar de memória e de sabedoria.

O início da obra já informa que se trata de um filme de ficção. Entretanto, ele mistura uma série de elementos da realidade histórica. Produzido no final dos anos de 1980, momento da queda do Muro de Berlim e de reunificação da Alemanha, essa produção cinematográfica chama atenção para uma série de questões envolvendo a memória que podem ser problematizadas em aulas não só de História, mas também de Filosofia e Sociologia, principalmente no ensino médio, visto que, pelas suas características, a obra é mais adequada aos alunos mais velhos.

O filme apresenta uma narrativa linear, portanto não há grandes preocupações em decifrá-lo. Algumas cenas ressaltam o diálogo entre passado e futuro, como as que narram a infância de Sonia e que aparecem em preto e branco – enquanto as cenas de ela jovem e adulta são mostradas coloridas. Esse jogo ressalta a relação entre passado e presente e a dinâmica da memória. Da mesma forma, as cenas iniciais apresentam imagens de estátuas gregas enquanto ela recita um poema – as quais ela futuramente encontrará em Paris. A trama conecta os diferentes tempos – passado, presente e futuro – por meio de sons, imagens e cores nas narrativas da personagem principal.

Uma cidade sem passado chama atenção também para os sentidos do passado e sua manipulação, ou seja, que tipo de memória se procurou construir na sociedade alemã pós-guerra. Além disso, a obra atenta para a relação entre verdade e ficção, uma vez que a história é fictícia, mas enfoca temas presentes na história alemã: o incômodo em relação ao passado e a atitude a tomar em relação a ele. Para termos uma ideia do que ocorria na sociedade alemã do período posterior à Segunda Guerra, o tema do nazismo sequer aparecia nos livros didáticos de História do país, demonstrando os sentimentos de culpa e vergonha por parte dos alemães em relação ao passado recente, pelo qual muitas pessoas comuns se sentiam responsáveis.

No filme, realidade e ficção denunciam o esquecimento como estratégia de fuga da verdade em relação ao passado. Como define Rosenstone (2015), *Uma cidade sem passado*, de certa forma, é um filme sobre o tema da negação do Holocausto. A obra traz à tona essas questões por meio das dificuldades de Sonia para acessar os arquivos, bem como para conseguir encontrar pessoas que falassem a respeito do passado. A tentativa de esquecimento e/ou de ocultação do passado refere-se à busca de uma autoproteção. Evita-se falar do passado sob a justificativa de evitar retaliações.

Outro aspecto a ser destacado é o fato de que, apesar de ser um filme sobre o Holocausto, não aparecem judeus na obra; a própria palavra *judeu* é usada apenas algumas vezes (Rosenstone, 2015). Seria essa uma forma de problematizar a questão do negacionismo?

A década de 1980 presenciou o surgimento da corrente revisionista na Alemanha, vertente que nega o genocídio dos judeus e atribui as mortes ao contexto da Segunda Guerra, e não a uma prática burocratizada, racionalizada e voltada para o extermínio massivo como aquela que fora praticada[2]. A negação do passado, especialmente em relação a massacres, não é exclusividade do caso do Holocausto. Ainda hoje as autoridades turcas também negam que tenha ocorrido o massacre de cerca de 1,5 milhão de armênios cristãos no Império Otomano no contexto da Primeira Guerra Mundial. Eles, inclusive, refutam veemente o uso da palavra *genocídio*. Esse caso é um exemplo

---

2   O historiador Pierre Vidal-Naquet (1998), no livro Os assassinos da memória, *discute os fundamentos do revisionismo e os argumentos usados pelos seus defensores. Segundo essa teoria, os nazistas não tinham uma política de extermínio de judeus, não existiram câmaras de gás e o número de 6 milhões de judeus assassinados é superestimado. Para eles, não teria sido a Alemanha a principal responsável pela Segunda Guerra Mundial.*

clássico de negação do passado. Mas essa realidade também não é exclusiva do exterior. No Brasil, há setores militares e da sociedade civil que também negam o passado referente aos crimes praticados durante o regime militar. Tanto as correntes revisionistas quanto as negacionistas servem para perpetuar o discurso de manutenção da ordem e do poder de determinados grupos e também expressam as dificuldades em lidar com um passado traumático.

Em *Uma cidade sem passado*, apresenta-se a ideia de que a memória é algo em construção. Nesse sentido, o que lembramos ou esquecemos é resultado de um processo de seleção que pode ser consciente e/ou inconsciente e permeado por objetivos, os quais podem ou não ser claros. Num primeiro momento, Sonia se depara com uma memória coletiva que mostra Pfilzing como sinônimo de resistência à perseguição judaica. Trata-se de uma memória construída para ocultar a colaboração das pessoas comuns e das autoridades. Não convencida, a personagem encontra indícios de memórias divididas. Assim, lembranças são despertadas, e sentimentos de vergonha e culpa emergem a partir das investigações da moça. A pequena cidade começa a reavaliar seu passado.

O filme provoca a seguinte reflexão: Por que comumente há um desejo de esquecer um passado doloroso e trágico? Culpa e vergonha em relação às catástrofes provocadas em épocas de crise por regimes de exceção podem denotar colaboração, omissão ou simplesmente uma não ação. Quando abordou, no livro *Eichmann em Jerusalém: um relato sobre a banalidade do mal*, o papel das autoridades judaicas no Holocausto, Hannah Arendt (1999) foi acusada de ser antissemita e negar as próprias origens judaicas. Ao buscar entender por que os chefes de conselho judeus rapidamente colaboravam com a polícia nazista na escolha e deportação de judeus, a autora se indagou a respeito dos motivos desse colaboracionismo. Para a filósofa alemã, embora a resistência fosse praticamente impossível, a cooperação com o extermínio não seria o único caminho possível.

Como podemos perceber, o filme *Uma cidade sem passado* é um excelente exercício de reflexão ética, filosófica e histórica sobre a responsabilidade que temos sobre o passado, sobre o dever de rememorá-lo e reavaliá-lo constantemente para que experiências terríveis, como a retratada no filme, não venham a se repetir. Extrapolando um pouco, ele serve para reavaliarmos os dilemas da memória, o nosso próprio passado e o que queremos para o futuro: Devemos sempre lembrar as tragédias humanas para que elas jamais se repitam ou simplesmente esquecê-las para nos livrarmos dos incômodos do passado? É claro que a primeira alternativa é a ideal e a que justifica a importância de conhecermos as experiências humanas, sejam elas boas ou ruins.

Agora, passaremos a analisar o filme *Que bom te ver viva* (1989), obra nacional da cineasta Lucia Murat.

6.5.2 QUE BOM TE VER VIVA (BRASIL, 1989)

O filme *Que bom te ver viva* (1989)[3] tem como tema a tortura durante o período da ditadura militar no Brasil, analisada em depoimentos de oito mulheres, ex-presas políticas, que rememoram os processos de violência (física e psicológica) e contam como sobreviveram após o trauma da prisão e da tortura. A obra mistura as narrativas dessas mulheres com elementos ficcionais, por meio dos delírios e das fantasias de uma personagem anônima, interpretada pela atriz Irene Ravache. Assim, o filme intercala os depoimentos das mulheres vítimas da ditadura com o discurso inconsciente do monólogo da

---

3   QUE BOM te ver viva. Direção: Lúcia Murat. Brasil: Taiga Filmes e Vídeo, 1989. 100 min.

personagem de Irene. Além de descrever e enumerar toda a violência praticada pelos órgãos repressores da ditadura, essa produção traz à luz o preço que essas mulheres pagaram por terem sobrevivido a essa experiência traumática, tais como: certa invisibilização social, esquecimento, omissão do Estado e não punição dos perpetradores da violência. A obra acaba assumindo o caráter de uma espécie de cinebiografia, uma vez que a cineasta também foi vítima da ditadura, sofrendo violências análogas às narradas por suas personagens.

Essa produção tem uma característica diferente da apresentada pelos chamados *filmes históricos*. Não traz apenas personagens ficcionais que interagem em um cenário montado, mas testemunhos que passaram pela experiência narrada na obra, cujo cenário muitas vezes é a própria casa ou o local de trabalho das narradoras. Conforme explica Rosenstone (2015, p. 110), "como obra de história escrita, o documentário 'constitui' os fatos selecionando os vestígios do passado e envolvendo-os em uma narrativa". Assim, o filme opta por um recorte – a tortura e a violência praticada contra mulheres – porque reflete os dilemas e as inquietações da própria cineasta, Lúcia Murat.

Murat nasceu em 1948, no Rio de Janeiro. Em 1967, no contexto da ditadura militar, entrou para a faculdade de Economia da Universidade Federal do Rio de Janeiro (UFRJ), onde se envolveu com o movimento estudantil, tornando-se uma liderança. No ano seguinte, no auge dos protestos estudantis, ela foi presa junto a centenas de outros estudantes que participavam de um congresso da clandestina União Nacional dos Estudantes (UNE), em Ibiúna, São Paulo. Foi liberada poucos dias depois. A partir da promulgação do AI-5, as lideranças estudantis passaram a ser vigiadas. Murat começou a fazer parte de uma organização armada, caindo na clandestinidade. Casou-se com Cláudio Torres, guerrilheiro que participou do sequestro do embaixador norte-americano Charles Burke Elbrick em 1969[4]. Em 1971, foi presa, permanecendo dois meses e meio nas dependências do DOI-Codi carioca (Destacamento de Operações de Informações – Centro de Operações de Defesa Interna), onde foi torturada. Saiu da cadeia em junho de 1974, já na época do Governo Geisel. A partir de então, começou a trabalhar como jornalista e, depois, com cinema. O trabalho com os filmes, aliás, foi uma forma de lidar com os traumas e as angústias decorrentes da experiência da tortura e da prisão (Souza, 2013).

Que bom te ver viva é o primeiro longa-metragem da cineasta (que, ao todo, produziu oito filmes). Essa obra foi desenvolvida em um contexto específico da história do Brasil: a década de 1980, marcada pela transição política e pelos debates em torno da nova Constituição. Com o processo de abertura, presos políticos foram soltos, e exilados puderam voltar. Assim, houve uma proliferação de testemunhos de pessoas que presenciaram de perto a repressão e que sentiam a necessidade de falar, de trazer à luz as memórias desse passado traumático.

A partir disso, filmes, livros, documentários, dossiês, relatórios, entre outros, foram produzidos de modo a inventariar as formas de violência praticadas durante a ditadura militar, tanto para denunciá-las como para fazer valer o direito à memória, na busca de impedir o esquecimento e trazer à tona os crimes praticados e que permaneciam sem punição. Em grande parte, em contraposição ao Estado que optou por uma postura de silêncio sobre o passado, o estímulo para tais produções provinha dos movimentos sociais, de associações de amigos e familiares das vítimas de mortos e desaparecidos, de

---

4   Elbrick *foi sequestrado por militantes do Movimento Revolucionário 8 de Outubro (conhecidos como MR-8) e do grupo Aliança Libertadora Nacional (ANL), cujo objetivo era exigir do governo da época a liberação de 15 prisioneiros políticos que se refugiariam no exterior para divulgar um manifesto na mídia contra a ditadura.*

vítimas da tortura e da repressão, de entidades de direitos humanos, entre outros.

É importante destacarmos que, a partir dos anos de 1980, conforme apresentamos no Capítulo 4, a história oral como metodologia de pesquisa tornou-se amplamente utilizada. Cada vez mais pesquisas passaram a privilegiar as memórias de testemunhas de tragédias. A chamada *literatura do testemunho*, como ressalta Márcio Séligmann-Silva (2008), tem sua expressão mais evidente nas diversas narrativas dos sobreviventes do Holocausto. As obras do italiano Primo Levi (sobrevivente de Auschwitz) estão entre as mais estudadas.

Por meio das narrativas das mulheres presentes no filme de Murat, o professor pode problematizar uma série de questões a respeito da violência praticada durante a ditadura militar, bem como de sua persistência nos dias atuais, especialmente no que toca à violência contra as mulheres. Na impossibilidade de passar o filme na íntegra, é possível selecionar trechos de depoimentos, de modo a levar os estudantes não apenas a refletir sobre a tortura e os traumas gerados por essa experiência, mas também a traçar paralelos com situações que ainda acontecem em nossa realidade. As dificuldades que essas mulheres enfrentaram após as traumáticas experiências de tortura e prisão são comuns aos problemas pelos quais passam mulheres vítimas de violência doméstica, estupro etc.

A seguir, apresentamos um quadro elaborado por Jônatas Xavier de Souza (2013) com base nos primeiros minutos do filme e que descreve o perfil das entrevistadas, os motivos que as levaram à prisão, bem como a situação delas mesmas no momento da realização das filmagens.

Quadro 6.1 – Mulheres entrevistadas em *Que bom te ver viva*

Nome	Anos 1970	1988
Maria do Carmo Brito	Comandante da organização guerrilheira VPR, é presa em 1970 e torturada durante dois meses. Trocada pelo embaixador alemão, fica dez anos no exílio.	Casada, com dois filhos, trabalha como educadora.
Estrela Bohadana	Militante da organização clandestina POC, é presa e torturada em 1969, no Rio, e em 1971, em São Paulo.	Filósofa, está casada e tem dois filhos.
Maria Luiza Garcia Rosa (Pupi)	Militante ligada ao movimento estudantil, é presa e torturada quatro vezes nos anos 70.	Está separada, tem dois filhos e é médica sanitarista.
Rosalinda Santa Cruz (Rosa)	Militante da esquerda armada, é presa e torturada duas vezes. Tem um irmão desaparecido em 1974.	Professora universitária, tem três filhos.
Anônima	Militante de organização guerrilheira, fica quatro anos na clandestinidade e quatro na cadeia.	Vive numa comunidade mística e pede para não ser identificada.
Criméia de Almeida	Sobrevivente da guerrilha do Araguaia, é presa grávida, em 1972, e tem um filho na cadeia.	Enfermeira, vive sozinha com o filho.
Regina Toscano	Militante da organização guerrilheira MR-8, é torturada e fica um ano na cadeia em 1970.	Tem três filhos e trabalha como educadora.
Jessie Jane	Presa durante o sequestro de um avião, em 1970, é torturada três meses e fica nove anos na cadeia.	Casada, tem uma filha, é historiadora.

Fonte: Souza, 2013, p. 41.

Com base no perfil das entrevistadas, o professor pode discutir com seus alunos uma série de questões. Como exemplo, podemos citar: o perfil socioeconômico das mulheres que participaram da resistência à ditadura; as estratégias usadas por elas; a violência sexual pela qual passaram; os preconceitos que elas sofreram após serem libertadas; as dificuldades enfrentadas nas esferas profissional, social e pessoal. No caso destes últimos aspectos, o professor pode fazer um paralelo com a condição atual de mulheres vítimas de estupro, de violência doméstica, em situação de vulnerabilidade social ou, até mesmo, de detentas ou ex-detentas.

É importante enfatizarmos também que o filme foi produzido em um contexto específico. Isto é, muito já aconteceu depois do lançamento dessa produção: os trabalhos da Comissão Especial sobre Mortos e Desaparecidos Políticos, a Comissão Nacional da Verdade (CNV), processos específicos contra perpetradores da violência – a exemplo do processo da família Teles movido contra o Coronel Brilhante Ustra –, entre outros eventos. Tais questões poderão ser problematizadas pelo professor quando ele discutir o filme com os alunos e propor as atividades.

Em *Que bom te ver viva*, outra questão colocada em pauta no depoimento das mulheres é o sentimento de frustração com relação à impunidade dos responsáveis pela repressão. Como destaca o historiador Carlos Fico (2013), no Brasil, ao contrário de outros países do Cone Sul, como Argentina, Uruguai e Chile, a transição política foi marcada por um silêncio sobre o passado por parte das autoridades políticas muito em função da conciliação entre as elites:

> *o trauma diante da violência brutal do regime militar marca a transição argentina. No caso do Brasil, os traços fundamentais de sua transição são a impunidade e a frustração causadas pela ausência de julgamento dos militares e de ruptura com o passado – que, por assim dizer, tornaram a transição inconclusa, em função da conciliabilidade das elites políticas.*
> (Fico, 2013, p. 248)

A frustração e a necessidade de romper o silêncio com o passado também encontram ressonância em várias outras obras cinematográficas. A título de exemplo, mencionamos o interessante documentário *Memórias da resistência*[5], de 2015, que conta o caso de um apanhador de cana-de-açúcar e estudante de História que, em 2007, junto a seus colegas de trabalho, encontra em uma casa de fazenda abandonada vários documentos do período da ditadura militar, mais especificamente do Departamento de Ordem Política e Social (Dops) de São Paulo. O documentário reconstrói a história desse achado e também apresenta depoimentos de diferentes pessoas mencionadas nos documentos (a grande maioria, estudantes da Universidade de São Paulo). A memória dos narradores sobre a violência, a tortura e a repressão, em muitos momentos, aproxima-se dos fatos narrados pelas mulheres entrevistadas na obra de Lúcia Murat.

Por fim, o tema da memória sobre a ditadura, a violência e a guerrilha nos anos de 1960 e 1970 foi novamente abordado por Murat em seu mais recente filme: *A memória que me contam*[6], de 2012. Nas palavras da cineasta, a ideia do filme era fazer "um balanço de geração [...] falar de uma história que ainda está se fazendo: a história da utopia diante do poder, diante das fragilidades, dúvidas e feridas íntimas daqueles que seus filhos ainda consideram como heróis" (A memória..., 2012).

As possibilidades de abordar o tema da memória por meio do cinema são múltiplas. Como salienta Rosenstone (2015), filmes, minisséries, documentários e docudramas são gêneros cada vez mais importantes em nossa relação com o passado e para nosso entendimento da história. O cinema é uma das principais formas pelas quais

---

5   MEMÓRIAS da resistência. Direção: Marco Escrivão. Brasil: Ipra, 2015.
6   A MEMÓRIA que me contam. Direção: Lúcia Murat. Brasil: Imovision, 2012. 95 min.

as pessoas se interessam pelo passado. Portanto, deixá-lo de fora da análise histórica significa ignorar essa importante ferramenta para o conhecimento.

> **Saiba mais**
>
> **Filmes, história e memória**
>
> Os filmes tornam a história tão intensa quanto plausível; as figuras que vemos se movendo e falando em cenas que lembram o passado parecem mais vivas do que nunca. "Graças ao cinema, o século XX e seus habitantes têm com o tempo uma relação diferente da de qualquer época anterior", escreve um crítico de cinema. "Podemos afastar o passado, nos movendo e – nos últimos 50 anos – falando exatamente como na vida". Visões e sons armazenados em filmes e fitas dão cada vez mais acesso aos acontecimentos passados, e cada ano que passa adiciona ambos ao volume desses registros e a seu afastamento temporal. E não apenas asseguram como ampliam enormemente a memória pessoal.

Fonte: Lowenthal, 1998, p. 178.

Síntese

Neste capítulo, abordamos questões relativas à memória e ao ensino de História e como esse tema pode ser explorado em sala de aula. As múltiplas possibilidades de trabalhar a memória em aulas de História advêm das importantes transformações pelas quais a historiografia passou nas últimas décadas. Tais mudanças têm procurado valorizar as pessoas comuns, dar voz aos sujeitos tradicionalmente excluídos da história. Assim, o debate sobre as novas fontes, temáticas e metodologias tem permeado também as discussões sobre o que e como ensinar em História, em um mundo cada vez mais veloz e tecnológico.

Em conjunto com esse fenômeno, desde pelo menos a década de 1980, com o processo de democratização da sociedade brasileira, temos presenciado uma atuação cada vez maior de variados movimentos sociais que têm buscado valorizar a identidade e a memória de grupos historicamente condenados ao esquecimento (mulheres, operários, indígenas, africanos, perseguidos políticos, homossexuais, lideranças comunitárias, entre outros).

Em nossa abordagem, buscamos demonstrar que conhecer os usos do ensino da História ao longo do tempo, bem como as relações complexas entre história e memória no ensino, é fundamental para a formação de professores e alunos críticos e conscientes da importância dessa disciplina para a construção da cidadania e o exercício da tolerância, bem como para o combate a qualquer forma de racismo e discriminação, para a valorização do patrimônio cultural e para o reconhecimento da participação dos diferentes sujeitos históricos nas formações sociais, culturais e identitárias do país.

Indicações culturais

Documentários

PALMAR, A. **Documentários e filmes sobre a ditadura e a resistência**. 2 maio 2014. Disponível em: <https://www.documentosrevelados.com.br/midias/documentarios-e-filmes-sobre-a-ditadura-e-a-resistencia/>. Acesso em: 24 jul. 2018.

Acesse o *link* para ter acesso a uma grande relação de documentários específicos sobre a ditadura militar e que podem ser utilizados em sala de aula.

MEMÓRIAS da resistência. Direção: Marco Escrivão. Brasil: Ipra, 2015. Disponível em: <http://www.memoriasdaresistencia.org.br/site/>. Acesso em: 24 jul. 2018.

Como mencionamos anteriormente, o documentário conta o caso de um apanhador de cana-de-açúcar e estudante de História que, em 2007, junto a seus colegas de trabalho, encontra em uma casa de fazenda abandonada vários documentos do período da ditadura militar, mais especificamente do Departamento de Ordem Política e Social (Dops) de São Paulo. O documentário reconstrói a história desse achado e também apresenta depoimentos de diferentes pessoas mencionadas nos documentos (a grande maioria, estudantes da Universidade de São Paulo).

Filmes

1984. Direção: Michael Radford. Alemanha Ocidental: Senator Film, 1984. 110 min.

A MEMÓRIA que me contam. Direção: Lúcia Murat. Brasil: Imovision, 2012. 95 min.

A ONDA. Direção: Dennis Gansel. Alemanha: Constantin Film, 2008. 107 min.

BATISMO de sangue. Direção: Helvécio Ratton. Brasil: Downtown, 2006. 110 min.

DESMUNDO. Direção: Alain Fresnot. Brasil; Columbia TriStar, 2003. 101 min.

HANNAH Arendt. Direção: Margarethe Von Trotta. Alemanha/Luxemburgo/França: NFP Marketing & Distribution, 2013. 113 min.

HISTÓRIAS que só existem quando lembradas. Direção: Júlia Murat. Brasil: Vitrine Filmes, 2012. 98 min.

LABIRINTO de mentiras. Direção: Giulio Ricciarelli. Alemanha: Universal Pictures International, 2014. 124 min.
NARRADORES de Javé. Direção: Eliane Caffé. Brasil: Bananeira Filmes, 2003. 100 min.
O QUE é isso, companheiro? Direção: Bruno Barreto. Brasil: Columbia TriStar Filmes do Brasil, 1997. 110 min.
OS INCONFIDENTES. Direção: Joaquim Pedro de Andrade. Brasil: Videofilmes, 1972. 100 min.
PERFUME, a história de um assassino. Direção: Tom Tykwer. EUA: DreamWorks Distribution, 2006. 86 min.
PRA FRENTE Brasil. Direção: Roberto Faria. Brasil: Embrafilme, 1982. 110 min.
QUE BOM te ver viva. Direção: Lucia Murat. Brasil: Taiga Filmes e Vídeo, 1989. 100 min.

Todas essas produções apresentam como temática a relação entre história e memória.

Atividades de autoavaliação

1. Durante muito tempo no ensino de História, predominou uma memória que privilegiou a visão das elites, buscando construir a identidade nacional de modo homogêneo – conforme os interesses das elites –, e que se constituiu como uma forma de legitimação do poder dos grupos dominantes. Porém, nas últimas décadas, essa versão da memória vem sendo reavaliada para dar lugar a uma memória mais plural, que contemple as lutas dos diferentes sujeitos históricos. Nesse sentido, assinale a alternativa que se refere a um exemplo de reavaliação da memória:

a) A transformação do dia 21 de abril em feriado nacional.
b) A escolha do dia 20 de novembro como Dia da Consciência Negra.
c) A obrigatoriedade de cada cidade decretar feriado na data de seu aniversário.
d) A escolha do carnaval como símbolo da identidade nacional, sendo, portanto, feriado obrigatório no calendário civil.

2. Observe a figura a seguir:

Figura A – *O martírio de Tiradentes*

FIGUEIREDO E MELO, F. A. de. **Martírio de Tiradentes**. 1893. Óleo sobre tela: color.; 57 × 45 cm. Museu Histórico Nacional, Rio de Janeiro.

A imagem corresponde a uma representação de Tiradentes, considerado herói republicano a partir de 1890. Ela resultou de uma construção política que procurou fabricar uma memória do personagem de acordo com os valores da sociedade da época.

Entre os elementos que a imagem ressalta na construção de uma determinada memória de Tiradentes, é correto afirmar:

a) Os elementos cristãos que destacam a entrega em relação ao sacrifício por uma causa defendida por Tiradentes.
b) As características repressoras da monarquia, evidenciada pelas vestes negras do carrasco.
c) A derrota do movimento conhecido como *Inconfidência Mineira* por conta do aspecto sofrido da figura de Tiradentes.
d) A repressão e a rigidez da lei que condenou à morte uma pessoa inocente.

3. Sobre as finalidades do uso da história oral em sala de aula, considere as seguintes proposições:
    i) Aproxima os alunos dos objetos de estudo da história, fazendo-os se sentirem partícipes dos processos históricos.
    ii) Procura transformar o aluno em historiador, de modo que ele possa executar uma pesquisa histórica acadêmica nos mesmos moldes daquelas produzidas nas universidades.
    iii) Pode ajudar os alunos no processo de reconhecimento de suas identidades e a participar da construção de uma identidade coletiva.
    iv) No trabalho com história oral em sala de aula, dispensa-se a participação do professor na elaboração dos roteiros de entrevistas e na transcrição delas.

Estão corretas apenas as afirmativas:

a) II e III.
b) I e IV.
c) I, II e IV.
d) I e III.

4. Faça a leitura do trecho citado a seguir:

   A destruição do passado – ou melhor, dos mecanismos sociais que vinculam nossa experiência pessoal às das gerações passadas – é um dos fenômenos mais característicos e lúgubres do final do século XX. Quase todos os jovens de hoje crescem numa espécie de presente contínuo, sem qualquer relação orgânica com o passado público da época em que vivem. Por isso os historiadores, cujo ofício é lembrar o que os outros esquecem, tornam-se mais importantes do que nunca no fim do segundo milênio.
   (Hobsbawm, 2013, p. 13)

   Conforme Hobsbawm, o historiador tem uma função social muito importante, especialmente no mundo tecnológico e globalizado em que vivemos. Nessa direção, o ensino de História assume uma função importante no processo de construção e reconstrução do cotidiano. Assim, cada vez mais se exigem do professor certos cuidados na escolha dos temas e de como estes devem ser abordados. Quanto à relação entre história e memória, considere as proposições a seguir:

   i) Descrição cronológica da evolução da tecnologia e dos meios de comunicação.
   ii) Visita a museus e memoriais que guardam a memória de sujeitos tradicionalmente excluídos da história.

iii) Análise de praças e logradouros públicos de um bairro ou cidade.
iv) Uso de filmes históricos.

Agora, indique a alternativa que apresenta as proposições que se referem a exemplos de atividades que podem contribuir para uma reavaliação do passado e uma análise crítica do presente:

a) I, II e III.
b) II, III e IV.
c) I, III e IV.
d) Apenas II.

5. O cinema tem sido entendido como um dos mais importantes fenômenos culturais do século XX. No ensino, ele tem sido usado com finalidades variadas desde meados desse século. Sobre as potencialidades do uso de filmes em sala de aula, especialmente para a discussão do tema da memória, é correto afirmar:

a) Filmes históricos podem ser usados como discursos legítimos sobre o passado, substituindo as intervenções do professor.
b) No ensino de História, os filmes devem ser usados como ferramenta complementar na investigação histórica e problematizados de modo que os alunos os percebam como discursos sobre a história ou o período em que foram produzidos.
c) Nas aulas de História, os documentários têm maior valor que os filmes, pois trazem imagens do passado – portanto, fontes históricas primárias –, enquanto os filmes são recriações com menor valor histórico.

d) Os filmes de ficção não podem ser usados no ensino de História, pois distorcem totalmente a realidade e, normalmente, não transmitem mensagem alguma.

Atividades de aprendizagem

Questões para reflexão

1. Neste capítulo, mostramos que a memória sobre um determinado período histórico ou personagem passa por constantes reavaliações, de acordo com os interesses e os projetos presentes em cada momento histórico. No caso da figura de Getúlio Vargas, as leituras sobre sua atuação como presidente do Brasil foram modificadas ao longo do tempo. Escolha outro personagem ou evento histórico e faça uma análise de como foi construída sua memória histórica, considerando se houve mudanças ou diferentes leituras com o passar dos anos.

2. A história oral é uma metodologia que busca construir narrativas sobre o passado por meio da visão de pessoas comuns que vivenciaram determinado momento histórico. Assim, trata-se de um caminho para ser usado no ensino de História, pois muitos alunos carregam consigo experiências (de familiares ou de outras pessoas com quem convivem) que, muitas vezes, estão relacionadas aos conteúdos escolares trabalhados em sala. Reflita sobre exemplos de temáticas que poderiam ser desenvolvidas em aulas de História e registre suas reflexões.

Atividade aplicada: prática

1. Assista a pelo menos um dos filmes indicados neste capítulo (*Uma cidade sem passado, Que bom te ver viva* ou algum dos presentes na seção "Indicações culturais"). Escolha uma ou mais cenas que tratem da relação entre memória e esquecimento e que possam ser abordadas em sala de aula. Na sequência, produza um pequeno texto (10 a 15 linhas) que mostre como tais cenas poderiam ser utilizadas com os alunos em aulas de História.

Considerações finais

Chegamos ao final de nossa discussão sobre história e memória. Nessa caminhada, examinamos as relações entre ambos os conceitos ao longo do tempo, bem como seus significados e funções, suas formas de construção e transmissão, além de maneiras para problematizá-los. Diante de tudo o que você leu, refletiu e analisou acerca desse tema, você compreende que é imprescindível pensar como a memória se constitui e de que forma ela é apropriada pelo trabalho do historiador?

Ao longo dessa jornada, discutimos que memória e história não são categorias separadas que devem ser mantidas distanciadas uma da outra, como queriam historiadores gregos antigos como Tucídides ou então iluministas como Voltaire. Ambas são formas de acessar o passado e de se relacionar com ele. A história precisa das fontes das memórias coletiva e individual para que possa ser construída e narrada. Já a memória precisa da história para ser preservada e ouvida. Para o historiador, todos os vestígios, rastros, elementos e vozes que remetam ao que já passou interessam, não apenas os registros de grandes feitos e homens. É necessário ir além do que está na superfície, buscar aquilo que foi deixado de lado, que parece não ter importância, que está oculto ou foi silenciado.

Entretanto, é crucial lembrarmos que a história não se apropria da memória de forma simples e direta, transpondo-a automaticamente em narrativa. A história recolhe, analisa e problematiza os registros, trabalha com os dados da memória de forma crítica e por meio do uso de métodos (tal como a metodologia da história oral, de que tratamos), para que possa construir um conhecimento organizado e problematizado acerca do passado, de acordo com os questionamentos do presente.

A força das memórias (individual e coletiva, vivida ou institucionalizada) muitas vezes se sobrepõe ao discurso da história, o que gera questionamentos nos historiadores de ofício quanto às pretensões e ao alcance de seu trabalho. A história deve ouvir a memória, seus testemunhos, suas tragédias e conquistas. No entanto, também deve afirmar constantemente as especificidades de seu ofício, de seu regime de conhecimento próprio, de seu caráter crítico e analítico, em que atores e ações são confrontados em discursos que devem ser debatidos pela comunidade científica (o que é muito diferente das memórias propagadas por meios oficiais e não oficiais e pelo discurso ficcional).

Contudo, apesar de trabalhar com os dados da memória e ser responsável por analisá-los criticamente, o historiador também deve ser capaz de refletir sobre a própria escrita da história e sua prática, pois, desse modo, ele adquire maior instrumental para fugir às armadilhas da memória coletiva, que muitas vezes insiste em se impregnar nos discursos históricos (mesmo quando estes se proclamam precisos e objetivos, a exemplo do que discutimos em relação à historiografia do século XIX).

Com essas palavras e esses questionamentos finais, nosso intuito é levá-lo a refletir cada vez mais acerca dos dados de memória que chegam até nós, bem como a respeito das memórias transmitidas oficialmente e também das não oficiais, procurando saber mais sobre as memórias que por vezes se encontram ocultas e/ou não são ouvidas. Nesses quase 20 anos de século XXI, as tentações aos esquecimentos, aos silêncios e, por outro lado, a emergência de ressentimentos e ódios, a criação de inimigos reais ou irreais, as distorções e manipulações da memória propagadas em meios oficiais (mídias, nações, poderes religiosos de distintos credos etc.) nos alertam sobre novos riscos dos usos e abusos da memória. O que faremos perante esse cenário?

Por meio dos autores que destacamos em nossa discussão e dos assuntos que abordamos, convidamos você a pensar na história e na memória como formas de tornar nosso presente melhor e mais justo, de torná-lo admissível não só para alguns, mas para todos e do modo mais amplo possível. Para isso, é preciso exercer reflexão contínua e abrangente sobre o passado e o presente. Pensemos no que afinal foi afirmado por Jacques Le Goff (2003), entre tantos outros estudiosos: a memória e a história (que se faz a partir dela) devem buscar não somente preservar a lembrança, servir ao presente e ao futuro, mas fundamentalmente trabalhar para a libertação dos homens, e não para sua submissão.

Fábio Augusto Scarpim | Mariana Bonat Trevisan

Referências

A MEMÓRIA que me contam. Direção: Lúcia Murat. Brasil: Imovision, 2012. 95 min.

ABBAGNANO, N. **Dicionário de filosofia**. São Paulo: M. Fontes, 2007.

ABREU, M. As memórias do outro – debate do texto "O passado no presente. Ficção, história e memória". In: ROCHA, J. C. de C. (Org.). **Roger Chartier**: a força das representações – histórias e ficção. Chapecó: Argos, 2011. p. 125-140.

ALBERTI, V. Histórias dentro da história. In: PINSKY, C. B. (Org.). **Fontes históricas**. São Paulo: Contexto, 2006. p. 155-202.

ALBERTI, V. O que documenta a fonte oral? Possibilidades para além da construção do passado. In: SEMINÁRIO DE HISTÓRIA ORAL, 2., 1996, Belo Horizonte.

ALTARES, G. A verdade sobre a Resistência Francesa: nem tão ampla e nem tão francesa. **El País**, Madri, 10 out. 2016. Disponível em: <https://brasil.elpais.com/brasil/2016/10/07/cultura/1475858612_013991.html>. Acesso em: 24 jul. 2018.

AMADO, J. O grande mentiroso: tradição, veracidade e imaginação em história oral. **História**, São Paulo, v. 14, p. 125-136, 1995.

ANSART, P. História e memória dos ressentimentos. In: BRESCIANI, S.; NAXARA, M. (Org.). **Memória e (res)sentimento**: indagações sobre uma questão sensível. Campinas: Ed. da Unicamp, 2004. p. 15-36.

ARENDT, H. **Eichmann em Jerusalém**: um relato sobre a banalidade do mal. São Paulo: Companhia das Letras, 1999.

BÂ, A. H. A tradição viva. In: KI-ZERBO, J. (Ed.). **Metodologia** e pré-história da África. 2. ed. rev. Brasília: Unesco, 2010. p. 167-212. (Coleção História Geral da África, v. I).

BARROS, J. D'A. Tempo e história: revisitando uma discussão conceitual. **E-hum**, Belo Horizonte, v. 4, n. 1, p. 1-18, 2011. Disponível em: <http://revistas.unibh.br/index.php/dchla/article/download/429/230>. Acesso em: 24 jul. 2018.

BASCHET, J. **A civilização feudal**: do ano mil à colonização da América. São Paulo: Globo, 2006.

BAUMAN, Z. **Identidade**: entrevista a Benedetto Vecchi. Rio de Janeiro: J. Zahar, 2005.

BECKER, J.-J. O handicap do a posteriori. In. FERREIRA, M.; AMADO, J. (Org.). **Usos e abusos da história oral**. Rio de Janeiro: Editora da FGV, 1996. p. 27-32.

BENEDUZI, L. F. **Mal di paese**: as reelaborações de um vêneto imaginário na ex-colônia Conde D'Eu (1884-1925). 324 f. Tese (Doutorado em História) – Porto Alegre, Universidade Federal do Rio Grande do Sul, 2004.

BERGSON, H. **Matéria e memória**: ensaio sobre a relação do corpo com o espírito. São Paulo: M. Fontes, 1999.

BOSI, E. **Memória e sociedade**: lembranças de velhos. 3. ed. São Paulo: Companhia das Letras, 1994.

BOURDIEU, P. **Sociologia**. São Paulo: Ática, 1983.

BRASIL. Constituição (1988). **Diário Oficial da União**, Brasília, DF, 5 out. 1988. Disponível em: <http://www.planalto.gov.br/ccivil_03/constituicao/constituicao.htm>. Acesso em: 24 jul. 2018.

BRASIL. Lei n. 6.683, de 28 de agosto de 1979. **Diário Oficial da União**, Poder Executivo, Brasília, DF, 28 ago. 1979. Disponível em: <http://www.planalto.gov.br/ccivil_03/leis/L6683.htm>. Acesso em: 24 jul. 2018.

BRASIL. Lei n. 9.140, de 4 de dezembro de1995. **Diário Oficial da União**, Poder Executivo, Brasília, DF, 5 dez. 1995. Disponível em: <http://www.planalto.gov.br/ccivil_03/leis/L9140.htm>. Acesso em: 24 jul. 2018.

BRASIL. Comissão Nacional da Verdade. **Relatório da Comissão Nacional da Verdade**. Brasília, 10 dez. 2014a. v. I. Disponível em: <http://cnv.memoriasreveladas.gov.br/images/pdf/relatorio/volume_1_digital.pdf>. Acesso em: 24 jul. 2018.

BRASIL. **Relatório da Comissão Nacional da Verdade**. Brasília, 10 dez. 2014b. v. II: Textos temáticos. Disponível em: <http://cnv.memoriasreveladas.gov.br/images/pdf/relatorio/volume_2_digital.pdf>. Acesso em: 24 jul. 2018.

BRASIL. **Relatório da Comissão Nacional da Verdade**. Brasília, 10 dez. 2014c. v. III: Mortos e desaparecidos políticos. Disponível em: <http://cnv.memoriasreveladas.gov.br/images/pdf/relatorio/volume_3_digital.pdf>. Acesso em: 24 jul. 2018.

BRASIL. Ministério da Educação. Secretaria de Educação Fundamental. Departamento de Política da Educação Fundamental. Coordenação Geral de Estudos e Pesquisas da Educação Fundamental. **Parâmetros Curriculares Nacionais**: terceiro e quarto ciclos do ensino fundamental – introdução aos Parâmetros Curriculares Nacionais. Brasília, 1998a. Disponível em: <http://portal.mec.gov.br/seb/arquivos/pdf/introducao.pdf>. Acesso em: 24 jul. 2018.

BRASIL. Ministério da Educação. Secretaria de Educação Fundamental. Departamento de Política da Educação Fundamental. Coordenação-Geral de Estudos e Pesquisas da Educação Fundamental. **Parâmetros Curriculares Nacionais**: História, Geografia. Brasília, 1997. Disponível em: <http://portal.mec.gov.br/seb/arquivos/pdf/livro051.pdf>. Acesso em: 24 jul. 2018.

BRASIL. **Parâmetros Curriculares Nacionais**: terceiro e quarto ciclos do ensino fundamental – História. Brasília, 1998b. Disponível em: <http://portal.mec.gov.br/seb/arquivos/pdf/pcn_5a8_historia.pdf>. Acesso em: 24 jul. 2018.

BRASIL. Ministério da Educação. Secretaria de Educação Média e Tecnológica. Coordenação-Geral de Ensino Médio. Coordenação da Elaboração dos PCNEM. **Parâmetros Curriculares Nacionais**: ensino médio – Parte IV: Ciências Humanas e suas Tecnologias. Brasília, 2000a. Disponível em: <http://portal.mec.gov.br/seb/arquivos/pdf/cienciah.pdf>. Acesso em: 24 jul. 2018.

BRASIL. **Parâmetros Curriculares Nacionais**: ensino médio. Brasília, 2000b.

BRAUDEL, F. **Escritos sobre a história**. São Paulo: Perspectiva, 1992.

BRESCIANI, S.; NAXARA, M. (Org.). **Memória e (res)sentimento**: indagações sobre uma questão sensível. Campinas: Ed. da Unicamp, 2004.

BRITO, A. P. F.; FERREIRA, M. L. M. Políticas de memória, o direito e a história nas reivindicações memoriais contemporâneas. In: CONGRESSO INTERNACIONAL INTERDISCIPLINAR EM SOCIAIS E HUMANIDADES, 2012, Niterói.

BURKE, P. **Variedades de história cultural**. Rio de Janeiro: Civilização Brasileira, 2000.

CANDAU, J. **Memória e identidade**. São Paulo: Contexto, 2012.

CARVALHO, J. M. de. **A formação das almas**: o imaginário da República no Brasil. São Paulo: Companhia das Letras, 1990.

CATROGA, F. Memória e história. In: PESAVENTO, S. J. (Org.). **Fronteiras do milênio**. Porto Alegre: Ed. da UFRGS, 2001. p. 43-69.

CERTEAU, M. de. **A escrita da história**. Rio de Janeiro: Forense Universitária, 1982.

CERTEAU, M. de. A operação histórica. In: LE GOFF, J.; NORA, P. **História**: novos problemas. Rio de Janeiro: F. Alves, 1976. p. 17-47.

CHARTIER, R. **A história ou a leitura do tempo**. Belo Horizonte: Autêntica, 2009.

CHARTIER, R. O passado no presente: ficção, história e memória. In: ROCHA, J. C. de C. (Org.). **Roger Chartier**: a força das representações – histórias e ficção. Chapecó: Argos, 2011. p. 95-124.

CRUIKSHANK, J. Tradição oral e história oral: revendo algumas questões. In: FERREIRA, M. de M.; AMADO, J. (Org.). **Usos e abusos da história oral**. 8. ed. Rio de Janeiro: Ed. da FGV, 2006. p. 149-164.

DECCA, E. S. de. As desavenças da história com a memória. In: SILVA, Z. L. da (Org.). **Cultura histórica em debate**. São Paulo: Unesp, 1995. p. 59-69.

DELGADO, L. de A. N. **História oral**: memória, tempo, identidades. Belo Horizonte: Autêntica, 2006.

DELGADO, L. de A. N. História oral e narrativa: tempo, memória e identidades. **Dossiê História Oral**, São Paulo, n. 6, p. 9-25, 2003.

DOSSE, F. **A história em migalhas**: dos Annales à Nova História. Bauru: Edusc, 2002.

DOSSE, F. **A história**. Bauru: Edusc, 2003.

ELIADE, M. **Aspectos do mito**. Lisboa: Edições 70, 1963.

FERNANDES, T. M. Edição de entrevista: da linguagem falada à escrita. In: MONTENEGRO, A. T.; FERNANDES, T. M. (Org.). **História oral**: um espaço plural. Recife: Ed. da UFPE, 2001. p. 91-99.

FERREIRA, M. de M. **Getúlio Vargas**: uma memória em disputa. Rio de Janeiro: CPDOC, 2006.

FERREIRA, M. de M.; AMADO, J. (Org.). **Usos e abusos da história oral**. 8. ed. Rio de Janeiro: Ed. da FGV, 2006.

FERREIRA, M. de M.; FRANCO, R. **Aprendendo história**: reflexão e ensino. São Paulo: Ed. do Brasil, 2009.

FERREIRA, M. L. M. Políticas da memória e políticas do esquecimento. **Revista Aurora**, São Paulo, n. 10, p. 102-118, 2011.

FERREIRA, M. L. M.; FORTES, A. Memórias do PT: as vozes de seus construtores. In: FICO, C. et al. (Org.). **Ditadura e democracia na América Latina**: balanço histórico e perspectivas. Rio de Janeiro: Ed. da FGV, 2008. p. 275-303.

FERRO, M. O filme, uma contra-análise da sociedade? In: LE GOFF, J.; NORA, P. **História**: novos objetos. São Paulo: F. Alves, 1975. p. 199-215.

FICO, C. Violência, trauma e frustração no Brasil e na Argentina: o papel do historiador. **Revista Topoi**, v. 14, n. 27, p. 239-284, 2013. Disponível em: <http://www.revistatopoi.org/numeros_anteriores/topoi27/TOPOI_27_A02.pdf>. Acesso em: 20 jul. 2018.

FINLEY, M. I. **Uso e abuso da história**. São Paulo: M. Fontes, 1989.

FONSECA, S. G. A história na educação básica: conteúdos, abordagens e metodologias. SEMINÁRIO NACIONAL: CURRÍCULO EM MOVIMENTO – PERSPECTIVAS NACIONAIS, 1., 2010. Belo Horizonte, 2010. Disponível em: <http://portal.mec.gov.br/docman/dezembro-2010-pdf/7168-3-4-historia-educacao-basica-selva/file>. Acesso em: 24 jul. 2018.

FRANÇOIS, E. A fecundidade da história oral. In: FERREIRA, M. de M.; AMADO, J. (Org.). **Usos e abusos da história oral**. 8. ed. Rio de Janeiro: Ed. da FGV, 2006. p. 3-13.

FREITAS, E. M. de. História, memória e esquecimento no filme *Uma cidade sem passado*. **Revista Opsis**, v. 2, n. 2, p. 35-47, jul./dez. 2002. Disponível em: <https://www.revistas.ufg.br/Opsis/article/view/9237#.W1d1StVKiM8>. Acesso em: 24 jul. 2018.

FUNARI, P. P. A. **Antiguidade clássica**: a história e a cultura a partir dos documentos. Campinas: Ed. da Unicamp, 2003.

GAGNEBIN, J. M. **Lembrar escrever esquecer**. São Paulo: Ed. 34, 2006.

GEARY, P. Memória. In: LE GOFF, J.; SCHMITT, J.-C. (Ed.). **Dicionário temático do Ocidente Medieval**. Bauru: Edusc, 2006. p. 167-181. v. 2.

GUARIZA, N. M. **A história oral e o ensino de história**: a discussão atual em revistas acadêmicas brasileiras. 2009. Disponível: <http://www.diaadiaeducacao.pr.gov.br/portals/pde/arquivos/1395-8.pdf>. Acesso em: 24 jul. 2018.

GUENÉE, B. Histoires, annales, chroniques: essai sur le genres historiques au Moyen Âge. **Annales: Économies, Sociétés, Civilisations**, ano 28, n. 4, p. 997-1016, 1973. Disponível em: <https://www.persee.fr/doc/ahess_0395-2649_1973_num_28_4_293399>. Acesso em: 24 jul. 2018.

GUENÉE, B. História. In: LE GOFF, J.; SCHMITT, J.-C. (Ed.). **Dicionário temático do Ocidente Medieval**. Bauru: Edusc, 2002. p. 523-536. v. 1.

GUIMARÃES, M. L. S. Nação e civilização nos trópicos: O IHGB e o projeto de uma História Nacional. **Estudos Históricos**, Rio de Janeiro, n. 1, p. 5-27, 1988.

HABERMAS, J. **A constelação pós-nacional**: ensaios políticos. São Paulo: Littera Mundi, 2001.

HALBWACHS, M. **A memória coletiva**. São Paulo: Vértice, 1990.

HALBWACHS, M. **A memória coletiva**. São Paulo: Centauro, 2006.

HALL, S. **A identidade cultural na pós-modernidade**. 10. ed. Rio de Janeiro: DP&A, 2005.

HARTOG, F. **Evidência da história**: o que os historiadores veem. Belo Horizonte: Autêntica, 2013.

HARTOG, F. Tempo, história e a escrita da história: a ordem do tempo. **Revista de História**, São Paulo, v. 148, n. 1, p. 9-34, 2003. Disponível em: <http://www.revistas.usp.br/revhistoria/article/view/18952>. Acesso em: 18 jul. 2018.

HEYMANN, L. **O "devoir de mémoire" na França contemporânea**: entre a memória, história, legislação e direitos. Rio de Janeiro: CPDOC/FGV, 2006. Disponível em: <http://cpdoc.fgv.br/producao_intelectual/arq/1685.pdf>. Acesso em: 24 jul. 2018.

HOBSBAWM, E. **Era dos extremos**: o breve século XX – 1914-1991. São Paulo: Companhia das Letras, 2013.

HOBSBAWM, E.; RANGER, T. (Org.). **A invenção das tradições**. Rio de Janeiro: Paz e Terra, 1997.

JELIN, E. **Los trabajos de la memoria**. España: Siglo Veintiuno, 2001.

JOUTARD, P. História oral: balanço da metodologia e da produção nos últimos 25 anos. In: FERREIRA, M. de M.; AMADO, J. (Org.). **Usos e abusos da história oral**. 8. ed. Rio de Janeiro: Ed. da FGV, 2006. p. 43-62.

JOUTARD, P. Reconciliar história e memória? **Escritos: Revista da Casa de Rui Barbosa**, Rio de Janeiro, ano 1, n. 1, p. 223-235, 2007. Disponível em: <http://www.casaruibarbosa.gov.br/escritos/numero01/FCRB_Escritos_1_9_Philippe_Joutard.pdf>. Acesso em: 24 jul. 2018.

KOSELLECK, R. **Futuro passado**: contribuição à semântica dos tempos históricos. Rio de Janeiro: Contraponto/Ed. da PUC-Rio, 2006.

LE GOFF, J. **História e memória**. Campinas: Ed. da Unicamp, 2003.

LE GOFF, J.; SCHMITT, J.-C. (Ed.). **Dicionário temático do Ocidente Medieval**. Bauru: Edusc, 2002. 2 v.

LEROI-GOURHAN, A. **O gesto e a palavra**: memória e ritmos. Lisboa: Edições 70, 2002. v. 2.

LEVI, P. **É isto um homem?** Tradução de Luigi Del Re. Rio de Janeiro: Rocco, 1988.

LOPES, F. **Crónica de D. João I**: segundo o Códice n. 352 do Arquivo Nacional da Torre do Tombo. Porto: Livraria Civilização, 1991. v. 1.

LOWENTHAL, D. Como conhecemos o passado. **Projeto História**, São Paulo, v. 17, p. 63-201, nov. 1998. Disponível em: <https://revistas.pucsp.br/index.php/revph/article/download/11110/8154>. Acesso em: 24 jul. 2018.

MEIHY, J. C. S. B.; HOLANDA, F. **História oral:** como fazer, como pensar. São Paulo: Contexto, 2001.

MEIHY, J. C. S. B.; RIBEIRO, S. L. S. **Guia prático de história oral**. São Paulo: Contexto, 2011.

MEIRELLES, W. R. O cinema na história: o uso do filme como recurso didático no ensino de história. **História & Ensino**, Londrina, v. 10, p. 77-88, out. 2004. Disponível em: <http://www.uel.br/revistas/uel/index.php/histensino/article/download/11966/10560>. Acesso em: 24 jul. 2018.

MELO, C. F. de C. B. de. **Senhores da história e do esquecimento:** a construção do Brasil em dois manuais didáticos de história na segunda metade do século XIX. Belo Horizonte: Argvmentvm, 2008.

NAPOLITANO, M. **1964:** história do regime militar brasileiro. São Paulo: Contexto, 2017.

NAXARA, M.; BRESCIANI, S. (Org.). **Memória e (res)sentimento:** indagações sobre uma questão sensível. Campinas: Ed. da Unicamp, 2004.

NORA, P. Entre memória e história: a problemática dos lugares. **Projeto História**, São Paulo, n. 10, p. 7-28, dez. 1993. Disponível em: <https://revistas.pucsp.br/index.php/revph/article/download/12101/8763>. Acesso em: 24 jul. 2018.

OLIVEIRA, J.; GUIMARÃES, M. L. **Diálogo sobre o tempo:** entre a filosofia e a história. Curitiba: PUCPress, 2015.

OLIVEIRA, L. L. Imaginário histórico e poder cultural: as comemorações do Descobrimento. **Estudos Históricos**, Rio de Janeiro, v. 14, n. 26, p. 183-202, 2000. Disponível em: <http://bibliotecadigital.fgv.br/ojs/index.php/reh/article/viewFile/2122/1261>. Acesso em: 24 jul. 2018.

ORIÁ, R. Memória e ensino de história. In: BITTENCOURT, C. (Org.). **O saber histórico na sala de aula**. 2. ed. São Paulo: Contexto, 1998. p. 128-148.

PEREIRA, M. de J. F. "Filhos do Rei Sebastião", "Filhos da Lua": construções simbólicas sobre os nativos da Ilha dos Lençóis. **Cadernos de Campo**, São Paulo, v. 14, n. 13, p. 61-74, 2005. Disponível em: <https://www.revistas.usp.br/cadernosdecampo/article/download/50224/54338>. Acesso em: 24 jul. 2018.

PERROT, M. Práticas da memória feminina. **Revista Brasileira de História**, São Paulo, v. 9, n. 18, p. 9-18, ago./set. 1989. Disponível em: <http://www.anpuh.org/arquivo/download?ID_ARQUIVO=3846>. Acesso em: 24 jul. 2018.

PESAVENTO, S. J. A História do fim do século em busca da escola. **Em Aberto**, Brasília, ano 14, n. 61, p. 160-167, 1994. Disponível em: <http://emaberto.inep.gov.br/index.php/emaberto/article/view/1955/1924>. Acesso em: 24 jul. 2018.

PESAVENTO, S. J. História e literatura: uma nova-velha história. In: COSTA, C. B. da; MACHADO, M. C. T. (Org.). **História e literatura**: identidades e fronteiras. Uberlândia: Edufu, 2006a. p. 11-27.

PESAVENTO, S. J. Memória e história: as marcas da violência. **Fênix: Revista de História e Estudos Culturais**, Uberlândia, v. 3, n. 3, ano 3, p. 1-15, 2006b. Disponível em: <http://www.revistafenix.pro.br/PDF8/DOSSIE-ARTIGO2-Sandra.Pesavento.pdf>. Acesso em: 18 jul. 2018.

POLLAK, M. Memória e identidade social. **Estudos Históricos**, Rio de Janeiro, v. 5, n. 10, p. 200-212, 1992. Disponível em: <http://bibliotecadigital.fgv.br/ojs/index.php/reh/article/download/1941/1080>. Acesso em: 24 jul. 2018.

POLLAK, M. Memória, esquecimento, silêncio. **Estudos Históricos**, Rio de Janeiro, v. 2, n. 3, p. 3-15, 1989. Disponível em: <http://www.uel.br/cch/cdph/arqtxt/Memoria_esquecimento_silencio.pdf>. Acesso em: 24 jul. 2018.

PORTELLI, A. O que faz a história oral diferente. **Projeto História**, São Paulo, n. 14, p. 25-39, fev. 1997a. Disponível em: <https://revistas.pucsp.br/index.php/revph/article/download/11233/8240>. Acesso em: 24 jul. 2018.

PORTELLI, A. Tentando aprender um pouquinho: algumas reflexões sobre a ética na história oral. **Projeto História**, São Paulo, n. 15, p. 13-33, 1997b. Disponível em: <https://revistas.pucsp.br/index.php/revph/article/download/11215/8223>. Acesso em: 24 jul. 2018.

QUE BOM te ver viva. Direção: Lúcia Murat. Brasil: Taiga Filmes e Vídeo, 1989. 100 min.

RICOEUR, P. **A memória, a história, o esquecimento**. Campinas: Ed. da Unicamp, 2007.

ROCHA, J. C. de C. (Org.). **Roger Chartier**: a força das representações – história e ficção. Chapecó: Argos, 2011.

RODEGHERO, C. S.; DIENSTMANN, G.; TRINDADE, T. **Anistia ampla, geral e irrestrita**: história de uma luta inconclusa. Santa Cruz do Sul: Edunisc, 2011.

ROSENSTONE, R. A. **A história nos filmes, os filmes na história**. Rio de Janeiro: Paz e Terra, 2015.

RUANO-BORBALAN, J.-C. Introduction générale. In: HALPERN, C.; RUANO-BORBALAN, J.-C. **Identité(s)**: l'individu, le groupe, la société. Paris: Editions Sciences Humaines, 2004. p. 1-10.

SARAIVA, A. J. **História da cultura em Portugal**. Lisboa: Jornal do Fôro, 1950. v. 1.

SCARPIM, F. A. **O mais belo florão da igreja**: família e práticas de religiosidade em um grupo de imigrantes italianos (Campo Largo – Paraná, 1937-1965). 342 f. Tese (Doutorado em História) – Curitiba, Universidade Federal do Paraná, 2017. Disponível em: <https://acervodigital.ufpr.br/bitstream/handle/1884/46369/R%20-%20T%20-%20FABIO%20AUGUSTO%20SCARPIM.pdf?sequence=1&isAllowed=y>. Acesso em: 24 jul. 2018.

SCHLICHTA, C. A. B. D. **A pintura histórica e a elaboração de uma certidão visual para a nação no século XIX**. 296 f. Tese (Doutorado em História) – Curitiba, Universidade Federal do Paraná, 2006. Disponível em: <https://acervodigital.ufpr.br/bitstream/handle/1884/3948/consuelo_final.pdf?sequence=1&isAllowed=y>. Acesso em: 24 jul. 2018.

SCHMIDT, M. A. M. dos S. História e ensino de história no Brasil: uma proposta de periodização. **Revista de História da Educação**, v. 16, n. 37, p. 79-91, 2012.

SCHMIDT, M. A. M. dos; CAINELLI, M. **Ensinar história**. São Paulo: Scipione, 2005.

SEIXAS, J. A. de. Percursos de memórias em terras de história: problemáticas atuais. In: BRESCIANI, S.; NAXARA, M. (Org.). **Memória e (res)sentimento**: indagações sobre uma questão saudável. Campinas: Ed. da Unicamp, 2004. p. 37-58.

SÉLIGMANN-SILVA, M. Anistia e (in)justiça no Brasil: o dever de justiça e a impunidade. **Revista Literatura e Autoritarismo**, Santa Maria, n. 9, 2007. Disponível em: <http://coralx.ufsm.br/grpesqla/revista/num09/art_02.php>. Acesso em: 24 jul. 2018.

SÉLIGMANN-SILVA, M. Narrar o trauma: a questão dos testemunhos de catástrofes históricas. **Psicologia Clínica**, Rio de Janeiro, v. 20, n. 1, p. 65-82, 2008. Disponível em: <http://www.scielo.br/pdf/pc/v20n1/05>. Acesso em: 24 jul. 2018.

SENKO, E. C.; TREVISAN, M. B. Perspectivas acerca da escrita da história no medievo por Ibn Khaldun (1332-1406) e Fernão Lopes (1378-1459): Oriente e Ocidente. **Roda da Fortuna**, v. 4, p. 340-360, 2015.

SETTON, M. da G. J. A teoria do habitus em Pierre Bourdieu: uma leitura contemporânea. **Revista Brasileira de Educação**, n. 20, p. 60-70, maio/ago. 2002. Disponível em: <http://www.scielo.br/pdf/rbedu/n20/n20a05>. Acesso em: 24 jul. 2018.

SILVA, A. L. B. da. Uma resposta aos impasses: a obra de Roger Chartier, a História Cultural e os estudos literários. In: ROCHA, J. C. de C. (Org.). **Roger Chartier**: a força das representações – história e ficção. Chapecó: Argos, 2011. p. 239-248.

SILVA, K. V.; SILVA, M. H. **Dicionário de conceitos históricos**. São Paulo: Contexto, 2013.

SILVA, T. T. da. A produção social da identidade e da diferença. In. SILVA, T. T. da. (Org.). **Identidade e diferença**: a perspectiva dos estudos culturais. 13. ed. Petrópolis: Vozes, 2013. p. 73-102.

SIRINELLI, J.-F. A geração. In: FERREIRA, M. de M.; AMADO, J. (Org.). **Usos e abusos da história oral**. Rio de Janeiro: Ed. da FGV, 1996. p. 131-137.

SMOLKA, A. L. B. A memória em questão: uma perspectiva histórico-cultural. **Educação & Sociedade**, Campinas, ano 21, n. 71, p. 166-193, 2000. Disponível em: <http://www.scielo.br/pdf/es/v21n71/a08v2171.pdf>. Acesso em: 24 jul. 2018.

SOUZA, J. X. de. **"Que bom te ver viva"**: memórias e histórias de mulheres que sobreviveram à violência da ditadura. 169 f. Dissertação (Mestrado em História) – Universidade Federal da Paraíba, João Pessoa, 2013. Disponível em: <https://repositorio.ufpb.br/jspui/bitstream/tede/5976/1/ArquivoTotalJonatas.pdf>. Acesso em: 24 jul. 2018.

TÁCITO. **Anais**. Tradução de Leopoldo Pereira. São Paulo: Ediouro, [S.d.].

THOMPSON, P. **A voz do passado**: história oral. 2. ed. Rio de Janeiro: Paz e Terra, 1992.

TREVISAN, M. **Construção de identidades de gênero e afirmação régia**: os casais da realeza portuguesa entre os séculos XIV e XV a partir das crônicas de Fernão Lopes. 272 f. Dissertação (Mestrado em História Social) – Niterói, Universidade Federal Fluminense, 2012. Disponível em: <http://www.historia.uff.br/stricto/td/1609.pdf>. Acesso em: 24 jul. 2018.

UMA CIDADE sem passado. Direção: Michael Verhoeven. Alemanha: Filmverlag der Autoren, 1990. 94 min.

VELOSO, M. P. **Os intelectuais e a política cultural do Estado Novo**. Rio de Janeiro: CPDOC, 1987.

VIDAL-NAQUET, P. **Os assassinos da memória**. Campinas: Papirus, 1998.

ZUMTHOR, P. **A letra e a voz**: a "literatura" medieval. São Paulo: Companhia das Letras, 1993.

Bibliografia comentada

FERREIRA, M. de M.; AMADO, J. (Org.). **Usos e abusos da história oral**. 8. ed. Rio de Janeiro: Ed. da FGV, 2006.

Essa obra reúne uma seleção de artigos de autores estrangeiros especialistas sobre os mais diferentes aspectos da história oral que têm provocado importantes discussões no mundo acadêmico. A leitura do livro de Marieta Ferreira e Janaína Amado permite ao leitor entrar em contato com diferentes possibilidades metodológicas, bem como perceber os múltiplos debates acerca das relações entre história, memória e história oral.

CANDAU, J. **Memória e identidade**. São Paulo: Contexto, 2012.

Nesse livro, o autor faz uma discussão antropológica de como os conceitos de memória e identidade estão interligados e são indissociáveis. A partir desse debate, por meio de um apanhado crítico das tendências teóricas recentes sobre memória e identidade, Joël Candau procura esclarecer a dialética entre memória e identidade e seu processo dinâmico de construção e reconstrução, no contexto de uma trajetória de vida, de uma história, de uma narrativa ou de um mito.

DELGADO, L. de A. N. **História oral**: memória, tempo, identidades. Belo Horizonte: Autêntica, 2006.

Esse livro aborda diversas questões a respeito da história oral, tais como: procedimentos metodológicos para a realização de entrevistas; as dimensões da temporalidade e o conceito de tempo no processo histórico; o papel da narrativa; a questão da identidade nos processos de narração; o papel da oralidade na construção da memória.

GAGNEBIN, J. M. **Lembrar escrever esquecer**. São Paulo: Ed. 34, 2006.

Essa obra contém uma coleção de textos (ensaios, artigos, palestras, mesas-redondas) produzidos em um período de cerca de dez anos (1995-2004) em que a filósofa Jeanne Marie Gagnebin discute diferentes questões legadas pelo passado (memória, oralidade, escrita, narrativa, subjetividade, testemunho, entre outras), considerando autores de momentos históricos diversos, como Homero, Platão, Nietzsche, Freud, Benjamin e Ricoeur.

Respostas

Capítulo 1

Atividades de autoavaliação
1. b
2. c
3. b
4. a
5. b

Atividades de aprendizagem

Questões para reflexão
1. Resposta pessoal.
2. De certo modo, a história busca enquadrar o tempo. Nesse sentido, os autores afirmam que a história é a expressão da tentativa humana de orientar o tempo a seu favor. Ela confronta o tempo na medida em que se depara com as contradições existentes no que foi vivido, nas diferentes concepções sobre o que passou e busca dar um sentido, uma orientação a esse tempo.

Capítulo 2
Atividades de autoavaliação
1. a
2. c
3. b
4. c
5. b

Atividades de aprendizagem

Questões para reflexão
1. O mito destaca a existência de um lugar perfeito, escondido no "centro da terra" ou "do outro lado do Oceano". Tanto o tempo das origens quanto o tempo do fim são caracterizados pelos Guaranis de forma idealizada. O mundo original, do início, foi uma Idade do Ouro, e o fim significaria o retorno dela no paraíso da "Terra Sem Mal". Esse mito na sociedade Guarani visa explicar a prática das migrações realizadas pela tribo.
2. Ibn Khaldun destaca uma história de caráter essencialmente político, marcada pela abordagem dos aspectos definidores dos diferentes reinos e territórios, das figuras de destaque, dos grandes governantes e dinastias. Para ser escrita, ela deve ter por princípio básico a pesquisa de fontes e a reflexão crítica sobre a busca da verdade. A história, para ele, tem uma função nobre: fornecer modelos históricos a serem imitados, para que se obtenham bons resultados no presente. Nesse sentido, a concepção de Khaldun se aproxima da dos antigos e medievais do Ocidente porque estes também viam a história como algo útil: ela fornecia exemplos sobre o passado para serem utilizados na boa condução dos homens no presente.

Capítulo 3

Atividades de autoavaliação

1. d
2. c
3. b
4. c
5. a

Atividades de aprendizagem

Questões para reflexão

1. É necessário pesquisar sobre Theodor Adorno (1903-1969) e sua obra, destacando-se sua inserção na chamada *Escola de Frankfurt* e discussões como as promovidas nas obras *Dialética do esclarecimento* e *Dialética negativa*. Você pode extrair de suas ideias a reflexão em torno das contradições entre a razão instrumental e a crença no progresso promovidas pelo Iluminismo e a persistência dos autoritarismos e dos problemas econômicos e sociais da sociedade de mercado no mundo contemporâneo.
2. Porque, muitas vezes, comemorações e meros resgates do passado podem ser utilizados ou para o não enfrentamento de questões do presente ou apenas como meras recordações mecânicas. Também podem ser usados para a promoção de interesses e poderes do presente, sem uma devida reflexão sobre as memórias evocadas.

Capítulo 4

Atividades de autoavaliação

1. c
2. b

3. a
4. b
5. b

Atividades de aprendizagem

Questões para reflexão

1. A oralidade tem um papel muito importante na transmissão da história, de saberes e de tradições em muitas sociedades que não dispõem de escrita ou nas quais esta não tem um papel relevante. Nessas sociedades, as pessoas mais velhas são vistas como as guardiãs da memória. Como exemplos, podemos citar alguns grupos indígenas do Brasil e vários grupos africanos.
2. A história oral possibilita a reconstrução do passado por meio de diferentes leituras, as quais dependem da quantidade de informações que a pessoa tem a respeito de determinado evento ou experiência, do grau de envolvimento, da vontade de lembrar ou esquecer, do momento em que as memórias são acionadas e dos sentimentos e das sensações que a lembrança desperta.

Capítulo 5

Atividades de autoavaliação

1. b
2. b
3. b
4. c
5. a

Atividades de aprendizagem

Questões para reflexão

1. Nessa atividade, você pode escolher uma (ou mais) dentre diferentes fontes históricas (cartas, diários, panfletos, fotografias, objetos pessoais – tais como um convite de aniversário ou casamento, um objeto religioso, entre outros) e refletir sobre como essa fonte possibilita pensar o sentimento de pertencimento a um grupo (familiar, religioso, étnico, social, profissional etc).

2. Alguns exemplos: protomemória – os diferentes tipos de pronúncia (os sotaques) que são adquiridos no grupo de convívio (família, comunidade), os quas não precisam de muito esforço para serem lembrados; memória propriamente dita – a memória de uma festa, de um acidente, de uma tragédia ou da infância, do trabalho, entre outras; metamemória – sentimentos como vergonha, culpa, orgulho, felicidade e satisfação que permeiam a lembrança e a alteram conforme o momento presente; memória forte – a lembrança de um acontecimento importante para a vida do sujeito que lembra (como o recebimento de um prêmio, uma data especial, uma tragédia ou uma perda dolorosa); memória fraca – um evento cuja lembrança é vaga ou imprecisa, pela pouca importância dada a ele pelo sujeito.

Capítulo 6

Atividades de autoavaliação
1. b
2. a

3. d
4. b
5. b

Atividades de aprendizagem

Questões para reflexão

1. Nessa atividade, você pode escolher um personagem ou evento histórico de sua preferência e refletir sobre a construção da memória dele de acordo com cada período histórico. Como exemplo, podemos pensar na figura de Zumbi dos Palmares. A visão que se tem dele hoje não é a mesma de 50 anos atrás, pois, como destacamos, a história e a memória valorizavam principalmente personagens da elite. A transformação dele em herói da resistência africana está relacionada à visibilidade do movimento negro a partir dos anos de 1980 e de suas demandas por políticas afirmativas.

2. Alguns exemplos: história oral dos bairros da cidade, história das origens étnicas dos alunos, mudanças geracionais nas brincadeiras (avós, pais, alunos) por meio da história oral, mudanças na cidade por meio da história oral etc.

Sobre os autores

Fábio Augusto Scarpim tem graduação, mestrado e doutorado em História pela Universidade Federal do Paraná (UFPR). Realizou estágio doutoral na Università degli Studi di Genova (Itália). Também tem especialização em História e Geografia do Paraná pela Faculdade Itecne. É professor da educação básica e do ensino superior, na graduação e na pós-graduação. Desenvolve pesquisas e tem diferentes publicações na área de história, com ênfase nos seguintes temas: história da família; história da Igreja Católica; imigração italiana; história oral; memória e identidade.

Mariana Bonat Trevisan tem graduação em História pela Universidade Federal do Paraná (UFPR) e mestrado e doutorado em História pela Universidade Federal Fluminense (UFF). Realizou estágio doutoral na Universidade de Coimbra (Portugal). Atuou como professora da educação básica e, atualmente, é docente no ensino superior. Desenvolve pesquisas junto ao Scriptorium (Laboratório de Estudos Medievais e Ibéricos da UFF), em que investiga as relações entre gênero e política na Baixa Idade Média portuguesa, trabalhando com o projeto de construção de uma propaganda e memória exemplares para a primeira geração da Dinastia de Avis na primeira metade do século XV.

Impressão:
Junho/2023